Ilse Stahr

Das Geheimnis der Milchfrau in Ottakring

Ilse Stahr

Das Geheimnis
der Milchfrau in Ottakring

Alja Rachmanowa

Ein Leben

Mit 53 Abbildungen

AMALTHEA

Es darf keinen Hass, es darf nur Liebe geben.

Alja Rachmanowa

Über Ihre Beziehung zu Alja Rachmanowa
wüsste ich gerne noch mehr.
Was für ein verantwortungsvolles Glück,
Aljas Nachlass zu verwalten.

Ilma Rakusa

Maria Sprenger
gewidmet

INHALT

SCHWEIZ 1945–1991

ANHANG

Liebe LeserInnen!
Wir möchten, dass Sie ordentliche und
einwandfreie Bücher entleihen können.
Bitte unterstützen Sie uns, indem Sie
die Bücher vor der Ausleihe prüfen und
für einen schonenden Transport
sorgen.
**Denken Sie bitte daran und
behandeln Sie die Bücher mit
Sorgfalt!**

Nachlässe fallen einem zu

VORWORT

Bregenz, Mädchenrealgymnasium, Gallusstift 1961: Ich bekomme von meiner Tante den ersten Band der russischen Tagebücher von Alja Rachmanowa *Studenten, Liebe, Tscheka und Tod* geschenkt. Ohne das Buch gelesen zu haben, lege ich es meiner Deutschlehrerin als Stoff für eine Redeübung vor. Sie nickt. Meine Rolle als Multiplikatorin beginnt. In den folgenden Schuljahren referiere ich über die nächsten Bände der Trilogie *Ehen im roten Sturm* und *Milchfrau in Ottakring*.

Nach der Lektüre ihrer Bücher hatte ich 1965, in meinem Maturajahr, den Impuls, dieser Frau zu signalisieren, dass ihre Botschaft bei mir angekommen war. Ich wollte aus der Anonymität der Leserschar heraustreten und in Form eines Briefes ein Zeichen setzen. Heute, da ich hunderte von ihren Fanbriefen gelesen habe, scheint es mir unglaublich, dass auch ich eine Antwort erhalten habe.

In überschwänglichem Ton schrieb sie mir von ihrer Arbeit an ihren Büchern und vom Alltag in Haus und Garten. Es blieb mein einziger Kontakt. Ich habe Alja Rachmanowa nie persönlich kennengelernt, aber sie begleitet mein Leben.

Die Todesmeldung in den *Salzburger Nachrichten* im Februar 1991 mit einem Foto und dem Text von Hildemar Holl weckte in mir Erinnerungen und ich begann meine Spurensuche. Inzwischen hatte ich in Salzburg Psychologie studiert und lebte schon länger in dieser Stadt, in der Alja Rachmanowa ihre wohl glücklichsten Jahre (1927–1945) verbracht hatte.

Mein erster Weg führte mich nach Ettenhausen im Kanton Thurgau, wo ich das Grab besuchen wollte. Wie überrascht war ich, als ich von einer Frau am Friedhof erfuhr, dass die Urnen des Ehepaares einige Wochen zuvor im Salzburger Kommunalfriedhof beigesetzt worden waren! Gleichzeitig ermutigte mich diese Frau, zum Rachmanowa-Haus hinaufzugehen, wo gerade geräumt würde.

Dort traf ich auf Maria Sprenger. Sie war die Nachbarin, die Alja Rachmanowa über vierzig Jahre begleitete, ihre Pflegerin wurde und auch dann nicht von ihrer Seite wich, als diese betagt und leidend war und der Umgang mit ihr immer schwieriger wurde. Frau Sprenger ist es auch zu verdanken, dass Alja Rachmanowa bis ins hohe Alter in ihrem Haus bleiben und dort sterben konnte.

Alja Rachmanowas Antwortbrief,

Die Aufräumungsarbeiten im Haus waren in vollem Gange. Alja Rachmanowa war eine Sammlerin und »Horterin«. Der offizielle Nachlass war bereits abgeholt und befindet sich heute in der Kantonsbibliothek Frauenfeld, wo er von Heinrich Riggenbach, Basel, systematisiert und erschlossen wurde. Was noch vorhanden war, sollte auf die Müllhalde. Vor der Türe stapelten sich Berge alter Zeitungen, Kisten und Schachteln, obenauf ein Vogelhaus, das ich »rettete« und das seither auf meinem Balkon hängt.

Frau Sprenger erkannte, dass ich Interesse an Büchern, Fotos, Schriftstücken von ihrer langjährigen Freundin hatte, und so begann sie, für mich Dinge zur Seite zu legen. Ich erhielt in der Folge eine große Kiste »Salzburger-Briefe«, Dias, Fotos, Zeitungsausschnitte

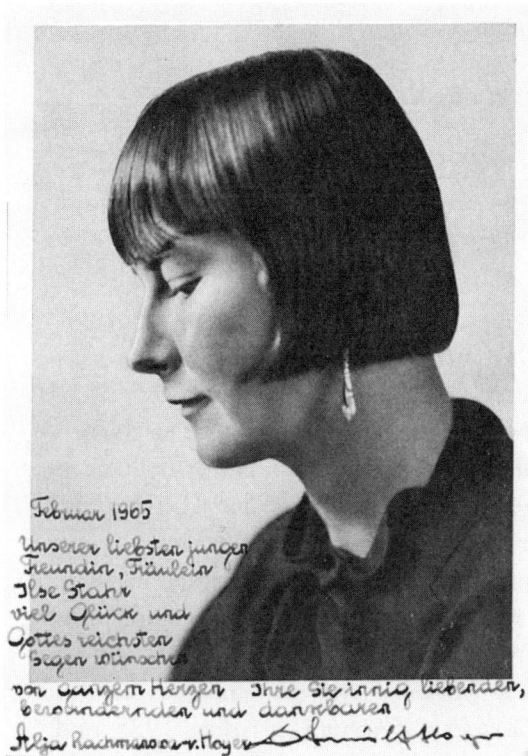

Februar 1965

Unserer liebsten jungen
Freundin, Fräulein
Ilse Stahr
viel Glück und
Gottes reichsten
Segen wünscht
von ganzem Herzen Ihre Sie innig liebende,
bewundernde und dankbare
Alja Rachmanowa v. Hoyer

den ich wie einen Schatz hüte

und vieles mehr, wofür ich ihr sehr danke.

Seither habe ich mich intensiv mit diesem Material beschäftigt und unzählige überraschende Kontakte mit Menschen erlebt, die ebenfalls an Leben und Werk Alja Rachmanowas interessiert sind.

Mein Wunsch ist es, meine Informationen weiterzugeben, die Erinnerung an Alja Rachmanowa wachzuhalten oder auf sie aufmerksam zu machen. Sollte das gelingen, hat dieses Buch seinen Sinn erfüllt.

Ilse Stahr,
Salzburg/Bregenz, August 2012

Wer war die Milchfrau?

LEBENSLAUF EINER ROMANHELDIN

Die »Milchfrau in Ottakring« ist die Hauptfigur in dem gleichnamigen Buch der russischen Schriftstellerin Alja Rachmanowa. Es handelt sich dabei um den dritten Band der Tagebuchaufzeichnungen, die als Trilogie *Meine russischen Tagebücher* (spätere Ausgaben erschienen unter dem Titel *Sinfonie des Lebens*) bekannt wurden. Die ersten beiden Bände *Studenten, Liebe, Tscheka und Tod* und *Ehen im roten Sturm* beschreiben das Leben der jungen Studentin in Russland zur Zeit der Revolution, die ersten Ehejahre mit einem österreichischen Kriegsgefangenen, die Geburt des Sohnes und den alltäglichen Kampf der Familie ums Überleben bis zur Ausweisung aus Russland im Jahre 1925.

Der dritte Band *Milchfrau in Ottakring. Leben einer russischen Frau* mit dem Schauplatz Wien umfasst den Zeitraum zwischen 1925 und 1927, in dem die Milchfrau, Frau Wagner, mit Hilfe eines kleinen Geschäftes versucht, sich und ihrer Familie in Österreich eine neue Existenz aufzubauen. Ihr Mann, Otmar Wagner, der in Prag seine rechts- und staatswissenschaftlichen Studien abgeschlossen hatte und in Russland bereits Dozent an der Universität war, muss sein Studium in der Heimat wiederholen, weil seine russischen Diplome nicht anerkannt werden. Der Sohn Jurka erlebt in der Zeit, während seine Mutter ein Milchgeschäft betreibt und der Vater seinen Studien nachgeht, das Schicksal eines Vorschulkindes mit Emigrationshintergrund. Die Beschreibung des eigenen Existenzkampfes sowie die Schilderung der Schicksale ihrer Kunden und Kundinnen machen dieses Buch zu einem Dokument der Zeitgeschichte. *Milchfrau in Ottakring* wurde, vermutlich auch wegen des Bezuges zu Wien, zum berühmtesten Buch Alja Rachmanowas und gilt als eine der treffendsten Milieuschilderungen von Wien nach dem Ersten Weltkrieg.

Da es sich bei der Trilogie um einen »Tagebuchroman« in Ich-Form handelt, stellt sich die immer wiederkehrende Frage nach der Identität von Romanfigur und Schriftstellerin, nach Fiktionalität und Wahrheitsgehalt. Alle drei Bände wurden vom Verlag als »russische Originaltagebücher« beworben und auch die Autorin selbst erhob wiederholt den Wahrheitsanspruch.

Der von Philippe Lejeune beschriebene »autobiografische Pakt« wird hier insofern erfüllt, da eine Einheit von Autorin, Erzählerin und Protagonistin besteht. Die Autorin bittet, ihren Aussagen Glauben zu schenken und die Leserschaft entschließt sich auf Grund dieses Paktes, den Text als Autobiografie zu lesen.

600.000 verkaufte Exemplare, übersetzt in 21 Sprachen

Tatsache ist, dass die Grundlage der Bücher die privaten Tagebücher der Galina Djurjagina, Alja Rachmanowas richtiger Name, sind, die für die Veröffentlichung von ihrem Mann übersetzt und vom Verlagslektorat überarbeitet wurden. Obwohl Namen, Daten und Schauplätze teilweise verändert wurden, wird den Büchern von Seiten der Leserschaft sowie der Literaturkritik ein hohes Maß realistischer Glaubwürdigkeit zugeschrieben. Vielen Lesern und Leserinnen wurden damit die ersten erschütternden Informationen über die Schrecken der russischen Revolution vermittelt und der harte Lebenskampf im verarmten Wien anschaulich vor Augen geführt.

Die Slawistin Kerstin Gebauer hat sich in ihrer Studie *Autobiographische Selbstentwürfe russischer Frauen aus der Zeit des gesellschaftlichen Umbruchs um*

1917 mit dem autobiografischen Werk Alja Rachmanowas beschäftigt und unter anderem auch die Frage der Fiktionalität erörtert. Sie kommt zu dem Schluss, dass nicht die Beantwortung der Frage von Interesse ist, »*ob* eine Fiktionalisierung vorliegt, sondern *in welchem Maße* sie rekonstruierbar und inhaltlich relevant ist«.[1]

Mir liegt es fern, an diese Frage wissenschaftlich heranzugehen, doch da mir Material in Form von persönlichen Aufzeichnungen, Dokumenten, Briefen, Fotos und Aussagen von Zeitzeugen vorliegen, will ich versuchen, den Lebenslauf der Romanheldin und Ich-Erzählerin anhand der veröffentlichten Tagebücher nachzuzeichnen, gleichzeitig aber auch Fakten, die mir aus dem wirklichen Leben der Schriftstellerin Alja Rachmanowa bekannt sind, erhellend einfließen zu lassen. Ich greife bei meinen Recherchen fast ausschließlich auf jenen Teil des Nachlasses zurück, der mir zur Verfügung steht.

Das bewegte Leben, dem nachgegangen wird, gliedert sich in drei Epochen, die in Russland, Österreich und der Schweiz spielen und jeweils mit der Weltgeschichte eng verwoben sind.

Für die Jahre in Russland, die durch den bolschewistischen Terror gekennzeichnet sind, gelten vor allem die ersten zwei Tagebücher als Quellen der Spurensuche. Die Zeit in Österreich, die durch den Nationalsozialismus und den Zweiten Weltkrieg überschattet wurde, ist Teil der eigenen Landesgeschichte und kann bereits durch Zeitzeugen in vielen Details ergänzt werden. Für die Beschreibung der letzten Lebensphase, die im Exil verbracht wurde, dienten Briefe und unveröffentlichte Aufzeichnungen.

Die Annäherung soll behutsam erfolgen, viele Fragen sollen und dürfen offen bleiben, da ich der These von Lieselotte von Eltz-Hoffmann zustimme, die in ihrer biografischen Skizze über Alja Rachmanowa schreibt:

»Letztlich lag etwas Unergründliches in ihrem Wesen und es war, als hütete sie ein Geheimnis, das sie niemandem preisgab.«[2]

RUSSLAND
1898–1925

Ich lasse mich nicht verhätscheln

KINDHEIT

Wann und wo beginnt die Geschichte der »Milchfrau«? Welche Lebensabschnitte waren besonders prägend, welche sind für die Leserin, den Leser interessant? Sind es die Kinder- und Jugendjahre der Galina Djurjagina im Ural oder die Ehejahre der Frau von Hoyer in Perm oder Omsk? Ist es die Zeit als Greißlerin Frau Wagner in Wien oder sind es die erfolgreichen Jahre der Schriftstellerin Alja Rachmanowa in Salzburg und in der Schweiz?

Irgendwo muss man anfangen und ich wähle, wenig originell, den Zeitpunkt der Geburt.

Alja Rachmanowa wurde am 27. Juni 1898 als Galina Djurjagina in Kasli im Ural geboren. Die ersten Kinderbilder zeigen ein in Spitzen gehülltes Baby auf dem Arm der Mutter; ein Kleinkind in weißem Pelzmantel, Pelzmütze und Muff; zwei Schulkinder: Alja Rachmanowa mit ihrer Schwester, in wunderschönen Plisseekleidern. Alle Bilder wurden im Atelier eines Fotografen aufgenommen: ein Zeichen des Wohlstands.

In ihrem Jugendtagebuch, das unter dem Titel *Geheimnisse um Tataren und Götzen* erschienen ist, schildert Alja Rachmanowa ihre Kindheits- und Jugenderlebnisse als vierzehnjährige Gymnasiastin. Die Darstellung bezieht sich hauptsächlich auf

Alja Rachmanowa auf dem Arm ihrer Mutter, 1898

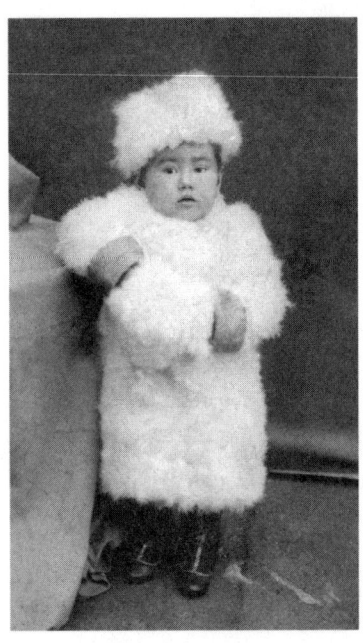

Alja Rachmanowa, die kleine
Russin, 1899

Ferienabenteuer, ist kindlich naiv und auch die Themen entsprechen einem Backfisch der damaligen Zeit. Die Familie verbrachte die Ferienzeit großteils bei den mütterlichen Großeltern. Die Mutter, Serafina Timotewa, stammte aus einer großen, sehr begüterten Industriellenfamilie, die ihren Stammsitz auf dem Land und eine Villa auf der Krim in der Nähe des Zarenpalastes hatte. Die Mutter hatte acht Schwestern und einen Bruder, die ebenfalls mit ihren Kindern in den Ferien und zu Festzeiten zu den Großeltern kamen. Alja Rachmanowa liebte das Leben auf dem Land und es schien ihr, »als ob diese steilen, düsteren Felsen, diese dunkelblauen Seen und diese undurchdringlichen Wälder meine eigentliche Heimat wären, und nicht die große, staubige Stadt, der ich entflohen war«.

Obwohl Alja Rachmanowa die Lage des Landgutes nicht näher bezeichnet, lässt die lange Zugfahrt, die weit abgelegene Bahnstation, von welcher das Ferienziel erst nach Stunden mit der Troika zu erreichen war, sowie die Ortsbezeichnung Yssytkul darauf schließen, dass es sich um die einsame Region um den Yssykkölsee in Kirgisien handelt. Die Schilderung der Landschaft, der Tradition und Kultur der Tataren erinnert zudem an die Welt Tschingis Aitmatows, dem kirgisischen Nationaldichter, dessen Novellen und Erzählungen eine ähnlich geheimnisvolle Atmosphäre widerspiegeln.

Als älteste Enkelin durfte Alja Rachmanowa täglich mit den Großeltern auf der Terrasse den Tee einnehmen. Der Großvater unterstützte das Zeichentalent seiner Enkeltochter, die Großmutter regte ihre Phantasie an, indem sie ihr Geschichten erzählte. Die Tage und

Wochen in diesem Familienverband, das unbeschwerte Erleben der Abenteuer gehören zum großen inneren Schatz der Erinnerungen, aus dem Alja Rachmanowa ein Leben lang schöpfte.

Alja Rachmanowa wuchs mit ihren zwei jüngeren Schwestern Natascha und Irina auf. Sie war das älteste Mädchen innerhalb der Kindergruppe der Großfamilie, sodass ihr häufig Verantwortung auferlegt wurde. Nach eigener Beschreibung war sie ein robustes Kind, das körperliche Anstrengungen nicht scheute. Die Mutter unterstützte die Sportlichkeit ihrer Tochter, schenkte ihr einen Knabenanzug, Hosen und eine »russische« Bluse und animierte sie, auf Bäume zu klettern. So verkörperte Alja Rachmanowa das burschikose Element in der Familie und mokierte sich manchmal über die Empfindlichkeit der beiden Schwestern, die häufig der Obhut eines Kindermädchens überlassen werden mussten:

»Irina und Natascha haben sich schon wieder den Magen verdorben. Immer ist etwas los mit ihnen. Der Vater hat schon recht, wenn er sagt, schuld daran ist nur, daß sie so verhätschelt werden. Ich lasse mich nicht verhätscheln, und bei mir ist immer alles in Ordnung. Die Mutter sagt, ich sei gesund wie ein Fisch, Irina und Natascha aber wären blutarm, deshalb müßten sie immer warm angezogen sein.«

Alja Rachmanowa genoss diese Zeit der Unbeschwertheit. Sie vermittelt in ihren Erzählungen von den Bergen und Seen des Urals oft eine beklemmende, unheimliche Atmosphäre, in der der Aberglaube gedeihen konnte und die sie selbst

Alja Rachmanowa (rechts)
mit ihrer Schwester Natascha

als spannend und interessant erlebte. Besonderes Augenmerk legte sie auf das Volksbrauchtum, das sie aufmerksam beobachtete, oder sie mischte sich unter die Erwachsenen und belauschte deren Gespräche, die sie dann in Dialogform in ihr Tagebuch schrieb.

Einen breiten Raum nehmen bereits in diesen Erzählungen die Tiere ein, von denen sie umgeben ist. So versucht sie einen flügellahmen Adler großzuziehen oder eine Katze vor den Quälereien der Buben zu retten. Als dieser Katze von einem kleinen Bären der Kopf abgebissen wird, ist sie untröstlich. Sie entrüstet sich, wenn Tataren ein Schwein schlachten wollen, weil sie darin den bösen Geist vermuten, der Unheil über das Dorf bringt, und sie schildert eine Stube, in der Kinder und Nattern aus derselben Schale Milch trinken. Sie erzählt aber auch von unheimlichen Götzen, die einen zum Wahnsinn treiben können, oder von Räubern, denen man nur durch eine List entkommen kann.

Besondere Zuneigung empfindet Alja Rachmanowa zu ihrer Großmutter, die sich im Hintergrund um das Wohl ihrer Familie und ihrer Gäste kümmert, die ein großes Herz für Kinder hat, ihre Speisekammern und Schatztruhen für ihre Enkel öffnet und selbst Zufriedenheit erfährt, wenn es den Menschen um sie herum gut geht. Die Beschreibung des Zimmers der Großmutter, das Alja Rachmanowa »anheimelnd und ruheinflößend« empfindet, passt Jahre später auch auf ihren eigenen Wohnbereich, in welchem sie den russischen Stil tradiert:

»Große, weiche Teppiche bedecken den ganzen Boden, und sogar an den Wänden sind überall Gobelins aufgehängt. In einer Ecke steht ein hoher Zimmeraltar mit einem Ewigen Lichte. Diesen zu betrachten ist uns eine besondere Freude. Er besteht aus einer Unzahl von Ikonen, und stundenlang erklärt uns oft die Großmutter die Bedeutung einer jeden einzelnen.«

Alja Rachmanowa war seit frühester Kindheit für religiöse Inhalte aufgeschlossen und erlebte während eines Ferienaufenthaltes ihre ersten Exerzitien, über die sie sehr gefühlvoll berichtet. Sie ahnte wohl, dass sich diese religiösen Erlebnisse während der Messfeiern im orthodoxen Ritus, die öffentlichen Beichten sowie die Ikonenver-ehrung nachhaltig in ihre Seele einprägen würden: »Wie tief mich das alles ergreift, ich möchte am liebsten immer weinen, den gan-zen Tag weinen.« Alja Rachmanowa ist ihrem Kinderglauben bis zu ihrem Lebensende treu geblieben. Gemäß dem Motto »Ich will das Leben von Dir, o mein Gott, nehmen, wie Du es mir gibst. Wie bitter es auch sei, ich will es bis zum Ende tragen« vertraute sie auf Gott.

Die Begegnung mit einem Einsiedler in dieser Zeit machte mächtig Eindruck auf Alja Rachmanowa und löste ein erhabenes Gefühl in ihr aus: »Wir waren noch nicht ganz bei der Höhle angelangt, da kam uns der Einsiedler schon entgegen. Als er uns erreicht hatte, blieb er ein wenig stehen, streichelte mir den Kopf, lächelte mir freundlich zu, und dann machte er das Kreuzzeichen über mich. Mir war ganz eigen-tümlich dabei zumute. Der Laienbruder, der uns begleitete, sagte: ›Sie werden sehr glücklich werden, Fräulein, aber sie werden auch viel Unglück und Kummer haben; der Einsiedler irrt sich niemals‹.«

Neben den Ferienerlebnissen erfahren wir noch einige Details aus dem Schulalltag der jungen Gymnasiastin. Die Sitten in dem Gym-nasium, das Alja Rachmanowa besucht, sind streng, die Kleidervor-schriften unterliegen strikten Vorgaben. Am ersten Schultag werden die Uniformen jeder einzelnen Schülerin abgemessen: »... die Länge meines Rockes, den Abstand zwischen Rock und Boden, dann die Breite der Aufschläge, die Ausmaße der Schürze usw.« Wer nicht kor-rekt gekleidet ist, wird nach Hause geschickt. Wir lesen von einer eifrigen, sehr guten Schülerin, die sich meistens auf die Seite der Schwächeren schlägt. Sie wiederholt während der Pause mit ihren Mitschülerinnen den Lernstoff und zeigt Zivilcourage, als eine Leh-rerin eine Schülerin demütigt, indem sie sich vor sie hinstellt und ihr erklärt: »Nina Ljenotschka hat vor der Stunde alles genau gewußt. Sie fürchtet sich bloß vor Ihnen!«

Ebenso mutig setzt sie sich bei einer Inspektion auch für einen ungeliebten Lehrer ein: »Wir müssen ihn retten, er hat doch acht Kinder«, oder sie gibt sich einem schwärmerischen Gefühl einer Lehrerin gegenüber hin: »Ich liebe sie nun schon das dritte Jahr,

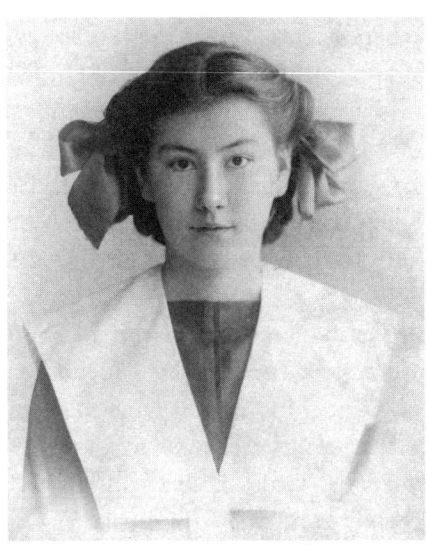

Alja Rachmanowa als Gymnasiastin

und so lieb hab ich sie, daß ich am ganzen Leibe zittere vor Aufregung, wenn sie mich zur Tafel ruft.«

In der Familie ist es der Vater, zu dem Alja Rachmanowa eine besonders liebevolle Beziehung hat. Er ist kunstsinnig, musikalisch und ein Bücherfreund. Er brachte seinen Töchtern durch abendliche Lesungen die Literatur nahe, öffnete ihnen seine Bibliothek. Alja Rachmanowa war nach ihren eigenen Angaben der Liebling des Vaters und wurde von ihm bevorzugt: »Von Zeit zu Zeit gab er mir seine Lieblingsbücher zu lesen, ohne auf mein Alter nur die geringste Rücksicht zu nehmen.« So kannte Alja Rachmanowa bereits mit zehn Jahren alle Werke von Gogol, Turgenjew, Tschechow, Tolstoi, das Evangelium und viele Heiligenlegenden. Durch diese wohl sehr unkindliche Lektüre hat sich in dem reifen und aufnahmefähigen Kind sehr früh das Interesse für menschliche Schicksale und deren literarische Schilderungen gebildet.

Zu ihrer Mutter, die in der Familie eher das heitere Element vertrat, hatte Alja Rachmanowa ebenfalls eine liebevolle Beziehung. Von ihr übernahm sie die Einstellung, sie müsse allen Menschen mit ihrer Lebensfreude, ihrer Fröhlichkeit und Aufmerksamkeit helfen und müsse daher ihre Trauer, ihren Schmerz oder ihre Zweifel bei sich behalten. Die Mutter vertraute ihrer Tochter voll und ganz: Sie durfte tun und lassen, was sie wollte, da die Mutter der Überzeugung war, dass nichts Schlechtes an ihr hängen bliebe. Alja Rachmanowa schätzte diese wohlwollende Haltung und schöpfte daraus Kraft. Die Mutter förderte ihre Kinder sehr, bereitete ihre Tochter auf den Besuch des

Alja Rachmanowas Mutter,
Serafina Timotewa

Alja Rachmanowas Vater,
Nikolai Djurjagin

Gymnasiums vor, welches diese dann auch mit der Auszeichnung der goldenen Medaille absolvierte.

Im Vorwort zu ihren Jugenderlebnissen schreibt Alja Rachmanowa: »Ich bin überzeugt, daß gerade das, was wir in der Kindheit gesehen, erlebt und gefühlt haben, für die Gestaltung unserer Persönlichkeit von der entscheidendsten Bedeutung ist und daß diese Eindrücke einen unerschöpflichen Quell der Kraft bilden, der uns hilft, die Stürme des Daseins zu überstehen.

Ich habe das große Glück gehabt, meine Kindheit und Jugend in den felsigen Bergen und an den verzauberten Seen des Ural zu verbringen, in einer einzigartigen Welt, die mir sowohl die geheimen Kräfte der Natur, als auch die des Menschenlebens besonders nahe brachte, die meinem leidenschaftlichen Wunsche, ihren Rätseln auf den Grund zu kommen, immer neue Nahrung gab, und meine Liebe zu Gott, zu den Menschen und zum Guten immer mächtiger werden ließ.«

Als Jugendliche schrieb sie viele Gedichte, die von der Liebe zu dieser Landschaft sprechen, voll von einer unbestimmten Sehnsucht.

Wie es zu meinen Tagebüchern kam

ÜBER DAS SCHREIBEN

Die Idee für ihr erstes Gedicht hatte Alja Rachmanowa in diesen idyllischen Ferientagen auf dem Land, die sie in ihrem Aufsatz »Wie es zu meinen Tagebüchern kam« selbst beschreibt:

»Ich schrieb, weil ich mich mit dem ersten für mich unbegreiflichen Widerspruch des Lebens nicht abfinden konnte.«

Tolja, ein Cousin, wollte eine Ferienzeitung herausgeben, für welche die Kinder Geschichten, Gedichte oder Zeichnungen liefern sollten. Gerade als im Garten eine aufgeblühte Teerose bewundert wurde, ertönte ein schriller Schrei: Ein kleiner Bub hatte sich zu weit ins Wasser gewagt und war im See ertrunken. Alja Rachmanowa spürte den Drang, diesen irritierenden Widerspruch von lebendiger Schönheit der Natur und plötzlichem Tod eines Kindes in einem Gedicht zusammenzufassen und schrieb:

> *Rose, wundervolle Rose, du blühst,*
> *und der arme, kleine Wasja starb.*
> *Warum?*

Das Gedicht wurde von Tolja abgelehnt: »Geht nicht! Zu viel Gedanken auf einmal und zu traurig.« Alja Rachmanowa fühlte sich missverstanden. Ihr Cousin hatte den Bruch in ihrem Gedicht nicht als literarische Qualität erkannt und vermittelte ihr das Gefühl des Scheiterns.

Der Vater hingegen dürfte das Talent seiner Tochter früh geahnt haben. Er verehrte Dichter und Schriftsteller und hegte den Wunsch, dass seine Tochter Schriftstellerin werde. Als äußeres Zeichen seiner Zukunftsphantasie schenkte er ihr zum 13. Geburtstag eine Brosche in Form einer Schreibfeder. Er beobachtete äußerst streng die ersten Versuche seiner Tochter, sich schriftstellerisch zu betätigen, sparte mit Anerkennung und erlaubte ihr nur unter einem männlichen Pseudonym ihre Gedichte oder kurzen Erzählungen in literarischen Zeitschriften zu veröffentlichen. Seine Ansprüche an die Schriftsteller waren hoch: »Der Dichter muß vor allem ein reiner Mensch sein ... er muß stark sein und muß wissen, wo die Wahrheit ist ... Aber es genügt nicht, wenn er bloß die Wahrheit suchen will, er muß sie gefunden haben, auf dem einzigen Wege, auf dem man sie finden kann; er muß sich zu ihr durchgelitten haben.«

Seit ihrem sechsten Lebensjahr führte Alja Rachmanowa Tagebuch. Sie schrieb, wenn sie sich allein fühlte und ihre Gedanken unverstanden blieben. Das Heft wurde zu ihrem ständigen Begleiter, ihre Erlebnisse waren gleichzeitig Schreibimpulse: »Dieses Tagebuch wurde vom Leben, meinem Leben geschrieben.«

Alja Rachmanowa erlebte die heilsame Kraft des Schreibens und fühlte gerade in dunklen Zeiten durch ihre Aufzeichnungen eine gewisse Entlastung: »Mein Tagebuch hat mir geholfen, die schweren Jahre zu ertragen, und manchmal war es so, daß es mein einziger Trost gewesen, als rings um mich alles stürzte und alles zerfiel, was in der jahrtausendlangen Entwicklung der Menschheit an Werten zusammengetragen worden war.«

Das Tagebuch war für Alja Rachmanowa nicht nur lebensbegleitender Partner, dem sie vieles anvertraute, sondern sie achtete bei ihren Aufzeichnungen auch auf Stil und Ausdruck und übte sich in schriftstellerischer Überzeugungskraft. Sie wollte ja nicht nur schreiben, sondern auch gelesen werden und liebäugelte später wiederholt mit der Möglichkeit einer Veröffentlichung, denn sie ahnte, dass ihr Tagebuch ermutigend und tröstend für Menschen werden könnte, die selbst schwere Schicksalsschläge erleben mussten.

Wichtig war für sie – selbst unter Lebensgefahr – das Tagebuch durch alle Wirren zu retten und es schließlich außer Landes zu bringen. Sie kam zu dem Schluss, dass sie nicht nur das Recht, sondern die Pflicht habe, zu sagen, was ihrem Volk und ihrer Heimat widerfuhr, und dies auch die Welt wissen zu lassen. So wurde sie später mit ihren Tagebüchern, die hohen dokumentarischen Wert besitzen, zu einer bedeutenden Zeitzeugin sowie zu einer Chronistin der Schrecken der Russischen Revolution.

Rückblickend sehen wir anhand von unzähligen Reaktionen von Lesern und Leserinnen, dass Alja Rachmanowa gelungen war, was sie beabsichtigt hatte: Liebe zu dem Leben zu wecken, »das uns Gott gegeben hat und die Kraft, mit ihm fertig zu werden«.

In späteren Jahren konnte Alja Rachmanowa ihren Hang zum Schreiben und ihr großes Interesse an menschlichen Schicksalen in ihren Biografien über russische Persönlichkeiten vereinigen und diese Arbeit zu ihrem Beruf und zur Absicherung ihrer Existenz machen. Durch die Wahl ihrer Themen blieb sie geistig weiterhin eng mit ihrer einstigen Heimat Russland verbunden, wodurch ihr Leben im Exil gewiss erleichtert wurde.

Bis ins hohe Alter hatte sie das Bedürfnis, alle Tagesereignisse niederzuschreiben, und jeder Gedanke schien lohnenswert, festgehalten zu werden. Ihre Frage »Hat es eigentlich einen Sinn, dieses ewige Niederschreiben?« beantwortete sie sich selbst, indem sie Heft um Heft füllte. Sie schrieb sich aktuellen Ärger und Kummer von der Seele, beschrieb ihren Gemütszustand, gab sich ihren Erinnerungen hin oder hielt schriftlich Zwiesprache mit Gott.

Ich bin unglücklich, weil ich zu glücklich bin

JUGEND UND STUDENTENZEIT

Als Leitmotiv für ihr Studententagebuch wählt Alja Rachmanowa eine Aufforderung des russischen Märtyrers Awwakum aus dem siebzehnten Jahrhundert:

»Du magst ohne Furcht sprechen, wenn Du Dich nur durch Dein Gewissen leiten lässt!«

Sie beginnt ihr Tagebuch an ihrem siebzehnten Geburtstag mit einem klassischen Spiegelmotiv, das ihr die Gelegenheit zur Selbstreflexion gibt und ihr Äußeres und dessen Wirkung auf andere überprüfen lässt:

»Heute bin ich 17 Jahre alt geworden. In einer ganz ungewöhnlichen Stimmung bin ich aufgewacht und kann mir selbst nicht erklären, worin diese Besonderheit besteht. Aber es war etwas ganz Neues. Ich ging zum Spiegel und begann mich aufmerksam zu betrachten, als ob ich mich zum ersten Male erblickt hätte. Ja, es war mir ganz so, als hätte ich mich vorher nie gesehen. Ganz besonders fiel mir der Ausdruck meiner Augen auf. Die Leute sagen, ich habe ganz merkwürdige Augen. Vor allem der orientalische Schnitt der Lider, und dann der Ausdruck selbst. Meine Mitschülerinnen behaupten, es sei etwas Geheimnisvolles in ihnen. Heute fühlte ich deutlich, daß sie mir von einem ganz ungewöhnlichen Leben kündeten.«

In späteren Rezensionen, vor allem anlässlich ihrer Leseabende, werden fast alle Kritiker auf ihr äußeres Erscheinungsbild eingehen und ihre schrägstehenden Augen, die dem mongolischen Typ entsprachen, ihre hohen Backenknochen oder ihren Pagenschnitt beschreiben.

Alja Rachmanowa bemerkte bereits als Kind, dass sie großes Einfühlungsvermögen besaß, dass die Menschen ihr vertrauten und anders

Alja Rachmanowa (re.) mit ihren beiden Schwestern Irina und Natascha

mit ihr sprachen als mit anderen Kindern: »Ich war noch ein ganz junges Mädchen, da vertrauten mir die Dienstboten schon ihre Herzensangelegenheiten an, sprachen die Mütter über ihre Kümmernisse wegen ihrer Kinder, beklagten sich die Männer über ihre Frauen, die Frauen über ihre Männer.«

Sie hatte neben vielen anderen Talenten die Gabe, zuhören zu können, sich in andere Menschen hineinzuversetzen, und so lag es nahe, dass sie das Studienfach Psychologie wählte.

Ihre Heimatstadt, die Alja Rachmanowa in ihren Büchern nie namentlich erwähnt, war Perm, an den Ausläufern des Urals und am Fluss Kama gelegen. 1916 wurde in Perm die Universität gegründet, sodass Alja Rachmanowa zu den ersten Studentinnen gehört haben muss. Ihr Testatbuch vom September 1916 bestätigt die Inskription in den Fächern Philosophie, Psychologie und Literatur.

Sie war eine strebsame, eifrige Studentin, beliebt und akzeptiert und dennoch voll Sehnsucht nach einer anderen Herausforderung: »Ich bin unglücklich, weil ich zu glücklich bin! Ich habe alles. Alle meine Wünsche werden mir erfüllt, alle lieben mich und ich liebe alle; mein heutiger Tag gleicht dem gestrigen und dem morgigen und wenn ich denke, daß es auch in zehn Jahren so sein wird, faßt mich Schrecken. Alles, was ich habe, habe ich umsonst bekommen! Auch meine Talente haben mich nichts gekostet. Ich zeichne, dichte und tanze und tu weiß Gott was noch alles! Aber nichts macht mir Freude. Ich will Sorgen, ich will Leiden, Kämpfen! Ich will Not, Entbehrungen, ja ich will selbst den Haß der Menschen! Und dann will ich mir alles selbst erringen, ich will mir mit meinen eigenen Händen mein Leben schmieden, erst dann werde ich glücklich sein.«

Dieser Wunsch sollte sich bald erfüllen, da die Revolution in das heile Leben der jungen Studentin einbrach und ihre Biografie fortan untrennbar mit den politischen Ereignissen in Russland verbunden war.

Die Studentenrevolten hatten sich bereits angekündigt und seltsame Gestalten sowie selbsternannte Führer verlautbarten ihre Parolen: »Rache allen, Rache allen Satten, allen Reichen, allen Parasiten!«

Alja Rachmanowa versuchte in dieser Zeit durch »volkstümliche Neigungen«, wie es ihre Mutter nannte, das soziale Gefälle zwischen Herrschaft und Dienstboten etwas zu verringern. Sie verzichtete immer häufiger auf die Hilfe des Personals, ging selbst auf den Markt, wechselte in der Anrede der Dienstboten vom Du zum Sie, wodurch aber eher Verwirrung entstand. In der Studentenschaft wollte sie ebenfalls für die Allgemeinheit nützliche Dienste leisten und ging unter anderem auf Quartiersuche für ihre Kommilitonen. Schließlich gelang es ihr sogar, ihre Eltern zu bewegen, ein Zimmer an einen Studenten abzutreten.

Als Alja Rachmanowa eines Tages Griselda, eine höchst auffällige Studentin, mit nach Hause bringt, um sie vor der Verfolgung durch die Polizei zu verstecken, stimmen die Eltern zu und retten die junge Frau vor der Verschleppung nach Sibirien. Griselda faszinierte Alja Rachmanowa durch eine besondere Art von Dämonie und konfrontierte sie, die in allem nur das Schöne, Gute und Wahre sehen wollte, mit den Abgründen der menschlichen Seele. Griselda litt an Epilepsie und hatte eine ausgeprägte sadomasochistische Veranlagung: »Ich habe immer so merkwürdige Träume. Ich schlage ein Kind, oder ich träume, wie man ein Weib schlägt, und jeden Hieb höre ich ganz deutlich ... Und welche Freude, wenn Sie es nur wüßten, diese Schreie zu hören!«

Griselda, deren Fanatismus für das Anheizen der Revolution an Wahnsinn grenzte, eröffnete eines Tages Alja Rachmanowa ihre Besessenheit mit den Worten: »Ihre Seele ist wie ein Schwamm, Alja. Sie trinkt die Seele der Menschen in sich hinein, denen sie begegnet. Wenn man Sie sieht und in Ihre Augen blickt, so ist der erste Wunsch, Ihnen alles zu sagen. Dieser Wunsch ist so stark, daß ich ihm nicht widerstehen kann.«

Ein anderes Mal erzählte Griselda Alja Rachmanowa, dass sie nur einen Tag mit einem Chinesen verheiratet gewesen sei, mit dem sie ein Jahr lang regen Briefaustausch gepflegt hatte: »Er sah aus wie ein Tier; aber die Briefe waren die Briefe eines Menschen gewesen, der nur geistiges Leben hat.« Das kurze Treffen von Griselda und ihrem Mann kam einer masochistischen Sitzung gleich: »Er hatte eine Peitsche und schlug mich damit, er beleidigte mich in allem, worin man nur ein Weib beleidigen kann, er quälte mich und weidete sich an meinen Schmerzen.« In ihrem Mann erlebte Griselda die Polarität von Körper und Seele, jenen Dualismus, der ihr Menschenbild bestimmte. Griselda trennte sich nach diesem Erlebnis von ihm und gestand Alja Rachmanowa, dass sie sich seither von Tag zu Tag mehr nach ihm sehne: »Er soll mich so quälen, er soll mich so schlagen wie damals, wenn er mich nur auch wieder so lieben würde wie damals.«

Griselda verabschiedete sich von Alja Rachmanowa, wollte ins Ausland gehen und ließ den Eltern von Alja Rachmanowa ausrichten, dass sie sich bedanke und nie vergessen werde, was sie für sie getan haben: »Wenn ich einmal Gelegenheit haben sollte, es ihnen zurückzuzahlen, werde ich es tun, was es mich auch kosten möge.«

Griselda wird später ihr Versprechen einlösen. Sie blieb in Russland und fand ihren Weg in die Gefängnisse der Tscheka, wo sie als »Folterknecht« ihre Perversionen ausleben konnte.

In diese Zeit fiel auch die Begegnung von Alja Rachmanowa mit Wadim. Sie hatten sich bereits im Gymnasium kennengelernt und trafen sich nun erneut. »Von allen meinen Bekannten ist er mir doch immer der liebste«, notiert Alja Rachmanowa und beschreibt Wadim als einen breitschultrigen jungen Mann, der sehr schüchtern ist und ihr wegen seiner Einfachheit und Ungekünsteltheit imponiert. Den beiden fiel es leicht, sich über die verschiedensten Themen auszutauschen, aber auch gemeinsam zu schweigen und sich Briefe zu schreiben. Wadim studierte eifrig an der Technik in Petrograd, wie St. Petersburg nun genannt wurde. Er sollte die Artillerieschule besuchen und hatte einen Fronteinsatz vor sich: »Ich will nicht an die Front gehen, Alja! Ich bin überzeugt, daß, wer das Schwert in die Hand nimmt, auch durch das Schwert zugrunde geht. Ich gehe an die Front, weil es meine Pflicht ist, aber es wird mir sehr schwer sein, die Uniform anzulegen; ich kann nicht töten, selbst aus patriotischen Beweggründen nicht. Ich bin überzeugt, daß Gott nie einen Mord verzeihen kann, selbst dem Soldaten nicht; denn das Menschenleben ist das kostbarste Geschenk Gottes, und niemand hat ein Recht, dieses Geschenk wegzunehmen, außer er selbst.«

Selten liest man in den verschiedenen Kriegsschilderungen, dass es auch Soldaten wie Wadim gegeben hat, die gegen ihren Willen in den Krieg ziehen mussten, die kriegsmüde, nicht von Aggression getrieben und den Grausamkeiten nicht gewachsen waren. Isaak Babel, der im Russisch-Polnischen Krieg im Einsatz war, schildert diesen Zustand in seinem *Tagebuch 1920* eindrücklich: »Warum will meine Traurigkeit nicht vergehen? Weil ich fern von zu Hause bin, weil wir zerstören, weiterziehen wie ein Wirbelsturm, ein Lavastrom, von allen gehaßt, das Leben stiebt auseinander, ich bin auf einer großen, nicht enden wollenden Totenmesse.«[3]

Aus den unzähligen Begegnungen und Kontakten, die Alja Rachmanowa damals hatte und die sie auch in differenzierter Art und Weise in ihrem Tagebuch festgehalten hat, fällt die Beziehung zwischen ihr und Professor Wladimir Weidle auf. Standen in der Beziehung zu Wadim noch der Austausch von Briefen, Gedichten sowie gemeinsame Naturerlebnisse oder Gespräche im Mittelpunkt, so verspürt Alja Rachmanowa bei der Begegnung mit Professor Weidle eine erotische Anziehungskraft. Ihr Begehren erschreckt sie, sie fühlt sich einerseits schuldig, lehnt sich aber andererseits auch dagegen auf, dass der Professor in ihr das Weib, aber nicht den Menschen sieht. Alja Rachmanowa, die ihr Frauenbild immer wieder überprüft, kommt kurzerhand zum Schluss, dass sie als Einheit von Körper und Geist gesehen und geliebt werden will: »Ist es denn wirklich wahr, dass wir alle nur Weib sein können? Nein, nein, ich will nicht bloß Weib, ich will auch Mensch sein!«

Interessanterweise hat Alja Rachmanowa den Namen Professor Wladimir Weidles nicht durch ein Pseudonym ersetzt, sodass man sein Curriculum auch im Internet nachlesen kann: Er wurde 1895 in St. Petersburg geboren, unterrichtete an der Universität in Perm und ging 1924 nach Paris, wo er von 1932–1952 Professor am Institut für orthodoxe Theologie war. 1934 lernte er die in der Emigration lebende russische Schriftstellerin Marina Zwetajewa kennen und verhalf ihr zur Veröffentlichung einiger ihrer Puschkin-Übersetzungen in der Zeitschrift *La vie intellectuelle*.

Auch dem Österreicher Hans Halm, der als Forschungsstipendiat nach Russland gekommen war und sich in Irkutsk für russische Literaturgeschichte habilitieren konnte, fiel Alja Rachmanowa als eifrige Studentin auf, sodass er sich Jahre später in einem Artikel in der *Bodensee-Zeitschrift* (1957) an sie erinnerte: »Trotzdem seither fast vier Jahrzehnte dahingegangen sind, bewahre ich noch immer die gute und kostbarste Erinnerung an das ernste, stille, wissenshungrige Mädchen mit dem nach innen gekehrten Blick und dem pechschwarzen Haar, dessen Schnitt heute aller Welt von Aljas Bildern her wohlvertraut ist.«

Professor Halm war nach seiner Rückkehr nach Österreich Professor an der Universität Innsbruck, hielt unzählige Diavorträge über Russland und war mit dem Ehepaar Hoyer befreundet. Er half beim Beschaffen von Sekundärliteratur, lektorierte Manuskripte, schrieb Klappentexte und Rezensionen.

Da die persönliche Beziehung von Professor Halm zu Alja Rachmanowa in seinen Kreisen bekannt war, wurde er öfter gefragt, »ob denn die von Alja festgehaltenen Berichte, Ereignisse und Menschenschicksale, die in ihrem Glanz, aber auch in ihrer Härte und Tragik dem europäischen Leser schier unglaubhaft erscheinen, den Tatsachen entsprechen«. Professor Halm war ein Zeitzeuge, der am selben Schauplatz lebte, selbst Aufzeichnungen machte und »die Wahrheit und Echtheit ihrer Mitteilungen« bestätigte.

Der Universitätsbetrieb in Russland wurde immer häufiger von Unruhen gestört. Der Ruf nach Umsturz, Zerstörung und Vernichtung wurde laut, der Tod des Zaren immer häufiger gefordert, und Alja Rachmanowa erinnerte sich an die Weissagung eines Starez: »Großes Unglück erwartet uns alle. Unglück und Tod. Die Menschen wenden sich von Gott ab und Gott von ihnen.«

Am 23. Februar 1917 kommt es zum Ausbruch der Revolution. Es sind anfangs vor allem die Frauen, die an diesem Tag durch die Straßen der russischen Hauptstadt Petrograd ziehen und den Internationalen Frauentag fordern. Die Frauen fordern aber nicht nur politische Rechte, sondern auch ein Ende der Not und der Unterdrückung und so schließen sich in dieser aufgeheizten Stimmung schnell tausende von Arbeitern und Studenten an. Es kommt zu einem Generalstreik, zu Demonstrationszügen, denen sich die Polizei entgegenstellt. Der Aufstand sollte mit Waffen niedergeschlagen werden, was jedoch nicht gelang.

Es folgte ein langer und grausamer Bürgerkrieg.

Jede Minute erwarten wir eine Hausdurchsuchung

REVOLUTION

Mit dem Sturz der zaristischen Autokratie endete 1917 die Dynastie der Romanows. Zar Nikolaus II. verzichtete auf den Thron, sein Bruder nahm die Zarenkrone nicht an und so kam es für einige Monate zu einer Übergangsregierung unter Alexander Kerenski, von dem man hoffte, dass er Russland noch einmal retten könne. Lenin, der inzwischen aus dem Exil zurückgekehrt war, erkannte in dieser Krisensituation die Möglichkeit zur Machtübernahme. Er ließ wichtige strategische Punkte wie Bahnhöfe und Brücken militärisch besetzen. Kerenski floh, da er keine Truppen aufstellen konnte, die geschwächte Regierung wurde gestürzt. Mit der Erstürmung des Winterpalais, des Regierungssitzes, war auch dieses Bollwerk gefallen und die Herrschaft der Bolschewiken begann.

Im Zuge der Revolution fand am 1. Februar 1918 in Russland die Umstellung vom Julianischen auf den im Westen geltenden Gregorianischen Kalender statt, sodass die Oktoberrevolution vom 24. und 25. Oktober nach neuer Zeitrechnung am 6. und 7. November 1917 stattfand.

Die Haltung der jungen Studentin Alja Rachmanowa der Revolution gegenüber war zwiespältig. Ihre Familie gehörte der Bourgeoisie an, die bekämpft werden sollte, in Studentenkreisen wurde zur Machtübernahme gerüstet. Für Alja Rachmanowa bedeutete die Revolution das Ende des Krieges, der Verhaftungen, der Verbannungen, des Hungers und des Unheils. Sie, die stets bemüht war das Gute im Menschen zu sehen, hoffte, mehr Gerechtigkeit und Freiheit für das Volk zu erreichen: »In der Stadt scheinen alle den Kopf verloren zu haben. An allen Ecken werden Reden gehalten, in allen Sälen finden Versammlungen statt. Alle versprechen, alle sind erfüllt von

Freude. Gerade so, als ob Ostern wäre. Alles spricht von Pressefreiheit, von freier Meinungsäußerung, von Freiheit, Gleichheit, Brüderlichkeit. Die Leute, die sich auf der Straße begegnen, gratulieren einander. In unserer Familie brachte ich als erste die Nachricht von der Revolution. In meiner freudigen Stimmung lief ich ins Speisezimmer und rief: ›Revolution! Ende des Krieges!‹ Ich dachte, alle würden vor Freude aufspringen. Aber die Gesichter der Eltern, des Dozenten und des Oberst Orlow, der gerade bei uns war, zogen sich in die Länge. Der Vater nahm die Brille herunter, was bei ihm immer ein Zeichen der größten Aufregung ist, und mich mit den großen, kurzsichtigen Augen anblickend, sagte er: ›Na und du, worüber freust du dich?‹«

Bald erlebte Alja Rachmanowa am eigenen Leib, dass alle Wertvorstellungen ins Wanken gerieten, dass es zum rücksichtslosen Einsatz von Waffen kam, dass die Menschen sich kaum noch zu atmen, zu sprechen oder zu bewegen wagten, da sie überall Spione oder Provokateure befürchteten.

Es kam zu Wahlen, an denen sich das ganze Volk beteiligen sollte. Das Dienstmädchen Mascha trug schwer an der Verantwortung und erkundigte sich, welche Liste sie ankreuzen müsse, »daß die Religion und Gott bleiben und daß unser Väterchen Zar wieder zurückkommt«. Obwohl ihr Alja Rachmanowa erklärt, dass die Liste 2, der demokratische Block, oder Liste 3, die Sozialdemokraten, am ehesten zu wählen seien, fällt Mascha dennoch auf eine plumpe Wahlmanipulation herein und kommt glücklich nach Hause. Sie erzählt, dass ihr ein junger Bolschewik »mit einem freundlichen Gesicht« erklärt habe, dass die Listen in letzter Minute umgestellt worden waren und man Liste 4 wählen müsse. Mascha war über diesen Hinweis dankbar und erleichtert: »Wenn der junge Mann nicht gewesen wäre, so hätten wir am Ende noch diese gottlosen Teufel, die Bolschewiken, gewählt.«

Die Machtübernahme der Bolschewiken dokumentiert Alja Rachmanowa in einer Tagebucheintragung, indem sie die Worte eines jungen Dozenten zitiert: »Der Tag, an dem die Bolschewiken die Macht in die Hand genommen haben, ist der Todestag der russischen Intelligenz. Wir müßten eigentlich unsere Siebensachen zusammenpacken und ins Ausland emigrieren. Hier in Russland haben wir nichts mehr zu suchen.«

Geschichtsaufzeichnungen berichten von etwa zwei Millionen Menschen der gebildeten und begüterten Klasse, die damals den Schritt der Emigration wagten und sich in Emigrantenzentren, vor allem in benachbarten Ländern, formierten.

Nach dem Umsturz wurde die monarchistische Presse geschlossen, Erlaubnispflicht für Zeitschriften und Bücher wurde eingeführt. Der Besitz von Zarenbildern wurde verboten und mit dem Tod bestraft. Selbst Zeitschriften mussten von Bildern der Zarenfamilie gesäubert werden: »Zur Vorsicht beschäftigen wir uns nun den ganzen Tag damit, die Bücher und Zeitschriften durchzuschauen und alles Verdächtige herauszuschneiden.«

Verbotene Bücher – ein großes Thema im späteren Leben von Alja Rachmanowa – kamen in Umlauf. Alja Rachmanowa war kurz im Besitz eines solchen und kam in Bedrängnis. Als sie erfuhr, dass die Eigentümerin eines solchen Buches verhaftet wurde, warf sie es in ein Eisloch im Fluss: »Es ist wirklich kein angenehmes Gefühl, verbotene Bücher bei sich zu Hause zu haben.«

Rasputin, der großen Einfluss auf den Zarenhof hatte, wurde am 17. Dezember 1916 grausam gefoltert und ermordet, was Alja Rachmanowa in ihrem Tagebuch so kommentierte: »Die ganze Stadt spricht nur von Rasputins Tod. (...) Der Fürst Jussupow, der Großfürst Dimitri und der Duma-Abgeordnete Purischkewitsch sollen ihn ermordet haben. Alles singt ihnen Lobeshymnen. (...) Die Zarin soll in Verzweiflung sein, weil jetzt keine Hoffnung mehr sei, daß der Thronfolger noch geheilt werden könne.«

Rasputin war als Wunderheiler bekannt und stand deshalb im hohen Ansehen der Zarin. Sie war der Überzeugung, dass er göttliche Heilkräfte besaß und er allein die Blutkrankheit ihres Sohnes heilen konnte. Rasputin wurde eine besondere Ausstrahlung, die mit einer großen Suggestionskraft verbunden war, zugeschrieben. Seine Ermordung durch Angehörige des Adelsstandes sah er voraus und deutete sie als dunkles Vorzeichen für die Zarenfamilie. Im Abschiedsbrief an den Zaren heißt es unter anderem: »Wenn es deine Verwandten waren, welche meinen Tod verursacht haben, dann wird niemand aus deiner Familie, keine Kinder deiner Verwandten, noch länger als zwei Jahre am Leben bleiben. Sie werden getötet werden durch das russische Volk.«[4]

Die Prophezeiung bewahrheitete sich, die Bolschewiken ermordeten den Zaren und seine Familie. Da es damals an der Tagesordnung war, dass fast in jeder Familie des Adels und der Intelligenz jemand verhaftet oder erschossen wurde und jeder damit rechnete, selbst getötet zu werden, blieb nach Alja Rachmanowas Meinung die große Erschütterung über dieses Ereignis in der Bevölkerung aus: »Wie soll man da noch an fremdem Unglück teilnehmen?«

Zar Nikolaus II. wurde mit seiner Frau Alexandra Fjodorowna und seinen fünf Kindern gemeinsam mit vier Bediensteten in der Nacht des 17. Juli 1918 erschossen. Die Legende, dass Anastasia, die jüngste Tochter des Zaren, das Massaker überlebte, hielt sich lange. Immer wieder tauchten Frauengestalten auf, die behaupteten, die Zarentochter zu sein. Am bekanntesten wurde das polnische Bauernmädchen Franziska Schanzkowska, das nach einem Selbstmordversuch aus dem Berliner Landwehrkanal gerettet wurde, sich später Anna Anderson nannte und bis zu ihrem Lebensende behauptete, eine Zarentochter zu sein.

Kurz nach der Ermordung der Zarenfamilie gab es bereits Gerüchte um die Rettung Anastasias, die auch Alja Rachmanowa dokumentiert: »Übrigens behauptet Sinaida Wassiljewna, eine der Töchter des Zaren, Anastasia, sei, entgegen der Angaben des Berichtes, nur schwer verwundet worden und ein Soldat habe sie gerettet.«

Erst 1991 wurden die noch fehlenden sterblichen Überreste der Zarenfamilie entdeckt und es konnte durch DNA-Analyse bewiesen werden, dass alle Familienmitglieder damals den Tod fanden.

Später wurde die ganze Familie bei einem feierlichen Begräbnis durch die russisch-orthodoxe Kirche heiliggesprochen.

Auch die Dienstboten probten in dieser Zeit den Aufstand und formierten sich in Dienstbotenversammlungen, in denen ihnen aufgetragen wurde, nicht mehr zu gehorchen, möglichst wenig zu arbeiten, dasselbe Essen wie die Herrschaft zu verlangen, mit ihr am selben Tisch zu sitzen und sie mit »Genosse« anzusprechen. Die Bediensteten sollten ein neues Selbstwertgefühl bekommen und sich aufgewertet fühlen.

Der Prozentsatz der Analphabeten war damals mit siebzig Prozent äußerst hoch. Von Seiten der Regierung wurde versucht, dagegen anzukämpfen, das Bildungsniveau zu heben und kulturelle Möglichkeiten wie Abendkurse, Theater oder Bibliotheken anzubieten.

Nahrungsmittel wurden knapp, in Petrograd brach eine Hungersnot aus und die Menschen begannen, ihre Möbel zu verheizen.

Es kam zur Trennung von Kirche und Staat. Die orthodoxe Kirche, die eine wichtige Säule im alten System war, wurde enteignet. Entfesselte Volksgruppen begannen mit Plünderungen, brannten Klöster nieder, erschlugen die Mönche, ermordeten Priester und Bischöfe und raubten wertvolle Kleinodien. Von der Miliz war keinerlei Hilfe zu erwarten: »Man fürchtet die Miliz bei uns nicht weniger als Räuber und Mörder.«

Nach der Abschaffung des privaten Grundbesitzes wurde auch das Landgut der Großeltern von den Schrecken der Revolution erfasst, der idyllische Ort der Kindheit zerstört. Onkel Wasja, der einzige Sohn der Großeltern, sollte das Erbe weiterführen, war aber in den Augen seines Vaters dafür wenig geeignet: »Er hat nicht den Spürsinn für das, was kommt! Und an Ausdauer fehlt es ihm auch.«

Eine gewichtige und grausame Rolle spielte auf dem Gut des Großvaters ein Arbeiter namens Gorbunow: »Er war der Schrecken meiner Kinderjahre. Er war einer der besten Arbeiter des Großvaters, der ihn überaus hoch schätzte. Aber Gorbunow hatte einen Fehler; ein- bis zweimal betrank er sich bis zur Sinnlosigkeit und in diesem Zustand hatte er immer die fixe Idee, er müsse meinen Onkel ermorden. Im gewöhnlichen Leben war er der sanfteste, zarteste Mensch, den man sich nur denken kann.«

Gorbunow versuchte eines Tages tatsächlich mit einem Messerstich Onkel Wasja zu töten. Der Schrei des Dienstmädchens Ssima »störte« die Aktion, sodass der Onkel bloß schwer verletzt wurde und fünf Monate im Spital verbringen musste. Gorbunow wurde abgeurteilt.

Unverständlich war es für Alja Rachmanowa, dass sich der Großvater in dieser Situation noch für seinen Arbeiter einsetzte und ihm zu einer milderen Strafe – acht Jahre Katorga (Zwangsarbeit) – verhalf.

Im Revolutionsjahr gelang es Gorbunow aus der Katorga zu entfliehen und eines Tages plötzlich im Dorf und sogar auf dem Gut der Großeltern wieder aufzutauchen. Er wollte seinen Schwur – »Ich werd ihn schon noch erwischen, er wird schon noch von meiner Hand sterben!« – wahr machen. Er erschien an der Spitze einiger Arbeiter- und Soldatenräte auf dem Gut und forderte die Herausgabe des Onkels wegen »Verbrechen gegen die Revolution und das Volk«. Es kam zu einem Handgemenge, und als sich die Großmutter dazwischenwarf erhielt sie von Gorbunow einen Stoß, dass sie gegen die Kante des Kachelofens prallte und wenige Minuten später verstarb. Den Onkel führten sie ab, brachten ihn in ihr Quartier und misshandelten ihn.

Wieder war es Ssima, der es noch einmal gelang, ihren Herrn zu retten, indem sie ihm nachritt und ihm zur Flucht verhalf. Der Onkel konnte sich mit Hilfe einer Troika noch einmal vor seinem Mörder retten, indem er sich im Wald in einer Holzfällerhütte verschanzte. Ssima verlor bei diesem Einsatz ihr Leben. Sie wurde erschossen.

Die Tante durfte zur Pflege des Großvaters, der für Gorbunow, wie dieser sich ausdrückte, »immer wie ein leiblicher Vater gewesen ist«, auf dem Gut bleiben. Schon nach wenigen Wochen kündigte die Tante in einem Brief den bevorstehenden Tod des Großvaters an und bat um Beistand. Alja Rachmanowa fuhr mit ihrer Mutter auf das Gut. »Der Großvater liegt im Sterben. Er erkennt niemanden mehr. Die weiten Zimmer sind leer, überall liegt Staub. Die Dienstboten haben sich fast alle verlaufen, sie fürchten sich im Haus zu bleiben, denn die Bolschewiken haben versprochen, ›alle aufzuhängen‹, die die ›Burshui‹ bedienen würden. Traurig ist es in den prächtigen Zimmern des alten Hauses; im Garten verwildert alles, kalter Schnee liegt auf den Wegen und vergräbt sie tief, immer tiefer ...«

Einmal noch kehrte der Onkel kurz nach Hause zurück, um sich von seinem Vater zu verabschieden. Dann ging er »in die finstere, kalte, erbarmungslose Nacht. Er sagte, er wolle in einem Fischerhäuschen am See wohnen«.

Der Großvater starb, durfte auch – im Gegensatz zur Großmutter – im Beisein eines Popen beerdigt werden.

Sobald der Großvater tot war, kamen die Soldaten und nahmen das ganze Anwesen in Beschlag. Die Tante musste als Geisel für den Onkel im Haus bleiben und Gorbunow befahl: »Wenn ich ihn erschossen haben werde, dann kannst du dich nach allen vier Himmelsrichtungen verziehen. Aber solange ich ihn nicht habe, bleibst du hier.«

Da der Onkel nicht mehr auftauchte, wurde die Tante erschossen. Einige Tage später fand man auch die Leiche des Onkels, die bereits von den Wölfen zerfressen war, im nahegelegenen Wald.

Die Regierung war entschlossen, den Krieg nicht eher zu beenden, bevor nicht die Ideale der Russischen Revolution zum Sieg gelangt waren.

Dserschinski gründete die Geheimpolizei Tscheka, die vor allem gegen Konterrevolutionäre eingesetzt werden sollte. Die besonders grausamen Terror- und Abschreckungsmethoden verbreiteten Panik und Schrecken: »Dserschinski hat gesagt, er kenne seinen Feinden gegenüber keine Barmherzigkeit. Alles zittert schon vor dem Namen dieses entsetzlichen Menschen.«

Eines Tages fanden in der ganzen Stadt gleichzeitig Pogrome statt und man erfuhr, dass die große Spirituosenfabrik alle Vorräte an Alkohol durch die Wasserleitung ablaufen ließ. »Die Soldaten entdeckten aber diese Rohre, soffen sich voll und begaben sich in die Stadt, die Geschäfte und die Burshui zu plündern.« Da die Familie von Alja Rachmanowa ebenfalls der Bourgeoisie angehörte, wurden auch dort Fenster und Spiegel zerschossen, die Türen eingetreten und das Haus gestürmt. Mit einigen rasch zusammengerafften Habseligkeiten floh die Familie zu Bekannten an den Stadtrand, wo sie einige Tage blieb, bis sich der Spuk wieder beruhigt hatte.

Neben diesen lebensbedrohenden Gefahren ging das Studentenleben weiter und Alja Rachmanowa gelang es, verschiedene Prüfungen abzulegen.

Eine seltsame Begegnung mit einem jungen Mann in Soldatenpelz löste in Alja Rachmanowa ein unangenehmes Gefühl aus und ließ sie vermuten, dass Griselda in Männerkleidung durch die Stadt zog, was durch eine Botschaft, die ihr ein zerfetzter Gassenjunge überbrachte, bestätigt wurde: »Wenn Sie mich auf der Straße wieder treffen, sehen Sie mich nicht so starr an. Erkennen Sie mich nicht, sonst habe ich große Unannehmlichkeiten. Wenn Sie mich brauchen, werde ich Ihnen helfen. Seien Sie vorsichtig mit Ihrem Tagebuch, verstecken Sie es so, daß es niemand finden kann! Von meinem Billet sprechen Sie zu niemandem, sonst kann Ihnen der Tod drohen.«

Wenige Tage später erhielt Alja Rachmanowa wieder ein Schreiben: »Versteckt alle Wertsachen, verstecken Sie Ihr Tagebuch, und daß man keine Waffen bei Euch findet. Heute Nacht wird bei Euch eine Hausdurchsuchung sein.«

Sieben Milizionäre führten tatsächlich die angekündigte Razzia durch und hinterließen nach vier Stunden ein verwüstetes Haus. Sie nahmen einen Sack Briefe, Fotografien sowie Gold- und Silbersachen mit. Das Tagebuch, das Alja Rachmanowa in einem Ventilator versteckt hatte, wurde nicht gefunden, doch wagte sie nun nicht mehr, es so häufig aus dem Versteck zu holen und bedauert: »Schon lange konnte ich nicht mehr schreiben. Es ist nicht mehr wie früher. Jede Minute erwarten wir Hausdurchsuchung, Arrest.«

Irina, Alja Rachmanowas Schwester, trotzt den aufgebrachten Volksmassen immer wieder mit ihrem Klavierspiel. Obwohl sie gebeten wird, sich ruhig zu verhalten, lehnt sie sich lautstark auf: »Ich kann doch wegen der Bande da unten nicht meine Musikstunden versäumen.«

Im Zuge der Hausdurchsuchungen wurde natürlich festgestellt, dass die Familie acht Zimmer bewohnte und dadurch zu viel Wohnraum in Anspruch nahm. Es kam zu Einquartierungen und nur mit großer Mühe konnten noch zwei Zimmer für den eigenen Bedarf behalten werden. »Die anderen Räume hatte eine ganz unbeschreibliche Gesellschaft eingenommen.« Die Familie ist gezwungen ihr Personal bis auf das Dienstmädchen Mascha zu entlassen. Mascha kocht, und während sie das Essen zu ihrer »Herrschaft« trägt, spucken die Soldaten in die Schüsseln. Die Soldaten spielen Klavier, es stinkt nach Tabak, das Klosett ist in einem fürchterlichen Zustand und die Wände sind mit obszönen Zeichnungen bedeckt.

Eines Tages tauchte Gorbunow auf und verlangte Unterkunft. »Er war mit seiner Frau gekommen und erklärte, er werde in unserer Wohnung wohnen, er habe gehört, daß bei uns ein Kabinett frei sei ... Unser Haus ist uns jetzt zur Hölle geworden. Bei uns wohnt ein Mensch, auf dessen Seele so viele Morde liegen! Das Entsetzlichste aber ist, daß er eigentlich kein Ungeheuer ist. Wenn er es wäre, wäre es weniger schrecklich.« Alja Rachmanowa war entsetzt, dass sich ein Mensch wie Gorbunow höflich und seiner Frau gegenüber geradezu zärtlich verhalten konnte, sodass man annehmen musste, dass sein Gewissen »völlig ruhig und schuldlos« sei.

Nach drei Monaten floh Gorbunow heimlich eines Nachts, da er das Herannahen der Weißen Armee befürchtete. Seine Frau war hochschwanger.

Anlässlich einer Hausdurchsuchung nahmen die Tschekisten den Vater mit. Er wurde in ein Gefängnis außerhalb der Stadt gebracht, und als ihn Alja Rachmanowa zwei Tage später besuchte, erkannte sie ihn kaum wieder, so sehr hatte er sich verändert. Nun war der Zeitpunkt gekommen, da Griselda ihr Versprechen einlösen konnte.

Ein nächtliches Läuten erschreckte Alja Rachmanowa: »An der Schwelle stand Griselda und führte an der Hand, wie ein kleines Kind, den Vater. Er war bleich wie der Tod, ohne Mütze, im Nachthemd und Schlafrock, genauso wie er im Augenblick der Verhaftung war. ›Hier, Alja‹, sagte sie, ›hier haben Sie Ihr Väterchen! Eine Minute später, und er wäre erschossen worden ...‹«

Alja Rachmanowa machte in dieser Zeit neben ihrem Studium auch Bibliotheksdienst und konnte dort einige wenige glückliche Stunden erleben, indem sie sich um die Kinder, die sich in die Bibliothek flüchteten, kümmerte: »Die Kinder kommen meist ganz zerfetzt, hungrig und schmutzig in die Bibliothek. Viele haben keine Eltern ... ich betreue sie, wasche sie, füttere sie ein wenig, wenn ich selbst was habe, erzähle ihnen Märchen ... Dies sind die glücklichsten Minuten in meinem freudlosen Dasein ... Die Märchen scheinen mir jetzt wahrer zu sein als dieses ganze, unwahrscheinliche Leben in den Waggons, dieses Leben voll Angst und Qual.«

Es gab damals eine unvorstellbar hohe Zahl verwaister oder verlassener Kinder, die bettelnd oder stehlend um ihr Überleben kämpften. Sie hatten Schreckliches erlebt, hatten gesehen, wie man ihre Eltern tötete, ihre Mütter vergewaltigte, und waren zu jungen »Wilden« geworden. Es wurde versucht die Kinder in Sammelstellen unterzubringen, wo sie in großen Zimmern auf Strohsäcken, auf denen es von Wanzen und Läusen wimmelte, schlafen mussten. Als Alja Rachmanowa eines Tages so eine Behausung zu Gesicht bekam, war sie entsetzt: »Schmutz, Gestank, tiefstes Bettlertum.« Und sie wunderte sich nicht, dass viele Kinder davonrannten und es vorzogen, unter freiem Himmel zu übernachten. So formierten sich die Straßenkinder in Banden mit eigenen Regeln und Ritualen, entwickelten einen Jugendjargon und bildeten eine ausgeprägte Subkultur, der die Behörden meist machtlos gegenüberstanden.

Ähnlich wie Alja Rachmanowa versuchte damals auch Marc Chagall wenigstens einigen dieser Kinder durch seine Kunst etwas Licht in ihr Leben zu bringen. In der Waisenkolonie Malachowka, in der etwa fünfzig verwaiste und traumatisierte Jugendliche lebten, erwies er sich als begabter Lehrer und Erzieher. Die Kinder waren – vermutlich auch von der ihnen entgegengebrachten Zuwendung – begeistert und »stürzten sich auf die Farben wie wilde Tiere auf's Fleisch«.[5]

Einige der seltenen Glücksmomente erlebte Alja Rachmanowa durch die Briefe und gelegentlichen Kurzbesuche von Wadim. Inzwischen war aus der Zuneigung zwischen den beiden jungen Menschen Liebe geworden und Wadim hielt bei den Eltern um die Hand ihrer Tochter an. Der Vater überließ die Entscheidung seiner Tochter, die Mutter wünschte, dass Alja Rachmanowa ihr Studium noch vor der Eheschließung beenden sollte.

Tagebucheintrag vom 11. September 1918: »Ich bin jetzt Wadims Braut. Aber mein Bräutigam ist weggefahren. Wann sehe ich ihn wieder? Mir ist so schwer zumute.«

Seelische und körperliche Belastungen drücken Alja Rachmanowa immer mehr, sodass sie sich nur nach einem sehnt: »Nichts wissen, schlafen, lange schlafen. Ich glaube, ich bin krank. Ach, wenn ich nur krank werden könnte!«

In Fieberträumen jagen Alja Rachmanowa Wahnbilder durch den Kopf, in denen sie die Gestalten Tod und Leben erkennt, die beide um sie buhlen. Sie sieht, wie ihr eigenes Lebenslicht den Tod besiegt, während ein kleines Flämmchen neben ihr verlöscht. Sie ahnt den Tod Wadims, der ihr einige Wochen später mitgeteilt wird. Er wurde auf der Flucht vor der Roten Armee von einem Bauern verraten, gefangengenommen und nach einem entsetzlichen Martyrium hingerichtet.

»Mit dem Tode Wadims hat sich in mir alles verändert. Aus einem lustigen, lebhaften, liebenswürdigen Ding ist ein Mensch geworden, für den alles schwarz ist, der niemanden liebt und niemanden sehen will. Alleinsein ist mein einziger Trost.«

Alja Rachmanowa hat einen Brief von ihrem Jugendfreund Wadim durch ihr sehr bewegtes Leben gerettet, der im Nachlass in Frauenfeld enthalten ist und zu den wertvollsten Dokumenten dieser Sammlung gehört.

Am Ende des Jahres 1918 gab es laut Alja Rachmanowas Tagebuch eine kurze Phase, in der die Weiße Armee ihre Stadt erobert hatte. Schlagartig veränderte sich das Lebensgefühl: »Wir können essen, trinken, schlafen, wir können sprechen, und wir brauchen nicht jede Minute an den Tod zu denken.«

Aus anderen Dörfern und Städten kommen Flüchtlinge, die sich vor der Roten Armee, die immer näher rückt, in Sicherheit bringen wollen. In dieser Umbruchszeit gelingt es der Familie, noch einigen Flüchtlingen zu helfen, bevor sie selbst von diesem Schicksal ereilt wird: »Wir haben den Flüchtlingen drei Zimmer eingeräumt. Es geht bei uns jetzt zu wie auf einem Bahnhof, die Kinder weinen und heulen, die Erwachsenen streiten und zanken, alle sind furchtbar gereizt und nervös. Die meisten haben nichts, buchstäblich nichts. Sie sind fast alle in der letzten Minute geflüchtet, ohne Kleidung, ohne Lebensmittel, ohne Geld. Alle essen sie bei uns.«

44

Die Weißen Truppen werden zwar von den Westalliierten mit Waffen und Hilfsgütern unterstützt, doch gelingt es ihrem Führer, Admiral Koltschak, nicht, ein einheitliches politisches Ziel zu verfolgen. Koltschak wird 1920 gefangengenommen und erschossen. Um seinen Tod ranken sich Legenden. Alja Rachmanowa beschreibt die Aussagen eines Augenzeugen, der berichtet, dass Koltschak selbst das Feuerkommando zu seiner Erschießung gegeben habe.

Die ersten Monate des Jahres 1919 verbrachte Alja Rachmanowa in der Isolationsbaracke für Typhuskranke: »Die Schwester brachte mir einen Spiegel. Ich sah hinein und fuhr entsetzt zurück. Die Haare abrasiert, ein runder Kürbis glotzte mir entgegen. Das Gesicht ist blaß, klein wie das eines Kindes. Bin das ich? Sechzehn Tage bin ich ohne Bewußtsein gelegen, mein Flecktyphus war ein schwerer Fall. Aber jetzt ist die Gefahr vorbei, ich erhole mich, ich lebe!«

Die Eltern kommen jeden Tag zu Besuch. Sie stellen sich auf den Schneehaufen vor das Fenster und versuchen zu erahnen, wie es ihrer Tochter geht. Wünsche werden auf ein großes Blatt geschrieben und so den Eltern mitgeteilt.

Ihr unerschütterlicher Lebenswille macht sie stark und lässt sie durchhalten. Ihrem Naturell entsprechend interessiert sich Alja Rachmanowa natürlich für das Leben in der Krankenbaracke. Sie nimmt mit den Kranken Kontakt auf, beobachtet die Krankenschwestern, springt hilfreich ein, soweit es ihre Kräfte erlauben und muss immer wieder erleben, dass der Tod allgegenwärtig ist.

Der Überlieferung nach starben in Russland zwischen 1917 und 1920 über zwei Millionen Menschen an Gelbfieber, Typhus oder Pocken.

In ihrem Zimmer liegen noch fünf schwerkranke Frauen. Das Schicksal eines jungen Bauernmädchens berührt Alja Rachmanowa besonders. Fekljuscha hatte sich als Mann verkleidet, um sich vor den Soldaten der Roten Armee zu retten, hatte im Zuge ihrer Krankheit alle Personen- und Ortsnamen vergessen und konnte sich nicht mehr orientieren. Während diese junge Frau stumpf vor sich hin dämmert, hält Tasja, eine Prostituierte, mit ihrem lauten Wehklagen ihre

Zimmergenossinnen wach: »Mein Gott, wenn Du mich am Leben läßt, so pfeif ich auf alle Männer und werde eine einfache Arbeiterin! Und nie mehr werde ich mich parfümieren!« Das deutsche Mädchen Greta wird von diesen Schreien nicht irritiert. Sie ist ohne Bewusstsein und kann sich weder gegen die Läuse noch gegen die rohe Behandlung des Personals wehren. Als es mit Greta zu Ende geht, sitzt Alja Rachmanowa an ihrem Bett und muss zusehen, wie sie unter fürchterlichen Qualen stirbt.

Während sich Alja Rachmanowa von ihrer Krankheit langsam erholt, rückt die Rote Armee immer näher.

Sibirien wird zum letzten Zufluchtsort.

Ich nahm nur meine Tagebücher mit

FLUCHT

»10. Juni 1919. Unsere Stadt ist in den Händen der Roten! Wir sitzen im Viehwaggon und fahren in die Richtung nach Sibirien ... Mein Gott, was für eine Panik war in der Stadt. Alle fürchten ja die Roten wie den Tod ... Ich nahm nur meine Tagebücher mit, sonst nichts. Die Mutter hat noch Zeit gefunden, einige Wertsachen zusammenzuraffen. In der Wohnung blieb Mascha zurück, die nicht mitfahren wollte.«

Für den Fall, dass man den Roten in die Hände fallen sollte, teilte der Vater Zyankalifläschchen aus.

Wer keinen Platz in einem Viehwaggon gefunden hatte, schloss sich den endlosen Kolonnen an, die versuchten der Roten Armee zu Fuß zu entfliehen.

Die Familie von Alja Rachmanowa war gemeinsam mit achtzehn Menschen in einem Waggon eingepfercht. Es war dunkel und stickig, durch zwei kleine Öffnungen fiel etwas Tageslicht in den Waggon. Wenn es regnete, tropfte Wasser auf die aus aufgestapelten Mänteln bestehenden Betten. Der Zug fuhr mit halsbrecherischer Geschwindigkeit, auf freiem Feld blieb er oft lange stehen. Bei diesen Aufenthalten versuchten die Menschen ihre Notdurft zu verrichten, einen Schluck Wasser zu ergattern oder die Toten zu begraben. Immer wieder hörte man von mutwillig herbeigeführten Entgleisungen einzelner Züge oder von Überfällen.

Der Waggon der Familie Rachmanow wurde in Tjumen eines Nachts von einer Meute überfallen, die versuchte, den Waggon zu stürmen. Drohungen wurden gerufen: »Da sind Burshui drin! Zerdrückt sie! Aufhängen! Erschießen!« Und niemand zweifelte daran, dass sie wahr gemacht würden, sobald man dem Pöbel in die Hände fiel. Nach ein paar Revolverschüssen war der Spuk zu Ende, niemand wusste, wer die Retter waren.

Die Fahrt dauerte sechs Wochen und führte über Ischim, Omsk, durch die Barabinsker Steppe nach Nowosibirsk und endete in Irkutsk, etwa viertausend Kilometer von der Heimatstadt Perm entfernt. Die Mutter erkrankte an Typhus und wurde von Fieberphantasien geplagt. Die Flüchtlinge litten Hunger und Durst und mussten sich gegen Ungeziefer wehren. In den Stationen wurde versucht, im Tauschhandel etwas Essbares zu bekommen.

An den Bahnhöfen waren die Wände mit kleinen Zetteln beklebt: Flüchtlingspost. Die Zettel wurden in der Hoffnung aufgehängt, dass Nachfolgende eine Mitteilung finden würden, die sie betreffen könnte. Auch die Familie von Alja Rachmanowa wählte diese Form der Kommunikation: »Familie Doktor Rachmanow aus X ... fährt mit dem Sanitätszug Richtung Irkutsk, Waggon 72.532.«

In Irkutsk angekommen wurde der Zug auf einem Nebengeleise abgestellt und diente bis zur Einquartierung als Unterkunft. Kurze Ausflüge in die Stadt deprimierten die Flüchtlinge durch die unbekümmerte Atmosphäre, die dort herrschte. Der Kontrast des heiteren Stadtlebens zu den Erlebnissen im Todeszug war schwer zu verkraften: »Wir haben nichts als Krankheit, Hunger und Sterben gesehen. Uns beleidigt die Freude und die Lebenslust dieser Menschen, die genauso wie wir dem roten Tode verschrieben sind.«

Der Familie wurde ein Zimmer in der Wohnung eines Ingenieurs zugeteilt und sie musste sich die Frage gefallen lassen, warum sie denn vor den Roten geflohen sei. Hier wartet man darauf, dass man endlich von den Weißen befreit werde.

In dieser Situation gelang es Alja Rachmanowa, sich an der Universität von Irkutsk einzuschreiben, ihr Studium wieder aufzunehmen und sich mit Psychologie zu beschäftigen. Sie wandte sich dem Thema »Frau« besonders intensiv zu. Gleichzeitig überprüfte sie auch ihr eigenes Frauenbild, denn sie stellte fest, dass es sich immer wieder wandelte. Für sich selbst hattte sie bereits bestimmt, dass sie Frau und Mensch zugleich sein wolle. Nun kam noch die Komponente

»Mutter« hinzu, sodass ihre Formel lautete: »Ich will Frau und Mensch zugleich sein: Ich will Weib sein, Mutter, ich will meine Familie haben, aber ich will auch Persönlichkeit bleiben, will mich der Wissenschaft widmen und mit ihr arbeiten.«

Sie bemerkte, dass bei ihr Heiterkeit und Lebensfreude wiederkehrten und versuchte unaufhörlich, durch verschiedene Aktionen an Geld und Lebensmittel zu kommen. Sie tauschte Schmuckgegenstände gegen Essbares oder stellte sich mit selbstgefertigtem Backwerk auf den Markt: »Furchtbar bang war mir, als ich mich das erste Mal mit dem Korb auf den Weg dorthin machte. Der Markt war voll von Soldaten, Kirgisen und allerlei zerlumptem Volk.«

Ausweisbild von Galina Djurjagina alias Alja Rachmanowa, 1913

Da sie kein »Patent« hatte, durfte sie sich nicht in eine der Holzbuden stellen, sondern musste sich bescheiden in einer Ecke einrichten, aber bald bemerkte sie, dass ihr »Handel schon ganz flott« lief.

Gerade als Alja Rachmanowa beginnt, sich in Irkutsk etwas heimisch zu fühlen, wird der Vater nach Omsk transferiert und die Familie muss die Universitätsstadt Irkutsk verlassen.

Wieder lebt die Familie in einer »Waggonstadt«. Wanzen und Läuse breiten sich aus, sodass es die Menschen vorziehen, die Nacht unter den Waggons zwischen den Rädern zu verbringen. Auch ein Kriegsversehrter ohne Beine, der sich nur mit Hilfe seiner Hände fortbewegt und seinen Körper nachschleift, taucht öfter unter den Waggons auf und bittet um Almosen.

Es wurde beobachtet, dass jedes Mal jemand aus dem Waggon verhaftet wurde, unter dem sich der Mann aufgehalten hatte. Die Wände der Waggons waren dünn, man hörte jedes Wort. Als sich der Vater eines Tages lautstark über seine Arbeitsbedingungen beschwerte, sah Alja Rachmanowa mit Schrecken den »Krüppel« unter ihrem Waggon kauern.

Noch am selben Abend wurde der Vater verhaftet und es wurde ihm die Verschickung in das Choleragebiet angedroht. »Nicht einmal verabschieden konnten wir uns vom Vater, nicht einmal Wäsche und Kleidung durften wir ihm übergeben. Wie er war, in der Sommerbluse, ohne Mantel, mußte er den Weg ins Choleragebiet, an die chinesische Grenze, antreten.«

Die Hoffnung, den Vater wiederzusehen, war gering. Die Mutter verfiel in Apathie und musste immer wieder zum Essen gezwungen werden, was unter den herrschenden Bedingungen besonders schwierig war. Das Essen kam aus einer Gemeinschaftsküche und bestand aus einer Suppe, die aus Eingeweiden hergestellt wurde: »... eine ekelhafte, übelriechende Flüssigkeit, die wirklich nur ein Mensch genießen kann, der buchstäblich hungert.«

Da allgemeine Arbeitspflicht besteht, nimmt Alja Rachmanowa eine Stelle in der Bibliothek an, wodurch ihr späteres Schicksal besiegelt wird. Sie berichtet in ihrem Tagebuch von der Begegnung mit einem kriegsgefangenen Deutschen, der sie nun häufig besucht. »Ich nehme bei ihm Deutschstunden und unterrichte ihn dafür in Russisch.«

Obwohl Alja Rachmanowa von einem Deutschen schreibt – sie kann vermutlich Deutsche und Österreicher nicht auseinanderhalten –, ist in ihm immer deutlicher der Kriegsgefangene Arnulf von Hoyer zu erkennen, der in den veröffentlichten Tagebüchern den Namen Otmar trägt. (In der Folge scheint in den Buchzitaten der Name »Otmar« auf, hinter dem sich die reale Person von Arnulf von Hoyer verbirgt.)

»Der Deutsche bringt in unser trauriges Leben einen Strahl von Wärme und Freude und wir sind ihm so dankbar dafür! Er hilft mir Holz hacken, spielt auf der Geige, hört höflich die Klagen und Erzählungen meiner Mutter an.«

Alja Rachmanowa plant, dem Kriegsgefangenen ihr Tagebuch mitzugeben, wenn er in seine Heimat abtransportiert wird. Sie weiß, dass es ihren sicheren Tod bedeutet, wenn es bei ihr gefunden wird und fasst den Entschluss: »Heute übergebe ich dem Deutschen, der in seine Heimat fährt, mein Tagebuch. Ich sende es blind hinaus in die Ferne, in ein freies Land, einen Verzweiflungsschrei aus dem Lande der ›Freiheit‹.«

Der »Deutsche« lehnt es aber ab, diese Mission zu erfüllen und gesteht Alja Rachmanowa, dass er bei ihr in Russland bleiben wolle.

Arnulf von Hoyer war von 1915–1922 in russischer Kriegsgefangenschaft in den Lagern Sretensk und Atschinsk in Sibirien. Sretensk war eines der größten Lager mit einem riesigen Kasernenkomplex, in welchem 11.000 Gefangene untergebracht waren.

Als im Lager Typhus ausgebrochen war, kam dort auch die schwedische Krankenschwester Elsa Brandström, die später unter dem Namen »Engel von Sibirien« bekannt wurde, zum Einsatz.

Arnulf von Hoyer überlebte die Lagerzeit, wurde zu verschiedenen Arbeitseinsätzen eingeteilt und als er in seine Heimat zurückkehren hätte können, verzichtete er auf diese lang ersehnte Möglichkeit.

W. H. Braun beschreibt in seinem Buch *Unter Zarenherrschaft und Sowjetstern*, dass es öfter vorkam, dass sich Kriegsgefangene nicht zum Abtransport in die Heimat registrieren ließen, da sie sich in Russland eingelebt hatten und eine »Registrierung mit ihrer Herzgeliebten beim Sowjet-Standesamt vorzogen«.[6]

In ihren Tagebüchern gibt Alja Rachmanowa wenige Informationen über Herkunft und Familie ihres Mannes. Mein Hintergrundwissen über Arnulf von Hoyer verdanke ich vor allem Dorothea Luttenfeldner, einer Verwandten von Arnulf von Hoyer. Sie besitzt ein Genealogieheft über die Familie Hoyer, das sie mir zur Einsicht gab.

Arnulf von Hoyer wurde 1891 in Czernowitz geboren. Sein Vater,

Edmund von Hoyer, war k.u.k. Geometer, stammte aus Klagenfurt und war mit Amalia Krasuski verheiratet. Die Familie hatte drei Söhne: Arnulf, Edmund und Karl. 1892 erfolgte die Übersiedlung nach Steyr, 1902 nach Salzburg. Die Mutter von Arnulf von Hoyer starb bereits 1909, der Vater schloss eine zweite Ehe mit Lina Busse.

Arnulf von Hoyer besuchte die Volksschule in Steyr, die Realschule in Salzburg, studierte in Czernowitz und Prag, wo er seinen Abschluss an der rechts- und staatswissenschaftlichen Fakultät machte.

1914 rückte Arnulf von Hoyer in den Krieg ein und kam 1915 in russische Kriegsgefangenschaft. In Russland konnte er Sprachwissenschaften studieren und wurde Lektor für die deutsche Sprache sowie Dozent für allgemeine Sprachwissenschaften in Perm.

In meinen Unterlagen befindet sich der Durchschlag eines Briefes aus dem Jahre 1966 an einen Kriegskameraden, in dem Arnulf von Hoyer schreibt: »Sehr oft erinnere ich mich der Jahre der Gefangenschaft, die uns wohl viel Schlimmes, nicht wenig aber auch an schönen und gehaltvollen Erlebnissen gebracht, die ja bei mir sogar zu meinem Lebensglück führten.«

Das Wunder der Liebe

DIE ERSTEN EHEJAHRE

»In mein einsames, trauriges Leben ist das Wunder gekommen. Das Wunder der Liebe ... So unerwartet kam das alles, so merkwürdig ist es, so unwahrscheinlich! Ich kann es noch immer nicht glauben; ich habe Angst vor dem Glück ...«

Mit diesen Worten beginnt der zweite Band der russischen Tagebücher *Ehen im roten Sturm* und sie verweisen auf die nächste Etappe des bewegten Lebens von Alja Rachmanowa.

Sie hauste damals nach wie vor in der Waggonstadt in Omsk, die sie anschaulich beschreibt: »Überall hängt Wäsche auf den Seilen, die zwischen den Wohnwagen gespannt sind, zerrissen und schmutziggrau; verwahrloste, schmutzige Kinder treiben sich zwischen den Gleisen umher, der Fuß stolpert über Haufen Asche und Kohlenreste; magere, blasse Frauen schleichen langsam durch die engen Gassen, niedergedrückt von der Last der Wassereimer, die sie keuchend schleppten ...«

Alja Rachmanowa konnte nicht glauben, dass ihr Freund in Russland bleiben wollte, obwohl es ihm möglich gewesen wäre, in ein kultiviertes Land zurückzukehren. Aber bald konnte sie es sich nicht mehr vorstellen, ohne ihn zu leben. Er wurde ihr zu einem nahestehenden und vertrauten Menschen, den sie innig zu lieben begann und von nun an ihre »Sonne« nennt.

Schon wenige Monate später heirateten die beiden und Alja Rachmanowa wird durch diese Ehe zur Österreicherin. Einige Tage, nachdem die Ehe von Amts wegen registriert worden war, fand die kirchliche Trauung statt. Es überrascht, dass es damals, als alle kirchlichen Einschränkungen für die Ehe aufgehoben waren, gelang, eine Feier mit religiösen Ritualen zu organisieren. Die Zeremonie lockte viele

Zuschauer an, musste aber leider ohne den Vater stattfinden, der verschleppt worden war und von dem es seit langem keine Nachricht gab. Ein betagter Geistlicher vollzog die Trauung und entließ das Paar mit den Worten: »Es sind große Dinge, die Sie trennen: Ihr Glaube, Ihre Nationalität, Ihre Muttersprache sind verschieden; aber möge Ihre Liebe so stark sein, dass sie Sie für alle Ewigkeit verbindet!«

Interessant ist in diesem Zusammenhang ein Hochzeitsbrauch, den Alja Rachmanowa schildert: »Bei uns herrscht der Glaube, daß derjenige Teil Herr im Haus sein wird, dessen Fuß zuerst den kleinen Teppich betritt, auf dem das Brautpaar während der Zeremonie stehen muß. Ich richtete es so ein, daß Otmar als erstes darauf zu stehen kam. Die Mutter war höchst unzufrieden deshalb und sagte stolz: ›Bei uns war es immer Tradition, daß das geschieht, was die Frau will!‹ ›Aber das ändert doch nichts, ich werde ohnehin immer dasselbe wollen, was Otmar will‹, erwiderte ich lachend. Die Mutter war aber damit noch nicht recht zufrieden. Da tröstete sie Otmar und sagte: ›Ach, die Sache ist so: Alja wird ihren Willen durchsetzen, aber sie wird es so einfädeln, daß ich glauben werde, es geschehe nach meinem Willen.‹«

Dem jungen Paar wird im Waggon der rückwärtige Teil überlassen. Mutter und Schwestern hausen im »Vorderzimmer«. Man wohnt auf engstem Raum, die Wände sind schalldurchlässig, sodass intime Gedanken oder Wünsche kaum ausgesprochen werden können und Alja Rachmanowa und ihr Mann häufig zur schriftlichen Kommunikation greifen.

Der Platz im Waggon wird noch enger, als der Vater zurückkehrt. Durch seine Gegenwart macht sich eine beklemmende Atmosphäre breit. Er hat sich während seiner »Verschickung« in einen zittrigen, weißhaarigen Greis verwandelt, der kaum spricht und dadurch die Familie verunsichert: »Kein Wort hat er uns bis jetzt erzählt von dem, was er dort in der Verschickung mitgemacht hat, buchstäblich kein Wort. Stundenlang sitzt er neben dem Herd und schweigt.«

»Das Wunder der Liebe« tritt nun auch, so scheint es, in das Leben von Natascha. Alja Rachmanowa beschreibt ihre Schwester als wenig sozial, ist aber von ihrer »fast unirdischen zarten Schönheit beeindruckt«. Natascha versucht sich gegen die Lebensumstände aufzulehnen, reagiert mit Essensverweigerung: »Lieber vor Hunger krepieren, als ein solches Zeug essen.« Natascha fehlt es an Lebensenergie und sie bezweifelt die Sinnhaftigkeit des Lebens.

Als ein junger Fürst um ihre Hand anhält, weist ihn die Mutter darauf hin, dass der Charakter von Natascha nicht dazu angetan sei, »ihm ein leichtes Glück zu gewähren«. Die Beziehung von Igor und Natascha entwickelt sich zu einem Drama. Natascha ist der Überzeugung, dass sie nur so lange von Igor geliebt werde, solange sie ihm keine Liebe zeigt und verhält sich dementsprechend. Mit Verletzungen und Kränkungen wird nicht gespart. Igor, der ein mittelloser Kunstmaler ist, wendet sich seiner zweiten Liebe, Toßja, zu, wodurch er ein Mittel hat, Natascha zu quälen. Trotz aller Warnungen von Seiten der Familie kommt es zur Hochzeit: »Eine seltsam traurige Hochzeit. Natascha weinte in der Kirche noch, und auch Igor war sehr niedergeschlagen; er konnte es, wie er erklärte, nicht verwinden, daß er für Natascha keine weißen Rosen aufzutreiben vermochte. Bevor wir die Kirche betraten, hörte ich, wie er zu Natascha sagte: ›Du bist heute zu blaß; du hast heute zu hölzerne Züge und die Nase ist zu dünn. Auch dein Kleid gefällt mir nicht, es ist zu einfach, zu wenig Spitzen! Ich habe mir das alles ganz anders vorgestellt ...‹«

In dieser dumpfen, vom Streit beherrschten Atmosphäre kam es zu einer Schwangerschaft und Frühgeburt. Das Paar übersiedelte nach Omsk: »Natascha hat von uns allen schweren Abschied genommen, so, als ob sie nie mehr zurückkehren sollte.«

Alja Rachmanowas Schwester Natascha
mit ihrem Fürsten am Hochzeitstag

Da damals die Voraussetzungen für eine Scheidung sehr erleichtert worden waren und es nur einer schriftlichen oder mündlichen Bekundung von beiden Seiten bedurfte, war es kaum verwunderlich, dass drei Monate später ein Brief kam, in dem Natascha ihre Scheidung mitteilte. Igor hatte seine Toßja geheiratet. Natascha zählte sich zu denen, »die zwar wenig Liebe im Herzen haben, die aber dieses Wenige ganz hingeben, für immer«. Sie war entschlossen, auf Igors Rückkehr zu warten.

Im Juni 1921 begibt sich Alja Rachmanowa auf Drängen ihrer Mutter und ihres Mannes zum Arzt. Nach einer groben gynäkologischen Untersuchung wird ihre Vermutung bestätigt: Sie erwartet ein Kind. Trotz größter Not und Zweifel, das Kind überhaupt austragen zu können, ist Alja Rachmanowa voll des Glücks. Sie spürt neue Lebenskraft in sich und ist von großer Dankbarkeit erfüllt: »Mein Gott, wie liebe ich alles Leben, und wie danke ich dir, daß du mich dazu auserkoren hast, einem neuen Wesen das Leben zu schenken! Mein Kind!«

Das Schicksal wollte es, dass das Kind in der Heimatstadt der Familie geboren werden sollte. Überraschenderweise wurde der Vater wieder nach Perm versetzt und die Familie unternahm viele Anstrengungen, um ebenfalls die Erlaubnis zu erhalten, dorthin übersiedeln zu dürfen. Ungern ließ man damals sogenannte »Kulturarbeiter«, die in Sibirien Mangelware waren, ausreisen. Unzählige Hürden mussten genommen werden, bis es endlich so weit war, dass sich Alja Rachmanowa auf die Fortsetzung ihres Studiums in Perm freuen konnte.

Auf der Rückreise von Omsk nach Perm sorgte Gorbunow, der ehemalige Arbeiter des Großvaters, noch einmal für große Aufregung. In einer Station, die nicht näher bezeichnet ist, wird die Familie von einem Tschekisten aus dem Waggon geholt. Er erklärt, dass sein Kommandant Gorbunow zufällig erfahren habe, dass die Familie Rachmanow durch die Stadt fahre und er wolle sie sehen. Ein großer Landauer brachte sie daraufhin zu Gorbunow, der sich als freundlicher und gönnerhafter Gastgeber zeigte. Die Familie erkannte das Inventar, die Teppiche, Bilder und das Geschirr des Großvaters. Gorbunow war in eine äußerst elegante Uniform gekleidet, aber sein Gesicht war blass und die Tuberkulose hatte ihn bereits schwer gezeichnet. »Ja, Gorbunow hat die Bourgeoisie gemordet; aber die Bourgeoisie hat gesiegt, denn Gorbunow ist selbst ein Burshui geworden.«

Die Vorstellung, dass sie ein »Heimkommen« erleben dürfe, wurde bald zunichte gemacht. Alja Rachmanowa erkundete vorsichtig die Stadt und sah als erstes, dass auf ihrer geliebten Kirche anstelle des Kreuzes die rote Fahne der Bolschewiken wehte und im Kirchenraum der »Klub der Eisenbahnarbeiter« untergebracht war. Perm wirkte ausgestorben, nur wenige schlecht gekleidete Gestalten schlichen durch die Straßen. Die Parks und Grünanlagen waren in Kartoffeläcker verwandelt, die Häuser verwahrlost. Als sie schließlich den Mut hatte, sich zum Elternhaus vorzuwagen, war sie positiv überrascht, wie gut es erhalten war.

Auf ein Klopfen beim Hintereingang öffnete Mascha, ihre ehemalige Köchin. Sie trug ein Kleid der Mutter. Mascha hatte inzwischen das Haus übernommen und alle Zimmer einzeln vermietet. Man habe ihr erklärt, dass ihr für ihre treuen Dienste bei der Herrschaft das Haus nun sozusagen als Pension zustehe. Auf die zaghafte Frage von Alja Rachmanowa, wo sie denn nun wohnen sollten, wurde Mascha noch deutlicher: »Der Kommissär hat mir doch tausendmal erklärt: ›Wenn deine Burshui zurückkommen, und wenn du ihnen auch nur eine einzige Sache zurückgibst, dann pass auf, was mit dir geschehen wird.‹«

Nach diesem Ausflug kehrte Alja Rachmanowa deprimiert zu ihrer Familie zurück und musste den Eltern berichten.

»›Sie will uns also nichts zurückgeben?‹ fragte die Mutter, als ich zurückkam, und bemühte sich dabei, sich aufzusetzen. ›Nein, nichts!‹ antwortete ich dumpf. ›Und wohnen können wir dort auch nicht?‹ ›Nein!‹ Die Mutter drehte sich zur Wand und sagte kein Wort mehr.«

Alja Rachmanowa besuchte Mascha ein zweites Mal und erlebte diesmal einen Augenblick großer Freude, da Mascha einen Stoß von Heften, Büchern und Briefen sowie auch Tagebücher zur Seite gelegt hatte. »Ich war entzückt, denn nichts von allen Sachen wäre mir lieber gewesen als gerade diese Dinge, an denen so viele Erinnerungen hängen.«

Mehr Glück war Alja Rachmanowa an der Universität in Perm beschieden, als sie erfuhr, dass gerade Probevorlesungen für das englische Lektorat stattfanden. Dies bedeutete eine Chance für ihren Mann. Er wurde einstimmig zum Lektor für die englische Sprache gewählt und Alja Rachmanowa war stolz darauf: »Nun habe ich das erreicht, was ich mir als schönstes Glück vorstelle: Mein Otmar an der Universität, in meiner Heimat! Das Ziel unseres Lebens ist jetzt klar vorgezeichnet, meine Ehe mit Otmar hat jetzt eine höhere Weihe bekommen: Ich habe dadurch meiner Heimat einen Mann geschenkt, der unseren tapferen russischen Gelehrten beistehen wird in unserem Verzweiflungskampfe.«

Arnulf von Hoyer konnte nun auch seine sprachwissenschaftlichen Studien an der Universität ablegen, Alja Rachmanowa machte ihr Diplom, hielt Vorträge im Institut für Volksbildung über Kinderpsychologie und Kinderliteratur und stellte sich auf die Ankunft ihres Kindes ein: »Ich kann mich jetzt in voller Ruhe dem hingeben, was für die nächste Zeit wohl alle meine Sinne und Gedanken in Anspruch nehmen wird: meinem Kinde.«

Ich habe ein Kind geboren

MUTTER

Am I. Februar 1922 brachte Alja Rachmanowa in einem Gebärhaus in Perm ein Kind zur Welt: »Ich liege in der Gebäranstalt. Schon den dritten Tag ... Es ist ein Knabe ... Ich bin noch ganz schwach und schreibe mit großer Mühe.«

Die Schilderungen der Geburt und deren Begleitumstände gehören zu den nachhaltigsten Eindrücken, die die Tagebücher bei den Lesern, vor allem aber bei den Leserinnen, hinterlassen. Alja Rachmanowa wurde von ihrem Mann mit einem Schlitten zur Gebäranstalt gebracht, wo er sie einer mürrischen Krankenschwester übergeben und ihrem Schicksal überlassen musste. Die eigene Wäsche war abzugeben, ein altes Hemd, das noch deutliche Blutspuren aufwies, war der Ersatz. Der Gebrauch eines eigenen Leintuches wird als »bourgeoises Vorurteil« abgelehnt.

»Legen Sie sich nieder!« herrschte mich die Hebamme an. Sie deutete auf das eiserne Bett, das in der Mitte stand. Ein mit Blut durchtränkter Strohsack lag darauf, kein Leintuch, keine Kissen. Mit Entsetzen blickte ich darauf, alles empörte sich in mir: Hier soll mein Kind zur Welt kommen, mein Kind!«

Als Alja Rachmanowa die anderen Schwangeren sah, die mit schmerzverzerrten Gesichtern auf den Pritschen lagen, schrien und dem Wahnsinn nahe waren, durchzuckte sie immer wieder ein Gedanke: »Wie stark muß doch die Sehnsucht nach der Mutterschaft sein!«

Die Hebamme missachtete die Hilfeschreie der Gebärenden, wandte sich demonstrativ ihrem Groschenroman zu und verließ, als ihr das Klagen der Patientinnen zu viel wurde, wütend den Raum, während sich bei Alja Rachmanowa die Geburt ankündigte: »Und wieder kamen die Wehen, immer stärker und stärker; da war ein Augenblick, wo der Schmerz bis zum Unmöglichen anstieg, und gleichzeitig mit ihm wuchs diese Freude ins Maßlose ... Ich schrie laut hinaus: ›Mein Kind, mein Kind! ... Ich hab ein Kind geboren.‹«

So wurde Alexander von Hoyer geboren, dem seit seiner Geburt die ganze Sorge und Liebe seiner Mutter galt.

»Die ersten Minuten des Glücks, ein Kind zu besitzen, sind vorbei, das Wohlgefühl, die Geburt überstanden zu haben, ist verloschen. Angst, Furcht beginnt meine Seele zu umkrallen, ich zittere für das Schicksal meines Kindes und um mein eigenes Leben. Es ist hier so entsetzlich, daß ich fürchte, weder das Kind noch ich könnten die neun Tage, die wir hier verbleiben müssen, durchhalten ...«

Neben der mangelnden Hygiene war es vor allem der Hunger, der Alja Rachmanowa quälte und die Angst, ihrem Kind zu wenig Milch bieten zu können. Die Verköstigung in der Gebäranstalt war dürftig: ein Glas schmutziger Tee und ein Stück schwarzes Brot zum Frühstück, eine wässrige Suppe, in die winzige Teilchen von Karotten oder Kartoffeln schwammen, zum Mittag- und zum Abendessen. Während Alja Rachmanowa von einer Bettnachbarin das Brot gestohlen wurde, als sie etwas einnickte, meldete sich eine andere, die genügend Milch hatte, um Jurka mitzufüttern.

Am Tage nach der Geburt durfte auch Arnulf von Hoyer seine Frau und seinen Sohn besuchen. Er war in großer Sorge gewesen und hatte um das Leben seiner Frau gebangt, sodass er bei der ersten Begegnung nach der Geburt nur froh war, seine Frau heil und lebendig wiederzusehen und nur hören wollte, dass sie alles gut überstanden hatte. Alja Rachmanowa wunderte sich über sein Verhalten: »Statt das Kind zu bewundern, blickte Otmar die ganze Zeit nur auf mich und verlangte, ich solle ihm alles erzählen, wie es mir gegangen war.«

Die Regeln waren streng: Arnulf von Hoyer durfte seine Frau nur jeden zweiten Tag besuchen. Zwischen den Besuchstagen versuchte er ihr mit Päckchen und Briefen Freude zu bereiten. Als ehemaliger Kriegsgefangener war er findig im Auftreiben von Köstlichkeiten und konnte Zucker oder Grießbrei liefern, worüber Alja

Rachmanowa natürlich glücklich war. Sehnsüchtiger wartete sie aber auf die Briefe von ihrem geliebten Mann: »Gerade brachte mir die Wärterin einen Brief von Otmar. Ach, so komisch, so lieb! Wie er von seinem Kind spricht, das er noch fast gar nicht gesehen, so naiv und so rührend.«

In meiner Sammlung befindet sich einer dieser Briefe vom 2. Februar 1922, der die Wirren der Zeit überstanden hat. Darin gibt der Vater seiner Verwunderung über das Kind Ausdruck, das sein Fleisch und Blut sein soll und doch so sehr der Mutter ähnlich sieht. Freudig sehnt er die Tage herbei, an denen er mit ihr und dem Kleinen für immer beisammen sein wird.

Für Alja Rachmanowa folgt nun eine Zeit, in der sie in die Rolle der Mutter hineinwächst und die Entwicklung ihres Sohnes zu einem neuen Thema ihrer Tagebuchaufzeichnungen wird. Sie ignoriert die damals gängige Meinung, dass das Recht der Kindererziehung der Gesellschaft überlassen werden sollte. Sie wich kaum von der Seite ihres Kindes und war zweifellos eine äußerst liebevolle und aufopfernde Mutter, die sich aber für ihren Sohn einen anderen Start ins Leben gewünscht hätte. Als Psychologin beobachtete sie die Entwicklung ihres Sohnes äußerst genau, worüber sie gemäß ihrer Gewohnheit Aufzeichnungen machte. Das Buch *Jurka. Tagebuch einer Mutter* (1938) ist eine entwicklungspsychologische Längsschnittstudie, in der vor allem die körperliche, geistige und sprachliche Entwicklung des Kindes beschrieben wird und die somit einem Lehrbuch für Kinderpsychologie nahekommt. Im Vorwort zu diesem Buch heißt es: »Ich lege meinen Lesern keine ›Literatur‹ vor, keinen Roman mit Spannungen und dramatischen Höhepunkten, sondern nichts anderes als die genauen Aufzeichnungen über die Entwicklung meines Kindes während seines ersten Lebensjahres. Einem Kind das Leben schenken zu können, jeden Tag zu sehen, wie es sich entfaltet und immer bewußter ins Leben hineinwächst, ihm helfen zu dürfen, ein rechter Mensch zu werden, das ist doch die höchste und beglückendste Aufgabe einer Frau. Schon in meinen frühen Mädchenjahren stand es als Plan vor meiner Seele, einmal auch die kleinsten Lebensäußerungen meines

Kindes genau aufzuzeichnen, Tag für Tag, Jahr für Jahr, um so das größte aller Wunder, die Entwicklung eines Menschen, auch für später festzuhalten.«

Aufmerksame Leser und Leserinnen entdecken im Werk von Alja Rachmanowa einige Motive oder Themen, die sich wiederholen. So spielt zum Beispiel eine Landkarte im Leben Jurkas immer wieder eine besondere Rolle. Bereits bei dem erst fünf Monate alten Kind beobachtete Alja Rachmanowa, dass ihr Sohn mit diesem Objekt ein Schlüsselerlebnis hatte. Sie berichtet, dass ihre Köchin Mascha eines Tages bei ihnen auftauchte und ihnen eine große Landkarte mit den Worten zurückbrachte: »Ich kann nicht lesen und schreiben, da hab ich nichts von der Karte, und ihr könnt wenigstens die Wand damit schmücken!«

Die Karte des alten Russlands wurde nun neben das Bett an die Wand gehängt und erregte bald die Aufmerksamkeit des Kindes.

Die Mutter bemerkt, dass ihr Sohn von der Farbigkeit oder den zahlreichen Linien, die in der Karte eingezeichnet sind, fasziniert ist und dass er mit Gebrüll reagiert, wenn man ihm den Blick auf die Karte verwehrt. »Und weint er jetzt einmal, so ist das sicherste Mittel, ihn zur Ruhe zu bringen, wenn man ihn aufs Bett neben seine geliebte Karte legt.«

Zu diesem Zeitpunkt begann die Liebe Jurkas zu Landkarten, die ihn ein Leben lang begleiten wird.

In einer anderen Szene beschreibt Alja Rachmanowa, wie ihr knapp einjähriger Sohn schnell wie ein Blitz auf sie springt und ihr das Heft, in das sie ihre täglichen Eintragungen schreibt, aus der Hand reißt, worauf der Großvater verständnisvoll reagiert: »So ist es recht, Jurka! Wenn du groß bist, wird es dir vielleicht gar nicht recht sein, daß die Mutter alle die Dummheiten festgehalten hat, die du als einjähriger Knirps begangen hast!« Der Großvater zeigt aber auch Einfühlungsvermögen: »Nun Jurka, jetzt ist deine Mutter in Verzweiflung. Wie soll sie denn leben können, wenn sie nicht den ganzen Tag schreiben kann?«

Auch später »nervte« Alja Rachmanowa ihren Sohn manchmal mit ihrer Schreiberei, sodass er mitunter ungeduldig reagierte: »Schreib doch nicht immer, sondern höre doch lieber, was ich sage.«

Alja Rachmanowa beobachtete mit Sorge den Gesundheitszustand ihres Kindes, das in seinem ersten Lebensjahr häufig fieberte. Sie kämpfte gegen Ungeziefer, das sich in die Wäsche verkroch, und befürchtete stets, eines Tages zu wenig Nahrung für ihr Kind zu haben.

Am 1. Februar 1923 konnten die glücklichen Eltern den ersten Geburtstag ihres Sohnes feiern. Alja Rachmanowa notiert, dass er ein rotes Plüschkleid trägt, das so »luxuriös aussieht und ihm so rührend schlecht zu Gesicht steht«. Der Großvater bringt das erste, echte Spielzeug, »eine hölzerne Kugel an einem Stiel, in deren Innenraum ein paar Steine klapperten«. Der Taufpate schenkt Jurka einen Gummielefanten, der Jurka bis an sein Lebensende begleiten wird.

Das Buch über sein erstes Lebensjahr erschien noch zu Lebzeiten Jurkas, als dieser sechzehn Jahre alt war. Ob das Erscheinen dieses Buches Jurka mit Stolz erfüllt hat oder ob es ihm eher peinlich war, das Buch mit dem eigenen Bild in den Auslagen der Salzburger

Jurka an seinem ersten Geburtstag mit seinen Eltern, 1923

Buchhandlungen zu sehen, ist nicht bekannt. Eine positive Reaktion liegt aber in einem Brief an eine Freundin vor, der Jurka 1944 das Buch geschenkt hatte: »Ich bin froh, daß ich Dir mit dem Buch, das ich Dir geschickt habe, eine Freude gemacht habe. Siehst Du, so war es, als ich noch ganz klein war. Inzwischen hab ich mich wohl etwas verändert, aber so weißt Du wenigstens auch, wie ich früher war.«

Alja Rachmanowa war eine sehr aufmerksame Mutter, die dem Kind durch ihre genauen Spiel- und Verhaltensbeobachtungen wenig Freiraum ließ. So entwickelte sich Jurka in dem kleinen Kosmos seiner gelehrten Eltern zu einem altklugen, begabten Kind, das sich gerne in seine Phantasiewelt flüchtete.

Im Erwachsenenalter, als die Fragen der Mutter dem Sohn zu aufdringlich wurden, reagierte dieser manchmal mit »Nachrichtensperre«.

Auslage in Salzburg

Wir haben binnen einem Monat die Grenzen der USSR
zu verlassen

AUSWEISUNG

In einer kurzen Erholungsphase – Alja Rachmanowa hatte ihr Studium abgeschlossen, ihr Mann hatte eine Dozentenstelle an der Universität bekommen, das Kind war geboren, und man lebte mit Alja Rachmanowas Stammfamilie in einer Wohnung – konnte ein fast normales Leben geführt werden. Arnulf von Hoyer ging sogar seinem Hobby nach, indem er auf dem Trödelmarkt nach alten, fremdsprachigen Büchern suchte, die dort zum Papierwert verkauft wurden. Alja Rachmanowa arbeitete konsequent jeden Tag an ihren psychologischen oder literarischen Studien, betreute das Kind und setzte ihre Tagebuchaufzeichnungen intensiv fort.

Sie beschrieb eine große Zahl von Einzelschicksalen, die sich in ihrem Umfeld ereigneten und schilderte detailliert die Schwierigkeiten, die die Menschen in dieser Zeit des Umbruchs erlebten. Die herrschende Klasse sollte vernichtet werden. Industrie und Banken wurden verstaatlicht, Kapitalisten wurden enteignet und gezwungen, erniedrigende Arbeit zu verrichten. Frühere Hausbesitzer durften auf keinen Fall mehr in ihren Häusern wohnen, Ländereien des Adels oder der Kirche konnten spontan von Bauern besetzt werden, jegliche Teilnahme an kirchlichen Zeremonien zog Bestrafungen nach sich, der Religionsunterricht wurde abgeschafft, willkürliche Studiengelder wurden eingehoben.

An den Universitäten fanden wieder »Reinigungen« statt. Offiziell hieß die Richtlinie, dass schlechter Studienerfolg ausschlaggebend sei, »inoffiziell ist der einzig maßgebende Gesichtspunkt klassenfremde Ideologie und unerwünschte Abkunft«. Auch Irina, die jüngere Schwester, die inzwischen eine eifrige Studentin geworden war, musste täglich fürchten, vom Studium ausgeschlossen zu werden, was für sie »eine Frage über Leben und Tod« bedeutete.

In der Kunstszene sowie an den Kunsthochschulen suchten parallel zur gesellschaftlichen und politischen Entwicklung russische Kunstschaffende neue Wege und entdeckten ungeahnte Freiheiten. In kreativen Experimenten wurde versucht, mit den Ausdrucksmitteln der Kunst eine neue Welt zu schaffen, in welcher der neue Sowjetmensch gedeihen konnte. Die Vertreter der damaligen Avantgarde waren Anhänger des Konstruktivismus und Suprematismus, sie lösten sich von der althergebrachten Bilddarstellung und entwickelten eine neue Formensprache, die im »Schwarzen Quadrat« von Kasimir Malewitsch ihren Höhepunkt fand und die Ikone, das Sinnbild der russischen Tradition, ersetzen sollte. Das Regime, das an die Macht der Kunst glaubte, war jedoch nicht bereit, alle Modeströmungen mitzumachen, und übte strenge Kontrolle über das kulturelle Leben.

Die Geheimpolizei baute ihr Spitzelnetz wieder dichter aus, sodass man äußerst vorsichtig sein musste. Jede Karte aus dem Ausland, die man erhielt und die auf Auslandskontakte hinwies, konnte ein Grund zur Verhaftung sein.

Überraschenderweise – man schrieb inzwischen das Jahr 1924 – erreichte Arnulf von Hoyer eine »wissenschaftliche Kommandierung« ins Ausland und er plante mit seiner Familie vier Monate in Warschau, Berlin und Wien zu verbringen. Alja Rachmanowa freute sich über diese Möglichkeit einer Auslandsreise, befürchtete aber gleichzeitig, dass ihr Mann am Leben außerhalb Russlands Gefallen finden könnte und nicht mehr nach Russland zurückkehren wolle. Das Ehepaar hatte für diese Reise die Erlaubnis bekommen, Manuskripte mitzuführen und nahm die Gelegenheit wahr, die Tagebücher von Alja Rachmanowa über die Grenze zu bringen.

Über diese Zeit gibt es in den veröffentlichten Tagebüchern keine Aufzeichnungen, doch dürfte es der Realität entsprechen, dass Alja Rachmanowa ihre Tagebücher, die teilweise aus losen Zetteln bestanden, damals über die Grenze schaffte und bei Verwandten von Arnulf von Hoyer hinterlegen konnte: »Wir erlebten einige aufregende Minuten, als Otmar seine Manuskripte und meine Aufzeichnungen über die Entwicklung des Kindes, in denen auch meine Tagebuchblätter steckten, vorlegte, um die Erlaubnis zu bekommen, sie über die Grenze zu führen. Die Dame, an die wir gewiesen wurden, schlug einige Seiten auf, und da sie nichts anderes sah, als eine Fülle von linguistischen und psychologischen Aufzeichnungen, gab sie sich zufrieden, packte alles sorgfältig zusammen, verschnürte das Paket und versah es mit großen Siegeln.«

Die Familie kehrte nach den vier Monaten wieder nach Russland zurück, wo sie bald darauf ein harter Schlag traf, der ihr Leben grundlegend verändern sollte.

Bei einer Vorladung ins Ausländerdepartement erfuhr Arnulf von Hoyer, dass er mit seiner Familie Russland binnen einem Monat zu verlassen habe. So sehr sich das Ehepaar auch bemühte, die Ursache der Ausweisung zu erfahren, die Antwort blieb immer dieselbe: »Ohne Angabe der Gründe!«

Arnulf von Hoyer war ein Aristokrat aus einem ehemaligen Feindesland, er war kein Parteimitglied und hatte es abgelehnt, für den Geheimdienst an der Universität zu spionieren. Dies genügte, dass er seine Dozentenstelle verlor und seine Familie enteignet und ausgewiesen wurde.

Alja Rachmanowa lehnte sich zuerst massiv gegen diesen Befehl auf und haderte mit ihrer Heimat: »Erinnerst du dich, o Heimat, daran, wie wir hungerten, als der große Hunger über dich gekommen war, wie wir froren, wie wir fast an Typhus starben ... und jetzt, wo wir uns von all den Schrecken und Entbehrungen zu erholen beginnen, jetzt jagst du uns von dir? Warum? Weißt du denn, was du tust? ... Bist du denn so reich an Leuten, wie wir es sind? Du nennst dich das Land der Arbeitenden; haben wir denn nicht auch gearbeitet?«

Als nächsten Schritt versuchte Alja Rachmanowa nun Erinnerungen in ihrem Inneren zu speichern, um sich später alles wieder ins Gedächtnis rufen zu können: »Ich weiß nicht weshalb, aber ich raffe in meine Seele alles auf, alles was ich sehe, lege es da drinnen irgendwo zusammen, um mich später daran zu erinnern. Wozu sich erinnern? Wozu sich an Rußland erinnern?«

Als ihr bewusst wurde, dass man vielleicht nicht nur ihre Ausreise, sondern gar ihren Tod wollte, überkam sie neben der Angst auch eine ungeahnte Energie. »Nur ins Ausland, weg von Rußland mit seiner GPU, seinen Kerkern und seinem ewigen, endlosen Erschießen und nichts als Erschießen ... Meine Liebe zur Heimat schwindet dahin, es bleibt nur noch die Furcht vor der GPU, ich beginne Rußland zu hassen, ich habe nur noch einen Gedanken: Fort, fort!«

Neben dem großen Schmerz, ihre Eltern, ihre Schwestern und ihre Freunde zurücklassen zu müssen, beklagte Alja Rachmanowa auch das Schicksal ihres Sohnes. Sie musste akzeptieren, dass es für ihn in ihrer Heimat keinen Platz gab. Wehmütig wünschte sie, dass die Heimat seines Vaters bald auch seine Heimat werde. Als dieser Wandel sich später aber wirklich vollzog, bemerkte sie, dass es ihr weh tat, wenn Jurka »bei euch in Rußland« sagte und mit »bei uns« Österreich meinte.

Die Familie begann sich zum Aufbruch zu rüsten. Sie verkaufte ihr Hab und Gut gegen einen »lächerlich geringen Erlös«, der ihr einen Neustart im Ausland erleichtern sollte. Alja Rachmanowa bereitete vor allem das Manuskript ihres gemeinsamen Buches über die *Literatur- und Geistesgeschichte des 19. Jahrhunderts in Rußland* große Sorgen. Da es sich bei den Manuskripten um Stenogramme handelte, war es unmöglich, sie über die Grenze zu bringen: »Da bleibt nur ein Ausweg: verbrennen, alles verbrennen ... ich blättere, Seite um Seite ... Ich verstehe, daß ich dies alles unverzüglich verbrennen muß, jede Minute können sie kommen, und die stenographischen Aufzeichnungen finden, und dann sind wir verloren ... Und so verbrannte ich, was mir so lieb war wie mein eigenes Leben, meine eigene Seele: die Arbeit von fünf Jahren, unser Lebenswerk.«

Es wurden keine Besuche mehr gemacht, um Freunde nicht zu gefährden. Die Familie gehörte jetzt zu den »Verfemten«, die auf Schritt und Tritt beobachtet wurden. Eine kurze Abschiedsszene zwischen »Freunden« blieb Alja Rachmanowa aber in bleibender Erinnerung und sie glaubte darin ihre Vermutung bestätigt zu sehen: »In der letzten Minute eilen Professor Iwanow und seine Frau herbei. Daß wir schon heute abreisten, wußten unsere Bekannten nicht, und die Studenten hatten überhaupt keine Ahnung davon, daß wir ausgewiesen worden waren. Frau Professor Iwanow war ganz verweint. ›Verzeihen Sie meinem Manne! Verzeihen Sie!‹ Ich wunderte mich gar nicht mehr über ihre Worte, sie waren mir nur die Bestätigung dessen, was ich schon lange geahnt. Sie erzählte, daß ihr Mann unter der Beschuldigung der Konterrevolution zum Tode durch Erschießen verurteilt worden, daß ihm aber die Strafe erlassen wurde, ja, daß er sogar befördert und mit Geld ausgestattet wurde, aber unter einer Bedingung ... ›Verzeihen Sie ihm, er ist gezwungen worden!‹«

Der Vater segnete seine Tochter und ihre Familie, die Mutter fuhr bis Moskau mit, wo es zu einem traurigen Abschied kam, da allen klar war, dass man einander nie mehr wiedersehen würde.

Jurka mit seinen Großeltern, seiner Tante Natascha und seinem Vater

Als der Zug die polnische Grenze passiert hatte, wusste Alja Rachmanowa, dass sie ihre Heimat für immer verlassen hatte. Nachdem die Rotarmisten im Zug von polnischen Soldaten abgelöst worden waren, empfand sie ein Gefühl der Beruhigung.

Alja Rachmanowa verließ im Februar 1925 mit ihrer Familie ihre Heimat, weil ihr das Aufenthaltsrecht entzogen worden war. Sie konnte sich nicht auf einen Artikel der Menschenrechte berufen, der den Menschen die Wahl des Aufenthaltsortes sicherte. Sie gehörte seit diesem Tag zu den »Russinnen ohne Russland«, von denen die russische Autorin Tatjana Kuschtewskaja in ihrem gleichnamigen Buch berichtet. Allgemein wird den Russen eine tiefe Heimatliebe zugeschrieben. Ähnlich wie Swetlana Geier, die behauptet »Russland ist dort, wo ich bin«, oder Marina Zwetajewa, die der Meinung war »Wer Russland in sich trägt, der verliert es nur gleichzeitig mit seinem Leben«, blieb auch Alja Rachmanowa mit ihrer Heimat bis zu ihrem Tode innerlich sehr stark verbunden. Sie schuf sich eine artifizielle russische Umgebung mit unzähligen Ikonen, hörte am liebsten russische Musik und blieb in der Kommunikation mit ihrem Mann der russischen Sprache treu. Sie schrieb weiterhin nur in ihrer Muttersprache und wechselte erst nach dem Tod ihres Mannes bei ihren Tagebuchnotizen in die deutsche Sprache. Als Emigrantin versuchte sie sich in Österreich zu integrieren, bis sie erleben musste, dass sie und ihr Werk »unerwünscht« sind, dass die Rote Armee auch in dieses Land eingedrungen war und sie in der Flucht den einzigen Ausweg sah. Gemeinsam mit ihrem Mann verließ sie am 22. April 1945 Österreich, wodurch nun auch Arnulf von Hoyer Emigrant wurde, und die Schweiz, die Thomas Mann einst als das »Sterbeland deutscher Dichter« bezeichnete, sollte ihre letzte Station werden.

ÖSTERREICH
1925–1945

Das wäre eine Idee, so ein Geschäft

MILCHFRAU IN OTTAKRING

Ein krankes dreijähriges Kind, zwei Koffer mit Wäsche, zwei Decken und zwei Kissen, wenig Bargeld, so kommt die Familie Hoyer am 3. Februar 1925 nach Wien.

»Unser Zug kam in der Frühe in Wien an. Otmar nahm unsere beiden Koffer, ich den Knaben. Er war noch recht verschlafen und blickte erschrocken nach allen Seiten. Wir verließen den Bahnhof mit der Menge, die sich am Ausgang nach allen Seiten zerstreute. Viele wurden von Angehörigen erwartet. Uns erwartete niemand, wir wußten nicht, wohin wir gehen sollten. Wir begaben uns in einen Park in der Nähe des Bahnhofs und setzten uns auf eine Bank.«

Die ersten Nächte verbrachte die Familie in einem Gasthof in Laxenburg. Die Zimmersuche gestaltete sich schwierig. Endlich fand sich etwas »halbwegs Passendes bei einem Tierarzt, der keine Praxis hat«. Die Atmosphäre in dieser Wohnung und die Begegnung mit der Familie wird von Alja Rachmanowa düster beschrieben: »In der Wohnung unserer Vermieter herrscht Grabesstille. Er, sie und zwei Kinder sitzen in einem Zimmer beisammen, aber nie hört man sie sprechen oder gar lachen. Sie leben nur vom Zimmervermieten und das reicht natürlich nicht. Sie sind beide überaus verbittert, und als ich heute in die Küche kam, um meinen Tee zu kochen, fragte sie mich: ›Wie konnten Sie nur aus Rußland fortfahren, wo es sich dort so gut lebt? Dort sind die Leute wenigstens frei und es gibt keine Arbeitslosigkeit.‹«

Wer auf Spurensuche ist, steckt andere damit an. So lernten meine Schulfreundin Hemma Glittenberg und ihr Mann auf dem Friedhof in Kötschach zufällig Frau Liselotte Kellner kennen. Sie ist die

Tochter des Tierarztes, bei welchem die Familie Hoyer damals Unterkunft fand. (Der Tierarzt war Lothar Patera, ein bekannter Alpinist und Alpenvereinsfunktionär, dem sein Schulfreund, der Grafiker und Maler Alfred Kubin, in seinem einzigen Roman *Die andere Seite* (1909) ein Denkmal gesetzt hat, indem er seinen Protagonisten Claus Patera nannte.) Durch diesen Zufall war es auch mir möglich, mit der Zeitzeugin Frau Kellner brieflich Kontakt aufzunehmen. Sie erinnerte sich natürlich nur noch dunkel an jene Untermieterin, die immer geschrieben hat und freute sich riesig über einige Fotos von Alja Rachmanowa, die ich ihr zukommen ließ: »Welche Überraschung, welche Freude ... heute nur 1000 Dank, erhielt ich teures Souvenir von Ihnen und Alja R. ... Ich bin beeindruckt, dass Sie sich der Erinnerungen an Alja R. angenommen, das bedeutet viel Arbeit jetzt und in Zukunft.«

Einige Zeit wohnte die heimatlose Familie im »Negerdörfel«, einem Barackenquartier für Obdachlose in Ottakring. Hier sammelte Alja Rachmanowa sicher auch Stimmungsbilder, die sie in ihre Schilderungen einfließen ließ.

Arnulf von Hoyer bemühte sich, Arbeit zu finden und meldete sich auf eine Zeitungsanzeige: »Bei Fleiß und Energie reichliches Monatseinkommen! Notenvertrieb Vienna!«

Die Aufgabe bestand darin, von Haus zu Haus zu gehen und Notenblätter anzubieten. Das »reichliche Monatseinkommen« blieb aus.

Bei einem Streifzug durch die Stadt, als er bei einem kleinen Milchgeschäft vorbeikommt, dessen Besitzer gemütlich rauchend vor der Türe steht, überkommt ihn die »Geschäftsidee« und er versucht, seine Frau für diesen Gedanken zu gewinnen: »Das wäre eine Idee, so ein Geschäft! Ich glaube nicht, daß die Arbeit so kompliziert wäre. Man hat gleich eine kleine Wohnung dabei, kann billig essen und erübrigt sicher noch Zeit genug für seine eigenen Angelegenheiten.«

Diese Phantasien dürften auch früher schon andere Intellektuelle beflügelt haben, denn die Idee, mit einem Milchhandel seine materielle Existenz zu sichern, war nicht neu. Der deutsche Philosoph

Max Stirner wollte ganz Berlin mit Milch versorgen, scheiterte aber kläglich. Franziska zu Reventlow nahm die Kaufmannsphantasien der Bohemiens in ihrer Erzählung »Das Gräfliche Milchgeschäft« als Vorlage, in der es erstaunliche Parallelen zum Schauplatz »Ottakring« gibt. Joachim Ringelnatz wagte tatsächlich ein ähnliches Abenteuer, indem er einen Tabakladen erwarb, der nach einem halben Jahr geschlossen werden musste.

Die Akademikerin Alja Rachmanowa war ebenfalls von dieser Geschäftsidee begeistert und bereit, sich mit voller Energie in die Rolle der Geschäftsfrau zu stürzen und so wurde überlegt, wo ein Geschäft und das nötige Geld aufzutreiben wären. Auf der Suche nach einem geeigneten Objekt sehen sie viel Bettelarmut und Elend. Endlich finden sie ein winziges Geschäft mit einem anschließenden Zimmer, dessen vergittertes Fenster nur auf einen Gang geht, was Jurka mit der Feststellung kommentiert: »In unserem Zimmer ist sehr wenig Schönheit.«

Die Familie will den Schritt versuchen, Arnulf von Hoyer erinnert sich an einen Freund aus der Gefangenschaft und wagt, ihn um ein Darlehen zu bitten.

»Ein Geschäft zu haben, das erscheint mir jetzt als das höchste Glück. Ich fühle es ganz deutlich: ob uns jetzt Dr. Walter das Geld leiht oder nicht, das ist für uns eine Frage auf Leben und Tod.«

Die befreundete Familie springt hilfreich ein und ein neues Kapitel kann beginnen.

Am 24. Juni 1926 kaufen Alja Rachmanowa und Arnulf von Hoyer das Geschäft von Toni Prelel und Fani Huber in Währing, Hildebrandgasse 16.

Alja Rachmanowa ist fest entschlossen, alle ihre Kräfte einzusetzen und das Geschäft selbstständig zu führen, damit sich ihr Mann auf seine Prüfungen vorbereiten kann. Da sein Studium, das er in Russland absolviert hatte, in Österreich nicht anerkannt wurde, musste er die Examen wiederholen.

Um ein Geschäft führen zu können, war es notwendig, einen Praktikumsnachweis sowie eine amtliche Bestätigung zu erwerben. Im Nachlass befindet sich ein Dokument, in dem ein dreimonatiges

Milchgeschäft in Wien XVIII, Währing,
Hildebrandgasse 16

Praktikum von Arnulf von Hoyer in einem Geschäft für Spezereien und Konsumwaren bei Aloisia Kos, der Schwiegermutter seines Bruders Edmund, bescheinigt wird. Die Geschäftsführung oblag aber im kommenden Jahr Alja Rachmanowa. Sie wurde als »Milchfrau in Ottakring« zur Familienerhalterin.

Einige Jahre später fand *Milchfrau in Ottakring* als dritter Teil der Tagebuchtrilogie den Weg in die Literatur.

Die Schilderungen des Alltags einer Geschäftsfrau im Wien der Nachkriegszeit, die Russin ist und versucht, diese Herausforderung zu bestehen, gehören zu den besten Milieuschilderungen der damaligen Zeit.

»Der erste Tag in unserem Geschäft! Werde ich ihn jemals vergessen? Schon nach den ersten drei Stunden war ich beinahe verrückt; es kreiste mir nur alles so im Kopfe herum, diese neuen Gesichter, die mich mit unverhohlener Neugierde anstarrten, und vor allem diese vielen neuen Namen; wie soll ich mir alle diese Gruber, Jiraschek, Huber, Ondraschek, Meier, Zalodek und wie sie alle noch heißen, merken? Was für schwere Namen diese Wiener haben!«

Die Kundinnen kommen, testen die neue Greißlerin und geben vor allem ihrem Bedauern Ausdruck, da abzusehen sei, dass das Geschäft bald eingehe. Sie geben Hinweise und Ratschläge: »Der Frau Tichy darf nichts auf Kredit gegeben werden, weil ihr Mann bald seinen

Posten verlieren wird, dem Herrn Pogner nicht, weil er immer sein ganzes Geld versauft.«

Alja Rachmanowa wurde in die verschiedensten Familienverhältnisse eingeweiht: »Die Frau Bartom hat früher ein zweifelhaftes Haus geführt, der Herr Bänder ist schon einige Male gesessen und es ist überhaupt eine Frage, ob seine Schwiegermutter eines natürlichen Todes gestorben ist.«

Alja Rachmanowa hört interessiert zu, schreibt alles unter der Budel in ihr Tagebuch und sammelt auf diese Weise viele Kurzporträts ihrer Kunden und Kundinnen. Verständlicherweise kam es in dieser Zeit bei ihr zu einer Identitätskrise und zu einer starken Verunsicherung: »Das Schwerste in meinem jetzigen Leben ist, daß ich sozusagen meine innere Physiognomie verloren habe oder, genauer gesagt, daß alle Leute um mich herum nicht das sehen, was ich eigentlich bin, sondern etwas anderes, mir ganz Fremdes, ja Entgegengesetztes. Jeder Mensch faßt sich selbst als eine bestimmte Einheit auf, jeder Mensch weiß genau, wie er auf die anderen Menschen einwirkt, welche Stelle er in der Gesellschaft einnimmt. Und da auf einmal, ist dieses ganz Bestimmte, mir ganz Vertraute weg, dahin, so wie eine Seifenblase, die in der Luft zerplatzt. Ich bin für alle Menschen ein ganz anderer Mensch geworden!«

Mit den Eltern in Russland fand noch einige Jahre ein Briefverkehr statt. Die Eltern konnten der jungen Familie sogar finanziell etwas helfen, indem sie den Briefen Geldscheine beilegten. Sie verfolgten den Lebensweg ihrer Tochter und drückten Zweifel und Verwunderung aus. Die Mutter kann sich mit dem Gedanken, dass ihre Tochter nun Geschäftsfrau geworden sei, nicht abfinden: »Ich kann mir nicht vorstellen, daß das das Einzige wäre, wozu Alja fähig ist. Alja, warum versuchst Du nicht, etwas zu schreiben?«

Sie aber versucht in der Rolle der Milchfrau den Worten Dostojewskis, die sie als Präambel der *Milchfrau* voranstellt, gerecht zu werden.

»Held sein eine Minute, eine Stunde lang, das ist leichter, als im stillen Heroismus den Alltag zu tragen. Nehmt es nur auf euch, das Leben in diesem grauen, eintönigen Alltag, dieses Wirken, für das euch niemand lobt, dessen Heldentum niemand bemerkt, das in niemandem Interesse für euch erweckt; wer diesen grauen Alltag erträgt und dennoch dabei Mensch bleibt, der ist wirklich ein Held.«

Täglich steht Alja Rachmanowa früh auf, geht auf den Markt, um möglichst gute, aber billige Lebensmittel zu erstehen, die sie dann weiterverkauft. Sie schleppt einen vollen Rucksack nach Hause, stiehlt sich dazwischen einige Minuten für einen Kirchenbesuch, weil ihr das Kraft gibt, und eilt heim, Mann und Kind zu betreuen und das Geschäft aufzusperren. Während des Tages nimmt sie die Warenlieferungen entgegen, müht sich mit den Eisblöcken für den Kühlschrank ab und versucht, keinem Menschen zu zeigen, wie entsetzlich langweilig ihr dabei ist. Sie vermisst die Herausforderung einer geistigen Arbeit: »So gerne möchte ich jetzt in dem Band der Zeitschrift für Individualpsychologie lesen, den mir Otmar aus der Universitätsbibliothek mitgebracht hat, aber die Kundinnen bleiben alle so entsetzlich lange im Geschäft, daß mir buchstäblich keine Sekunde bleibt. Schließlich vergesse ich das Buch. Nun, das Leben ist ja auch ein Buch, und mein Schicksal ist es, im Buche des Lebens zu lesen.«

Am Abend fällt sie todmüde ins Bett, unfähig, sich noch anderen Interessen hinzugeben. In der Nacht plagen sie oft Albträume aus ihrem früheren Leben, sodass sie immer wieder froh ist, aufzuwachen und sich in Freiheit zu wissen: »Ich bin ja in Österreich, ich bin frei. Niemand kommt zu mir, um mich zu verhaften, niemand droht mir, mich ohne Grund zu erschießen.«

Neben den einheimischen Kunden hat Alja Rachmanowa auch immer wieder Kontakte und Begegnungen mit Menschen aus ihrer Heimat, die sie freuen, aber auch ängstlich und misstrauisch werden lassen: »Es war ein merkwürdiger Käufer bei mir, ein Russe. Zum ersten Male habe ich hier Russisch sprechen hören, und das ist es wohl vor allem, warum ich so aufgeregt bin. (...) In dem Augenblick, als ich das erste russische Wort aus seinem Munde vernahm, traten mir die blutigen Gestalten aus meinem heutigen Traum wieder mit vollster Klarheit vor die Augen.«

Wie sich später herausstellte, war das Misstrauen von Alja Rachmanowa diesem Mann gegenüber berechtigt. Bereits vor der ersten Begegnung hatte er schon Informationen gesammelt und gestand ihr: »Ich wußte, wer Sie sind, woher Sie sind, wie Sie lebten, und die Absicht, mit der ich kam, war keine gute. Ich wollte in Ihr Leben als Zerstörer treten. Warum, das kann ich Ihnen nicht sagen.«

Der Russe behielt dieses Geheimnis für sich. Er verabschiedete sich von Alja Rachmanowa, er wollte zurück nach Russland, nicht ohne ihr vorher seinen Sinneswandel kundzutun: »Mit Ihrer Hartnäckigkeit im Kampfe mit dem Unglück haben Sie mich besiegt. Jetzt können Sie ruhig sein; der, der als Feind zu Ihnen gekommen ist, ist Ihr Freund geworden. Ich liebe Sie.«

Die Begegnung mit der Russin Serafima Andrejewna verlief für Alja Rachmanowa von Anfang an erfreulicher. Die beiden Frauen verband das gleiche Schicksal: Beide waren mit einem österreichischen Kriegsgefangenen verheiratet und durch ihn nach Wien gekommen. Serafima war glücklich, jemanden gefunden zu haben, mit dem sie sich in ihrer Muttersprache unterhalten und dem sie ihr Herz ausschütten konnte. Im Gegensatz zu Alja Rachmanowa waren sie und ihr Mann freiwillig nach Österreich gegangen, wo Serafima aber erleben musste, dass ihr Mann mit der Rückkehr in seine Heimat ein anderer Mensch geworden war. Im eigenen Land veränderte er seinen Lebensstil, fühlte sich durch seine Stammfamilie sicher, ließ sich von Äußerlichkeiten ablenken und wandte sich von seiner Frau ab.

Die geschilderten Lebenserfahrungen dieser Frau gaben Alja Rachmanowa die Gelegenheit, in ihren Wiener Aufzeichnungen große Passagen über Russland, die Schrecken der Revolution, die Mentalität ihrer Landsleute und deren Lebensverhältnisse einzubauen.

Natürlich kommen in den Schilderungen auch die »Wiener Originale« nicht zu kurz. In ihrem großen Interesse für Einzelschicksale sammelt Alja Rachmanowa Lebensgeschichten, vergleicht die Mentalität der Russen und Österreicher und sieht sich dem Fremdenhass ausgesetzt. Intrigen und Verleumdungen müssen ertragen werden, Bosheiten von Kindern steht die Milchfrau machtlos gegenüber.

Dennoch bleibt sie ihrer Grundeinstellung, nach der jeder Mensch etwas Gutes in sich trägt, treu.

So gewinnt sie schließlich die Liebe der kleinen Anni, die ihr das Leben mit ihren Provokationen so schwer machte. Sie erheitert sich an den Einfällen und Gaunereien der beiden Strizzis Willi und Fred, lässt sich von Fräulein Fischer Liebesabenteuer erzählen, tröstet Mütter, deren Kinder krank sind und versucht Traurigen Hoffnung zu geben.

Eine große Rolle spielen auch die Kinder, die sich in den Straßen und Gassen tummeln und zu denen Jurka Anschluss sucht. Ihnen sei ein eigenes Kapitel gewidmet.

Neben der Milieuschilderung, der Darstellung einzelner Charaktere und der Beschreibung zahlreicher Einzelschicksale können wir in Alja Rachmanowas Tagebüchern auch geschichtliche Ereignisse, die für Österreich damals von großer Bedeutung waren, wie den Brand des Justizpalastes, nachlesen.

Am 30. Jänner 1927 wurden in Schattendorf im Burgenland zwei sozialdemokratische Demonstranten – ein Kriegsinvalide und ein achtjähriger Bub – von Mitgliedern der »Frontkämpfer Vereinigung« erschossen. Im darauffolgenden Prozess wurde auf Notwehr plädiert und durch ein Geschworenengericht ein Freispruch erwirkt, der eine Revolte mit etwa hundert Toten und tausend Verletzten auslöste.

Hautnah, vor ihrer Haustüre, erlebt Alja Rachmanowa die Aufregung und Panik, die herrschte, als von Schüssen und Toten in der Innenstadt die Rede war. Durch das Abschalten des Stroms wurden alle Straßenbahnen lahmgelegt und Telefonverbindungen unmöglich gemacht. Alja Rachmanowa wollte nicht glauben, was sie hörte, wähnte sie sich doch in Österreich in vollkommener Sicherheit. Als aber bei diesem Aufstand in Wien der Volkszorn laut wurde, musste sie Parolen hören, die ihr bekannt vorkamen: »Genossen! Dort vergießt die Polizei das Blut der Arbeiter! Die Polizei ist der Feind des Arbeiters! Nieder mit der Bourgeoisie! Die Arbeiter müssen die Macht in die Hände nehmen!« Sie ist geschockt und befürchtet, dass alles nun »so werden müßte wie einst in Rußland«.

Das historische Ereignis, das Alja Rachmanowa in einer ausführlichen Tagebucheintragung schildert, hat auch bei anderen Schriftstellern wie Elias Canetti, Heimito von Doderer, Karl Kraus und Erich Fried zu literarischen Ergebnissen geführt, die Gerald Stieg in seinem Buch *Frucht des Feuers* aufzeigt.

Auch den Mord am sowjetischen Gesandten Pjotr Vojkov durch den russischen Emigranten Boris Kowerda in Warschau hält Alja Rachmanowa in ihrem Tagebuch fest und weiß, welche Auswirkungen so eine Tat in ihrer Heimat haben kann: »Kaltes Entsetzen erfaßt mich, wenn ich denke, was jetzt in Rußland die erleben mögen, die aus irgendeinem Grunde als Konterrevolutionäre angesehen werden! Boris Kowerda hat nicht nur einen bolschewistischen Gesandten erschossen; durch seinen unüberlegten Schritt hat er Hunderten von unschuldigen Menschen in Rußland das Leben genommen.«

Der damals in Wien Aufsehen erregende Prozess gegen die Frau des Sängers Grosawesku, die ihren Mann kaltblütig erschossen hatte, brachte ebenfalls Aufregung in das Milchgeschäft und ließ die Kunden zusammenlaufen. Mit Erstaunen musste Alja Rachmanowa feststellen, dass die Frauen die Tat verteidigten und bei einigen ein angestauter Männerhass laut wurde, der sich durch diesen Vorfall vehement entlud: »Ich hoffe, daß die Grosawesku wenigstens den anderen Männern ein wenig Angst eingejagt hat.«

An den Sonntagen spaziert die Familie durch die Stadt. Sie vermeiden die Straßen im Zentrum und bevorzugen die kleinen alten Gässchen in Erdberg und Grinzing oder spazieren zur Donau. Sie haben den Eindruck, in ihrer Ärmlichkeit nicht nach Wien zu passen. Sie wollen keine Auslagen sehen, in denen Dinge liegen, die sie sich nicht leisten können. »Uns ist die Hauptsache, daß wir beisammen sind.«

Dunkle Tage stellen sich ein, wenn beunruhigende Nachrichten aus der Heimat kommen: »Die Mutter ist unerwartet krank geworden. Gegen Abend war die Lage so, daß sich eine Operation als unvermeidlich erwies.« Wenige Wochen später: »Der Vater ist arretiert worden und befindet sich im Kerker. Ursache unbekannt. Er hofft, es handle sich um ein Mißverständnis.«

Die Tochter steht hinter dem Ladentisch, die Sehnsucht trägt sie nach Russland, hier aber streicht sie Buttersemmeln, schneidet Wurst auf und gießt Milch ein.

Ein Jahr lang führte Alja Rachmanowa das kleine Geschäft, bis es am 29. Juli 1927 mit Gewinn an Maria Brandauer verkauft werden konnte. Die Ära der Milchfrau ist vorbei, der Kredit konnte zurückgezahlt werden, die Familie zieht für kurze Zeit in die Währingerstraße 13 und folgt dann einem Ruf nach Salzburg.

Nachklang

1933 erscheint das Buch *Milchfrau in Ottakring* im Salzburger Pustet Verlag. Mit 600.000 verkauften Exemplaren und Übersetzungen in 21 Sprachen gelang Alja Rachmanowa ein Sensationserfolg.

Auf Anregung von Dietmar Grieser gibt es am Originalschauplatz in Währing, Hildebrandgasse 16, eine Gedenktafel.

Dietmar Grieser ist es auch zu verdanken, dass die *Milchfrau* bis heute überlebt hat. Es gelang ihm, den Amalthea Verlag vom Wert dieses

Buches zu überzeugen. Er schrieb für die Neuauflage ein berührendes Vorwort, das von seiner Beziehung zu Alja Rachmanowa zeugt und wichtige Informationen über ihren weiteren Lebensweg beinhaltet. Er war es auch, der mit Hilfe von Robert Medek, dem Leiter des Ottakringer Bezirksmuseums, als Erster das Geheimnis der echten Adresse lüftete und Alja Rachmanowa in seinen Büchern *Wiener Adressen, Wien, Wahlheimat der Genies* und *Alle meine Frauen* ein Denkmal gesetzt hat.

Die gute Beziehung des Autors zu seinem Übersetzer Toshiyuki Michaukij war ausschlaggebend, dass 2001 die *Milchfrau* auch in japanischer Übersetzung erscheinen konnte. Mit der französischen Version *Une Crémierè russe à Vienne*, übersetzt von Chantal Le Brun Keris, ist das Buch auch heute noch in drei Sprachen verfügbar.

Ich bin ein Gassenbub

JURKA

In ihrem Buch *Jurka erlebt Wien*, das Alja Rachmanowa 1951, sechs Jahre nach dem Tod ihres Sohnes herausgab, schildert sie vor allem die Entwicklung ihres Kindes im 5. und 6. Lebensjahr und dessen Integrationsversuche in die Gesellschaft der Wiener »Gassenbuben«. Im Vorwort bezeichnet sie dieses Buch als ihr liebstes und wünscht, dass es »allen, die Kinder lieben, ein wenig Freude bereiten« möge. Mit viel Einfühlungsvermögen beobachtet sie die Kinder, die sich häufig selbst überlassen sind, die unter widrigen Umständen aufwachsen und denen das »grausame Leben so wenig vom Lichte der Sonne und der Liebe schenken will«.

Als Motto wählt sie eine kurze Milieuschilderung aus Edgar Weyrichs Werk *Wiener Alltag*: »Waren Sie schon einmal in Ottakring? ... Da gibt es keine Gärten, die Bäume verirren sich nicht dorthin, blasse Kinder spielen im Staub der Straßen und zwischen den Fuhrwerken, die schwer durchrattern. In die Wohnungen darf man nicht schauen, man vergißt das nie wieder. Das Elend hat eine kreischende Stimme und einen faulenden Atem.«[7]

Jurka vermisste in Wien vor allem die Natur und die Tiere und musste in einem dunklen Zimmer hausen, in das kaum Licht drang und wo sich an den Wänden der Schimmel breitmachte. Alja Rachmanowa ist entsetzt bei der Vorstellung, hier in der nächsten Zeit leben zu müssen: »Unser Zimmer ist aber schrecklich! Wieder kein richtiges Fenster! Noch dazu geht es auf den Korridor hinaus! Das heißt also, daß wir niemals Sonne haben werden, und ich liebe die Sonne doch so!«

Sie war zu dieser Zeit mit ihrer neuen Aufgabe der Geschäftsführung so beschäftigt, dass sie sich weniger um ihren Sohn kümmern konnte und ihn häufig der Gesellschaft der Gassenbuben überlassen musste, sodass sie befürchtete, dass ihr die Erziehung entgleiten könnte.

Jurka war ein intelligenter, wissbegieriger Bub, der zweisprachig erzogen wurde. Noch in der Vorschulzeit in Russland brachte er sich selbst Schreiben bei und begann in Wien ein russisch-deutsches Wörterbuch anzulegen, worüber seine Mutter staunte: »Eine Leistung für einen viereinhalbjährigen Buben.«

Er war Linkshänder, schrieb teilweise in Spiegelschrift und mischte kyrillische und lateinische Buchstaben.

Jurka wuchs als Einzelkind und erster Enkel gemeinsam mit den Eltern, Großeltern und Tanten auf. Sein Start ins Leben erfolgte unter grausamen Bedingungen: Es herrschten Hunger, Elend und Not. Das Kind wurde durch die Ausweisung seiner Eltern aus seiner Heimat vertrieben, aus dem Verband der großelterlichen Familie gerissen und erlebte dadurch schon früh den Trennungsschmerz.

In der Wiener Zeit lebte Jurka mit seinen Eltern auf engstem Raum und versuchte aus dieser kleinen Welt auszubrechen, indem er sich einerseits den Kindern auf der Straße anschloss, andererseits in eine Phantasiewelt flüchtete, in der er nach seinen eigenen Vorstellungen und Regeln leben konnte. Die Mutter erkannte die Strategie ihres Sohnes, sich ein besseres Leben zu erträumen und freute sich, wenn er sie daran teilhaben ließ: »Er lebte damals ganz in einem phantastischen Hühnerreiche, das er sich selbst ausgedacht hatte und von dem er uns immer wieder wunderbare und merkwürdige Ereignisse erzählte. Diese Geschichten waren meist sehr lustig, und er schilderte in verschiedenen Stimmen mit lebendigen Gebärden alles so anschaulich, daß wir ihm immer mit größtem Interesse zuhörten.«

Eingesponnen in seine kleine Welt, war es die logische Folge, dass seine Rolle die eines Kükens war und er sich mit der russischen Übersetzung dieses Wortes als »Zypljonok« bezeichnete, seine Mutter »Kura« oder »Kurotschka« nannte, was so viel wie »Gluckhenne« bedeutet, und dem Vater den Phantasienamen »Piprik« gab. Diese Koseworte bürgerten sich ein und wurden Teil des Familienwortschatzes.

In der Realität erkannte Jurka die Sorgen seiner Eltern erstaunlich gut, zeigte Verständnis und versuchte alles zu tun, ihnen in ihrem Überlebenskampf zu helfen. Er übernahm kleine Botengänge, kontrollierte, wie viel die Leute kauften, hatte ein aufmerksames Auge auf Kinder, die im Geschäft etwas mitgehen lassen wollten und registrierte, wer Schulden machte. Die Mutter beobachtete die Entwicklung ihres Sohnes mit gemischten Gefühlen. Sie wusste, dass sie ihm viel zumutete und dass er vieles hörte, das er noch nicht hätte hören sollen und er über vieles nachdachte, was nicht seinem Alter entsprach: »Wir hatten wenig Möglichkeit, ihn gegen das grausam harte Leben zu schützen, und er musste selbst mit allem fertig werden.«

Auch die Kinderkrankheiten verschonten Jurka nicht. Masern mit einer zusätzlichen starken Verkühlung zwangen ihn für Tage ins Bett. Als Jurka auf dem Wege der Besserung war, schenkte ihm der Vater einen Radiodetektor mit Kopfhörern, der den Buben überglücklich machte. Jurka war von der Technik fasziniert, lauschte der Musik und den Worten und bedauerte, dass immer nur einer hören konnte: »Warum macht man nicht so ein Radio, daß es gleichzeitig alle hören können? Das wäre viel lustiger! Wenn ich beim Hören etwas nicht verstehe, dann kann ich nicht einmal fragen.«

Jurka überlegt auch, dass es interessant wäre, Großmutter und Großvater im Radio sprechen und russische Hunde bellen zu hören. In seiner Gedankenwelt macht er Erfindungen, die er Jahre später mit Selbstverständlichkeit nützen wird.

Die Eltern suchten immer wieder nach Möglichkeiten, ihrem Kind auch in dieser tristen Lebenssituation einige bescheidene Freuden zu bereiten und Jurka in die neue Welt einzuführen.

Rührend beschreibt Alja Rachmanowa das Staunen ihres Sohnes beim Anblick des Stephansdoms: »Als wir dann, vom Graben her kommend, auf einmal den Blick auf den Dom frei haben, reißt Jurka die Augen weit, weit auf, öffnet den Mund, die Wangen übergießen sich mit dunkler Röte, und nach einigen Augenblicken behauptet er in bestimmtem Tone: ›Nein! Das gibt es gar nicht wirklich! Das ist Kino! ... Dieses Dach mit den bunten Steinen, diese Türme, und diese

Stickereien an den Wänden, das kann es gar nicht geben! Wenn es das gäbe, dann hätte man es doch in Rußland in unserer Stadt auch gebaut!«

Ein Ausflug in den Prater entzückt Jurka vor allem, weil er dort wieder viele Bäume sieht und der Natur nahe ist. Natürlich begeistern ihn die Grottenbahn, die Miniatureisenbahn und vor allem das Riesenrad: »Ich habe niemals geglaubt, daß es in Wien so lustig sein kann! Was für Sachen sie sich da ausgedacht haben! Ich werde Großvater und Großmutter schreiben, man soll in Rußland auch solche Drachen und solche Karussells mit Lokomotiven und Automobilen einführen!«

Jurka war bereits in seinen jungen Jahren ein guter Beobachter, registrierte viele Kleinigkeiten in seiner Umwelt und versuchte, allem auf den Grund zu gehen: »Kura, warum laufen denn in Wien die Leute so schnell, als ob irgendetwas passiert wäre? In Rußland in unserer Stadt laufen sie nicht, sie gehen dort alle ganz ruhig! Kura, warum lachen denn hier die Kinder immer? Gefällt es ihnen so gut?«

Und Alja Rachmanowa erklärt ihrem Sohn, dass die Menschen in Österreich überhaupt fröhlicher sind als in Russland. Jurka gefällt der Verkehr, das lebhafte Treiben auf der Straße. Er schätzt die Wiener glücklich, die so viel Abwechslung erleben. »In unserer Stadt in Rußland, wenn da ein Automobil fährt, laufen alle Leute zusammen, und die Kinder sprechen den ganzen Tag davon! Und hier kommt eines nach dem andern! Das ist lustig!«

Als Ausländerkind wurde Jurka von seinen Eltern dazu erzogen, möglichst brav zu sein und nicht unangenehm aufzufallen. Unter diesem Aspekt hatte er es besonders schwer, sich an die Gruppe der Gassenbuben anzuschließen. Er bemerkte nicht nur die verschiedenen Gepflogenheiten in Österreich und Russland, sondern auch den Unterschied zwischen dem Leben der Gassenkinder und seinem eigenen behüteten Dasein: »Ach Mamotschka, wenn du wüßtest, wie unglücklich ich bin! Alle anderen Buben dürfen raufen und schlimm sein, und nur ich soll brav sein. Warum dürfen alle anderen schimpfen und auf der Gasse herumlaufen? Ach, warum bin ich kein Gassenbub, warum muß ich immer an dich denken, wenn ich auf der Gasse bin?

Mama, kommen die Gassenbuben schon so auf die Welt oder werden sie es erst später?«

Wenn es die Kinder zu grausam mit ihm trieben, ihn Muttersöhnchen nannten und spotteten, versuchte Jurka, sich gegen die Mutter zu stellen: »Du tust mir leid, weil ich glaube, daß ich anfange, dir nicht mehr zu gehorchen (...) Ich werde jetzt nicht mehr ›Bitte‹ und ›Danke‹ sagen; so sagen nur die wohlerzogenen Kinder, und ich bin ein Gassenbub, bei mir ist höchstens das linke Ohr wohlerzogen, nicht mehr. Zum Teufel mit den wohlerzogenen Worten!«

In dieser Zeit begann der Vater mit seinem Sohn regelmäßig Deutsch zu sprechen und wunderte sich über den schnell anwachsenden Wortschatz von Jurka, der sich vor allem auch Dialektwörter, die er auf der Straße aufschnappte, erstaunlich gut merkte. Jurka dürfte für den Spracherwerb eine einfache Methode gehabt haben. »Ich höre einfach zu, und da bleiben die Wörter von selbst in meinem Kopf kleben.«

Besonders wichtig war für Jurka das Erlernen von Schimpfwörtern, da sie für seine Überlebensstrategie wichtig waren. Er verstand, dass man dem Waldhäusl – Jurkas liebsten Feind – befehlen müsse, dass er die »Goschen halten« soll, weil er sonst eine »über die Schnauzn kriegt«. Er erkannte schnell eine erfolgreiche Methode, sich zu wehren: »Wenn man sieht, daß einen jemand schlagen will, muß man ihm gerade in die Augen schauen, man muß so tun, als ob man sich gar nicht fürchten würde, und man muß ihm dabei irgend ein Schimpfwort sagen ... Schimpfwörter sind Goldes wert! Ohne sie kann man in Wien nicht leben!«

Bald erkannte Jurka, dass es in Wien auch wichtig war, eine Waffe zu besitzen, die den Selbstwert maßgeblich erhöhen konnte, und er stellt philosophische Überlegungen an: »Der Waldhäusl Schurl hat heute gesagt, ich wäre nichts wert, weil ich kein Gewehr habe. Das ist sehr unangenehm, wenn man ›nix wert‹ ist! In Rußland habe ich Wert gehabt, und jetzt hab ich ihn verloren. Warum? Ist das, weil wir nicht das haben, was die anderen haben?«

Mit Schurl Waldhäusl macht er Tauschgeschäfte, von ihm lernt er fluchen, raufen und erfährt einige Aufklärung über Gott und die

Welt, die er dann seiner Mutter mitteilt: »Der Waldhäusl hat gesagt, die Stefferl ist bei der Mutter im Bauch drinnen gesessen, bis es ihr zu langweilig geworden ist. Ich habe ihm gesagt, ich glaube es nicht, und ich habe ihn gefragt: Ist denn deine Mama ein Känguruh? Denn nur Känguruhs tragen ihre Kinder im Bauch herum! Da hat er gelacht und hat gesagt: ›Servus, so an Depperten wie den Jurka hab i no net gsehn!‹«

Der Waldhäusl erklärte Jurka auch, dass er aus der Kirche austreten wolle, da das Christkindl ihm nur eine Schwester gebracht habe, obwohl er so ein schönes Brieferl geschrieben habe. Aus Mitleid schenkte Jurka dem Waldhäusl damals drei Bleisoldaten, worauf sich dieser mit einem »Küss die Hand!« bedankte. In diesem Augenblick war Jurka seinem Ziel, ein akzeptiertes Mitglied in der Gruppe der Gassenbuben zu werden, etwas nähergerückt. Sein geheimer Vorsatz blieb aber, den Waldhäusl Schurl zu zähmen.

Jurka ging in dieser Zeit durch eine harte Schule, musste viele Demütigungen und Verletzungen einstecken, sodass seine Eltern mit Sorge und einer gewissen Bewunderung auf ihn blickten: »Er hat alle Schwierigkeiten überwunden; er hat es sogar gelernt, mit den Gassenkindern erfolgreich zu raufen und ihnen in der Kunst des Schimpfens ebenbürtig zu werden, aber er hat dabei sein gutes Herz behalten, der Schmutz ist an seiner Seele nicht haften geblieben. Stets hat er wie ein Sonnenstrahl im Dunkel gewirkt, und zum Schluß haben ihn sogar seine Feinde lieb gewonnen.«

Jurka ist natürlich in seiner Art besonders Erwachsenen positiv aufgefallen und er schloss mit Herrn Hofer, einem arbeitslosen Bankbeamten, der in der Waschküche schlief, eine ganz besondere Freundschaft. Durch die gegenseitige Zuneigung verbrachten die beiden gute Stunden miteinander, in denen Herr Hofer Jurka auf seiner Geige vorspielte, sich mit ihm ernsthaft unterhielt, sodass sich Jurka geliebt und akzeptiert fühlte. Aber auch das Kind hatte ein wachsames Auge auf seinen großen Freund und steckte ihm manchmal etwas Essbares zu, das er von seiner Mutter erbettelt hatte: »Kura, was kann ich für Herrn Hofer mitbringen? Er ist so lieb mit mir, ich will ihm eine Freude machen!«

Jurka wurde in dieser Zeit mit dem Tod eines kleinen Freundes konfrontiert, der an Scharlach starb und dessen Begräbnis ihn sehr beeindruckte. Er hoffte, dass der kleine Pepi wieder »zurückbegraben« werde und man ihn vom Friedhof wieder nach Hause brächte: »Das wäre doch ganz unmöglich, daß sein Vater und seine Mutter einverstanden sind, daß man ihn für immer auf dem Friedhof läßt. Und Pepi muß ja dann Geld verdienen, denn sein Vater hinkt und seine Mutter ist so blaß und hustet immer.«

Zu der Zeit, da Jurka bereits ganz gut in die Gruppe der Gassenkinder integriert war, erreichte den Vater der Ruf nach Salzburg und Jurka wurde erneut aus seiner Welt herausgerissen. Das Geschäft wurde verkauft und es hieß Abschied nehmen. Die Hausmeisterin strich Jurka über den Kopf und schenkte ihm eine Neapolitanerschnitte, Herr Hofer meinte traurig: »Pfüat di Gott, Jurka, wer wird mi ohne dich trösten?«

Dem Waldhäusl Schurl nahm der bevorstehende Abschied seinen Humor: »Mi gfreut des ganze Spiel nimmer! Muaßt du wirkli morgen scho gehen? Du bist a Fallot und a Trottel, aber schad is do, daß du wegkommst!«

Auch Jurka trennte sich nicht leicht von seiner kleinen Welt, die er sich so mühsam erobert hatte. Er ahnte aber den sozialen Aufstieg: »Wir werden jetzt Lehrer!« Er forderte für den Start in Salzburg, wo er zu einem Schulkind werden sollte, neu eingekleidet zu werden: »Ich möchte Lederhosen bekommen, und einen grauen Rock mit einem grünen Kragen und mit Hornknöpfen, und dazu einen grünen Hut mit einem Quastel, oder mit einer Feder!«

Hier habe ich mich gleich wie zu Hause gefühlt

NEUBEGINN IN SALZBURG

»Salzburg! Fast zwei Jahre lang haben wir uns nach dieser Minute gesehnt, und jetzt ist sie da. Wir sind in Salzburg! Otmar hat endlich eine Stelle bekommen, die Zeit des Milchgeschäfts, das seinem Besitzer zuviel zum Sterben, aber zu wenig zum Leben abgeworfen hat, ist vorbei, ein neues Leben beginnt.«

1927, wieder ein Neubeginn, der aber diesmal von Hoffnung und Zuversicht getragen wurde. Das kulturelle Leben in Salzburg begann sich zu entwickeln, Hofmannsthal und Reinhardt hatten die Festspiele gegründet, Touristen entdeckten die Stadt, Georg von Trapp und Maria Augusta Kutschera hatten gerade geheiratet und Carl Zuckmayer versammelte Literaten wie Richard Billinger, Franz Theodor Csokor, Johannes Freumbichler, Ödön von Horváth, Alexander Lernet-Holenia und Stefan Zweig u. a. in seiner Wiesmühl, die später den Henndorfer Kreis bildeten.

Arnulf von Hoyer hatte seine Studien an der Lehrerbildungsanstalt in Wien beendet, er promovierte am 20. November 1927 zum Doktor der Philosophie (Germanistik und Romanistik) und konnte seine erste Stelle als Lehrer in Salzburg antreten. Nachweisen lässt sich seine Lehrtätigkeit an der Hauptschule Plainstraße, wo der Salzburger Mundartdichter Erwin Rutzinger sein Schüler war, und an der Lehrerbildungsanstalt in Salzburg, wo er eine Generation von Salzburger Lehrern auf ihren Beruf vorbereitete.

Seit Alja Rachmanowa ihren Mann kennengelernt hatte, hatte er ihr immer wieder von Salzburg, seiner Heimatstadt, erzählt. Im fernen Sibirien, in bitterster Not entstand in ihr das Gefühl der Sehnsucht, das sie in ihrem Essay *Heimweh nach Salzburg* schildert: »Wie oft hab ich die Augen geschlossen und habe mir vorgestellt, daß wir in Salzburg sind – in der wunderschönen Stadt im freien Österreich. – Diese Gedanken haben mich glücklich gemacht. Sie haben mir geholfen Hunger, Angst und Elend zu vergessen.«

Als sie nun wirklich auf der Staatsbrücke steht, kommt sie beim Anblick der Festung zur Überzeugung, dass die Bewohner Salzburgs sicher die glücklichsten Leute der Welt sind: »Denn einen schöneren Ort kann ich mir nicht vorstellen.«

Alja Rachmanowa wollte zu diesen Leuten gehören. Das Leben in Salzburg schien ihr das höchste Glück: »Hier habe ich mich gleich wie zu Hause gefühlt.«

Vater und Stiefmutter von Arnulf von Hoyer waren bereits beide 1918 verstorben, die Brüder lebten nicht mehr in Salzburg, sodass es keinen unmittelbaren Familienanschluss mehr gab.

Die Hoyers waren auf sich allein gestellt und starteten wieder in einem Hotelzimmer im Hotel Goldener Löwe dem heutigen Theaterhotel.

Familie Hoyer, Salzburg 1930

Drei Wochen sollte es dauern, bis endlich eine kleine Wohnung in der Schillerstraße 18 (heute Pillwein-straße) in Maxglan gefunden wurde. »Es handelt sich um eine Mansardenwohnung, Zimmer und Küche, 60 Schilling im Mo-nat.«

Im Versatzamt wird eine goldene Kette zu

Brief von Alja Rachmanowas Vater aus Russland

Geld gemacht, bei einem Trödler werden ein Bett, eine Matratze, zwei Stühle, ein Schubladkasten und ein Eimer gekauft. Nachdem sich herausgestellt hatte, dass das Bett nicht mehr zusammenzubauen war, musste improvisiert werden: »Wir legen die Matratze auf den Fuß-boden, richten dort das Lager her, und nun ist doch der Augenblick gekommen, auf den wir uns schon so lange gefreut haben: Wir gehen in unserem eigenen Winkel zu Bett.«

Es muss sich um diese ärmliche Unterkunft gehandelt haben, die Johanna Schuchter in ihrem Erinnerungsbuch *So war es in Salzburg* (1976) schildert: »Auf mein Klingeln öffnete sich ein Türspalt, eine Frauengestalt im Schlafrock hielt zögernd die Türklinke in der Hand und schaute mich mit dunklen, fremdartigen Augen for-schend an (...) Das Zimmer, in das sie mich führte, war einfach möbliert, eigentlich überhaupt nicht möbliert: ein Bett, ein Tisch, zwei Stühle und auf dem Boden ein russischer Pelz als zweites Lager. Im anschließenden Kabinett saß ihr fünfjähriger Sohn auf einem Schemel vor einer großen Landkarte, die an der Wand hing. ›Damit beschäftigt er sich stundenlang‹, sagte seine Mutter. Ich sah mich in dem schmalen Raum um. Er war leer. Auch nicht das kleinste Spielzeug war zu sehen. Beim Anblick des einsamen Kindes vor der Landkarte fühlte ich die Bitterkeit des Schicksals heimatloser Menschen.«[8]

Johanna Schuchter war von Karl Faigl – einem Neffen ihres Mannes, der mit Arnulf von Hoyer in Kriegsgefangenschaft war – gebeten worden, sich etwas um die Familie Hoyer zu kümmern. Aus dieser Begegnung entstand eine freundschaftliche Beziehung, in der später Alja Rachmanowa die Gebende sein konnte, wie noch zu berichten ist.

Die Salzburger Schriftstellerin Erna Blaas, eine Verwandte von Johanna Schuchter, muss bei den Besuchen öfter dabei gewesen sein. Auch sie erinnert sich in einem Brief an Alja Rachmanowa: »Ich kenne Dich doch schon aus Deiner ganz ersten Zeit in Salzburg, als Du noch in der Riedenburg wohntest, so arm und so tapfer, daß wir gleich voll Bewunderung für Dich waren.«

Nach einem Brief von Stadtpfarrer Zeiß an einen Schweizer Kollegen müssen auch seine ersten Kontakte mit der Familie in dieser tristen Umgebung erfolgt sein und ihn schwer erschüttert haben: »Überall waren sie ohne Wohnung, ohne Einrichtung, fast ohne Kleidung, ja nicht einmal ein Bett stand für den kranken Mann zur Verfügung. Durch einen Priester-Professor entdeckten wir das wirklich notleidende Ehepaar. Gott sei Dank hatten wir dann Gelegenheit zu helfen.«

Solange die Kontakte der Familie zu anderen Menschen noch spärlich waren, beschränkte sich Alja Rachmanowa auf das Beobachten ihrer Mitmenschen, phantasierte deren Lebensumstände und beschrieb sie in ihrem Tagebuch. Die bunten, fröhlichen Farben der Dirndlkleider sprechen sie an, die grünen Röcke und Hüte der Männer: »Mir gefallen diese Kostüme, mir gefallen die Gesichter dieser Menschen.«

Ein Abend im Bräustüberl versetzt sie in eine total andere Welt. Die Lebenslust, die sie hier erlebt, ist für sie fast nicht zu fassen, ist ihr fremd und zwingt sie, immer wieder Vergleiche mit ihrer Heimat anzustellen.

Sie versucht zu den Gebäuden der Stadt eine Beziehung herzustellen, bevorzugt Kirchenräume, in denen sie Zuflucht sucht, darunter

»den feierlichen Dom, die herbe Franziskanerkirche, die diesseits-freudige Kollegienkirche, die mütterlich zarte Dreifaltigkeitskirche«.

Ihre ausgesprochene Lieblingskirche war aber, obwohl sie ihr Mann einen »modernen Steinbaukasten« nannte, die Andräkirche. Diese neugotische Kirche, die 1898, im Geburtsjahr von Alja Rachmanowa eingeweiht wurde, erinnerte sie an die Studienkirche ihrer Heimat und so traf es sie äußerst schmerzlich, als diese Zufluchtsstätte im Krieg von Bomben zerstört wurde und sie den Wiederaufbau nicht mehr verfolgen konnte.

Auch der junge Thomas Bernhard erlebte als Schüler des Johanneums die Zerstörung des Andräviertels hautnah: »... wenn man aus dem Fenster schaute, schaute man anstatt auf die alte Schranne auf einen schon in vielen Unwettern abgesunkenen Schutthaufen und auf die Ruine der Andräkirche, an welcher sich noch nichts rührte, weil sich die Stadt nicht entschließen hatte können, die Kirche wieder so aufzubauen, wie sie gewesen war oder anders, oder gänzlich abzureißen, was das Beste gewesen wäre.«[9]

1947 wünscht Pfarrer Zeiß in seinem Neujahrsbrief dem Ehepaar Hoyer, das damals schon in der Schweiz war, das Beste und berichtet über die Schwierigkeiten, die die Renovierung der Kirche verzögern. »Hoffentlich wird es auch das Jahr, in dem wir die auch von Ihnen so geliebte Andräkirche wieder unter Dach bringen ... Die Kohlenot ist in Österreich immer noch so groß, daß die Behörden die entsprechenden Bezugsscheine für Ziegel, Zement und Eisen nicht ausstellen konnten ... Es ist ja höchste Zeit, weil die Mauern der Kirche schon von unten her schlecht zu werden beginnen, nachdem sich immer der Regen drinnen sammelt. Darf ich recht bitten, auch dieser, unserer großen Sorge manchmal im Gebete zu gedenken.«

Während ihrer Salzburger Zeit – vor allem nachdem sie mit ihren Büchern bekannt geworden war – hatte Alja Rachmanowa guten Kontakt zum Salzburger Klerus. In der Amtszeit von Erzbischof Ignaz Rieder trat sie zum katholischen Glauben über und wurde in der Hauskapelle des erzbischöflichen Palais gefirmt. Über die

Beweggründe zu dieser Konversion gibt es in meinen Unterlagen keine Erklärungen. Es darf vermutet werden, dass es sich um einen Schritt der Integration handelte, bei dem sie zwar die Konfession wechselte, ihr Gottesbild aber nicht verändern musste.

Im Alterstagebuch von 1974 kann man einen kurzen Hinweis zu diesem Thema finden. Alja Rachmanowa erzählt dem Spitalspriester, der ihr die Kommunion bringt, dass sie früher russisch-orthodox war. Hochwürden Jaeckl, der sie auf den Übertritt zum Katholizismus vorbereitet hatte, habe ihr die Erlaubnis erteilt, das Kreuzzeichen weiterhin so zu machen, wie sie es gewohnt war.

Durch die Übersiedlung in die Scherzhauserfeldsiedlung, wo Thomas Bernhard einige Jahre später seine Lehrzeit beginnen wird, erfolgte ein bescheidener Aufstieg: »Endlich haben wir eine Gemeindewohnung erhalten! Sie liegt in einer neuen Siedlung, ein wenig außerhalb der Stadt, bestehend aus einer ganzen Anzahl einstöckiger, langgestreckter Häuser. Alles ist aus billigstem Material hergestellt, aber ordentlich und sauber.«

Ein Pianino wurde gemietet, das der Familie den Eindruck verlieh, den »Anschluss an das kulturelle Leben wieder gewonnen zu haben«, und Jurka bekam drei Kaninchen, da ein kleiner Schrebergarten zur Wohnung dazugehörte.

Der Bub wurde als Alexander von Hoyer in die Übungsklasse, die der damaligen Lehrerbildungsanstalt angeschlossen war, eingeschult. Seine Freunde riefen ihn mit der Kurzform von Alexander: Schura. Den Lehrern und Studenten fiel er bald als hervorragender Schüler auf. Die Lehramtskandidaten staunten über das große Wissen des Buben, ließen ihn die geologischen Perioden aufzählen, fragten ihn nach lateinischen Tiernamen oder ließen ihn eine Landkarte zeichnen.

Mit dem Eintritt Jurkas in die Schule erweiterten sich die sozialen Kontakte. Lehrer, Mütter von Schulkameraden und Jurkas Freunde halfen der Familie, sich etwas nach außen zu öffnen.

Die Russen sind ein Kinder liebendes Volk, sie behüten und beschützen ihre Kinder mehr, als es in unseren Breiten üblich ist. Alja Rachmanowa war zudem um ihren Sohn ängstlich besorgt und so ist es nachvollziehbar, dass sie ihn täglich zur Schule begleitete, manchmal auch noch beim Umziehen für die Turnstunde zur Stelle war und ihn selbstverständlich wieder abholte. Sie blieb während der Schulstunden in der Nähe ihres Sohnes, da sie inzwischen die Studienbibliothek für sich entdeckt hatte. Während Jurka dem Unterricht folgte, konnte sie sich wieder in der vertrauten Umgebung einer Bibliothek aufhalten, genoss die Wärme in den Räumen, die Freundlichkeit des Bibliothekars und konnte endlich wieder ihrem eigentlichen Interesse, dem Literaturstudium, nachgehen.

Am Ende der Volksschulzeit erntete Alja Rachmanowa vom Klassenlehrer höchstes Lob: »Frau Doktor, zu Ihrem Sohn kann ich Ihnen nur gratulieren! Selten während meiner 25-jährigen Tätigkeit als Lehrer habe ich mit einem Schüler so viel Freude und so wenig Ärger gehabt.

Er ist fleißig, talentiert und hat einen beharrlichen Willen, und ich glaube, in weiteren 25 Jahren werde ich Gelegenheit haben, mit Stolz darauf hinweisen zu können, daß er einmal mein Schüler war. Nur im Turnen ist er etwas schwach, vielleicht deshalb, weil er so viel krank war. Und dann ist er sehr zurückhaltend. Wenn die Kinder erzählen sollen, was sie am Sonntag unternommen haben, was sie zu Weihnachten oder vom Osterhasen bekommen haben, oder wenn sie ihre Wohnung beschreiben sollen, ist er der einzige, aus dem nichts herauszubringen ist. Aber diese Schüchternheit wird sich schon noch geben.«

Alja Rachmanowa mit ihrem Sohn Jurka
in Salzburg, 1932

97

Alja Rachmanowa freute sich über die schulischen Erfolge ihres Kindes, beobachtete auch zu Hause seinen Lerneifer und seine große Liebe zu Büchern, wusste aber auch, dass es eher die Armut als die Schüchternheit war, die Jurka schweigen ließ, wenn es um die Privatsphäre seiner Familie ging.

Mit dem Übertritt in das Akademische Gymnasium forderte Jurka mehr Freiheit und Selbstständigkeit für sich und bat seine Mutter, ihn nicht mehr in die Schule zu begleiten: »Mich freut es ja, aber es geht nicht wegen meiner Mitschüler.«

Etwa vier Jahre währte das bescheidene Dasein der Lehrerfamilie. Den Alltag bestimmte das Motto: »Ich habe wenig Milch, wenig Holz, wenig Kohle, wenig von allem.« Plötzlich kündigte sich die große Wende an. Das Wunder, das häufig ersehnt und immer wieder beschworen wurde, trat ein.

Plötzlich war ich Schriftstellerin

ERFOLG

Schreiben war eine der großen Leidenschaften von Alja Rachmanowa. Seit frühester Kindheit hatte sie das Bedürfnis, sich in dieser Form auszudrücken und auch mitzuteilen. Ihre realen Tagebücher, die sie in allen Lebenslagen schrieb, sind ein wertvoller Teil des Nachlasses in Frauenfeld und bestehen nach Auskunft von Heinrich Riggenbach aus etwa zweihundert Heften. Bereits in ihrer Studienzeit veröffentlichte sie Aufsätze über Themen wie *Religion, Philosophie und Poesie* oder *Das Irrationale in den Frauentypen Turgenjews*. Die Anerkennung für diese Texte freute sie: »Von allen Seiten werde ich jetzt wegen meines schriftstellerischen Talentes beglückwünscht, worüber ich heute ganz glücklich bin.«

Obwohl sie öfter betonte, ihre Tagebücher nur für sich selbst geschrieben zu haben, kam ihr immer wieder der Gedanke, dass sich für diese Aufzeichnungen eine interessierte Leserschaft finden könnte. Versuche, Schilderungen über ihre russische Heimat bei einer Zeitschrift in Österreich unterzubringen, blieben aber erfolglos und enttäuschten sie: »Von der Redaktion kam die Antwort, meine Erzählung aus dem russischen Leben könnte nicht verwendet werden, sie sei gut geschrieben, aber zu ›schwer‹. Diese Antwort kränkte mich sehr. Wie soll ich denn aus dem russischen Leben etwas schreiben, das nicht traurig, nicht ›schwer‹ wäre? Können denn die Menschen hier nichts Trauriges, nichts Düsteres ertragen?«

1930 aber kam in der Person von Karl Maria Stepan, dem späteren Landeshauptmann der Steiermark, die große Wende. Er war gemeinsam mit Arnulf von Hoyer in Kriegsgefangenschaft gewesen und schlug diesem in einem Gespräch vor, über die Kriegserlebnisse in Russland ein Buch zu schreiben. Karl Stepan war damals im Verlagswesen tätig, glaubte an den Erfolg dieses Themas und wollte sich persönlich der Sache annehmen. Da Arnulf von Hoyer selbst nicht schriftstellerisch tätig war, nahm Stepan seinen Vorschlag, das Tagebuch seiner Frau zu veröffentlichen, gerne an.

Der Verleger unterbreitete Alja Rachmanowa diesen Vorschlag und erhielt ihre Zustimmung.

Arnulf von Hoyer übersetzte die ersten hundert Seiten und nach wenigen Tagen kam das Telegramm, an das sich Alja Rachmanowa natürlich noch lebhaft erinnert: »Und plötzlich war ich Schriftstellerin!«

Alja Rachmanowa hatte, ohne es zu wissen, ihren ersten Bestseller geschrieben. Sie konnte das Buch veröffentlichen, von dem sie hoffte, dass es die Menschen erschüttern würde. Sie fragte sich zwar, ob die, die nur die Wirklichkeit ihres eigenen Erlebens schreibt, die Bezeichnung Schriftstellerin überhaupt verdiene, ist aber der Überzeugung, dass es allgemeine Gültigkeit habe: »Dieses Tagebuch wurde vom Leben, meinem Leben geschrieben ... Ich habe mir gesagt, das Schicksal, das ich erlebte, ist kein Einzelschicksal. Tausende haben es getragen, Hunderttausende meiner Landsleute, die Hab und Gut, Verwandte und Freunde und endlich auch ihre Heimat verloren haben.«

Eine ähnliche Absicht verfolgte auch die in Moskau geborene Wienerin Lili Körber, die mit ihrem Roman *Eine Frau erlebt den roten Alltag. Ein Tagebuchroman aus den Putilowwerken* (1932) ebenfalls Aufklärung leisten wollte: »Meine Absicht war, die Sowjetwirklichkeit selbst sprechen zu lassen und alles, was ich als Arbeiterin, als Schriftstellerin und als Frau erlebt habe, möglichst treu wiederzugeben.« Lili Körber erlebte ein ähnliches Schicksal wie Alja Rachmanowa: In Russland mit ihrer Familie 1915 zur Ausreise gezwungen, erlangte sie in Österreich für kurze Zeit Berühmtheit, wurde ebenso wie Alja Rachmanowa von den Nationalsozialisten verfolgt und vertrieben, wodurch ihre schriftstellerische Karriere abrupt endete.[10]

Der noch sehr junge Verlagsfachmann Otto Müller übernahm 1930 im Auftrag des Grazer Styria Verlages den zur selben Verlagsgruppe gehörenden Pustet Verlag in Salzburg, in dem die Erstausgabe von *Studenten, Liebe, Tscheka und Tod* im Oktober 1931 herauskam. Bereits im Dezember erschien die zweite Auflage.

Der Verlag lädt das Paar ein, die ersten Exemplare des Buches in Empfang zu nehmen.

»Und nun halte ich mein eigenes Buch in der Hand. Ich lese ein paar Zeilen, vorne zuerst, dann rückwärts, dann schlage ich es wieder in der Mitte auf. Und alles kommt mir so bekannt und doch wieder so fremd vor. Das gedruckte Wort klingt ganz anders als das geschriebene, wohl weil es einem bei jeder Silbe, die man liest, bewußt wird, daß es nicht mehr dem allein gehört, der es geschrieben hat, sondern vielen andern, fremden, unbekannten Menschen, die weit umher verstreut sind, vielleicht über die ganze Welt hin.«

Wehmütig gedenkt Alja Rachmanowa ihrer Eltern, die diesen großen Tag nicht mehr erleben sollten. Sie hatte erfahren, dass ihr Vater für einen Sprengstoffanschlag verantwortlich gemacht und erschossen worden war. Ihre Mutter war an einem Lungensarkom gestorben. Alja Rachmanowa weiß aber sicher, dass ihre Eltern von Stolz und

Alja Rachmanowa mit dem Verleger Otto Müller, Ida Segmüller,
Elisabeth Baur und ihrem Lektor Maximilian Dietrich

Freude über ihren Erfolg erfüllt gewesen wären: »Doch sie sind nicht mehr, sie sind tot. Aber vielleicht spüren sie auch dort, in jener Welt etwas von dem, was uns erfüllt. Vielleicht sind ihre Seelen jetzt um uns ...«

Das Erscheinen dieses Buches war auch für den Verlag ein großer Erfolg, wie in der Zeitschrift *Der Bahnhofsbuchhandel* zu lesen war: »Mit der Herausgabe dieses wahrheitsgetreuen Tagebuches hat sich der Verlag um die ganze Kulturwelt verdient gemacht. Aus der Flut der Schilderungen russischer Verhältnisse vor und nach der Revolution ragt dieses Werk haushoch empor.«

Karl Engl, der spätere Redakteur der *Salzburger Nachrichten*, der selbst als Kriegsgefangener in Russland gewesen war, bezeugte Alja Rachmanowa in der *Salzburger Chronik*, ein Werk geschaffen zu haben, »das wohl ohne Übertreibung zu den interessantesten Erscheinungen am Büchermarkt gerechnet werden kann«.

Die Salzburger Kirchenzeitung nannte das Werk »ein Buch von außerordentlicher Stärke, ein furchtbares und doch so menschlich großes Buch«.

Adolf Stierle, Miteigentümer der Buchhandlung Höllrigl in Salzburg, schrieb, dass er das Buch mit »tiefer Ergriffenheit« gelesen habe: »Es zeugt von der wahrhaft dichterischen Kraft einer hochgebildeten Frau, die Greuel dieser Volksverwirrung darzustellen, ohne den Leser abzustoßen. Wir haben mit unserem Sonderfenster einen unerwartet großen Erfolg gehabt.«

Leser und Leserinnen erkundigen sich nach der Fortsetzung, ausländische Verlage interessieren sich für die Übersetzungsrechte.

1932 erschien bereits die erste amerikanische Ausgabe unter dem Titel *Month of Madness*, die Gleb Botkin als »das beste Buch, das je über die russische Revolution geschrieben wurde« bezeichnete. Gleb Botkin war der Sohn des letzten Leibarztes am Zarenhof, der gemeinsam mit der Zarenfamilie erschossen wurde. Botkin versichert, dass es für einen Russen unmöglich sei, dieses Buch zu lesen, »ohne in einem jeden Worte desselben mitzuleben. Ja, es ist präzise die Wahrheit, die so selten verstanden und geglaubt wird«.

Die Reaktionen der vielen Leser und Leserinnen bewegten Alja

Rachmanowa tief und zeigten ihr, dass es ihr gelungen war, die Herzen der Menschen zu erreichen.

Der plötzliche Schritt ins Rampenlicht fiel ihr aber nicht immer ganz leicht. Sie schätzte zwar den finanziellen Aufstieg, bekannte aber, dass das »Berühmtsein sehr schwer ist«. Der Erfolg der Bücher brachte es mit sich, dass Alja Rachmanowa zu einem »Star« wurde. Das öffentliche Interesse wuchs und brachte ihr viele Kontakte mit Lesern und Leserinnen, wodurch sich vor allem Jurka gestört fühlte: »Wenn wir auf der Straße gehen, schauen dich die Leute an, als wärst du ein weißer Elefant. Und die Besuche! Leute, die wir gar nicht kennen, und sie sitzen dann im Empfangszimmer und bewundern dich, und ich weiß gar nicht, wo ich dabei hinschauen soll. Und du bist auch ganz verlegen, Kurotschka! Und Autogramme wollen sie immer, sogar von mir! Aber ich mach es dann so, wie es Piprik immer tut: Ich laufe einfach davon.«

Nachlese

1960 erscheint eine Neuauflage der Trilogie bei Styria, worüber sich Alja Rachmanowa wundert und in ihrem Tagebuch notiert: »*Meine russischen Tagebücher* erscheinen jetzt wieder in einer neuen Auflage. Sie leben jetzt schon mehr als 30 Jahre, fast ein Wunder.«

1990 erschien die Trilogie erneut in Ungarn.

Eine Leserin macht Alja Rachmanowa auf diese Tatsache aufmerksam und schreibt: »Ich bewahre einige Fotos von Ihrem Györger Besuch am 17. April 1935, eine Karte mit Ihrer Schrift und die Trilogie mit Widmung. Gott sei Dank ist es gelungen, diese Andenken während der 55 Jahre geheim zu halten.«

2011 erscheint die Neuauflage von *Studenten, Liebe, Tscheka und Tod* auf Slowakisch: *Studenti, laska, čeka a smrt*. Die Übersetzung der beiden Fortsetzungsbände ist in Arbeit.

Die Übersetzerin, Zuzana Demjanowa, ehrt mit ihrer Arbeit ihre Großmutter Resi Koskowa, welche in Beneschau die Herrschaft der Nationalsozialisten und Kommunisten überlebte und die Rachmanowa-Bücher buchstäblich vor dem Feuer der Bücherverbrennung rettete und an ihren Sohn und dessen Tochter weitergegeben hatte.

Weit bekannt, viel gelesen und preisgekrönt

DIE ERSTEN BÜCHER

Die Lektüre der Rachmanowa-Bücher beeindruckte die meisten Leser und Leserinnen sehr. Sie prägten bei vielen das Russlandbild. Wer – meist in seiner Jugend – die Schilderungen der russischen Revolution, die Lebensbedingungen dieser Frau gelesen hatte, konnte sie nicht mehr vergessen. Die Verbreitung der Bücher erfolgte zuerst durch geschickte Werbung, später fast ausschließlich durch Mundpropaganda. Die Bücher wurden wie ein kostbarer Schatz behandelt, in schwierigen Zeiten wurden sie versteckt.

Die Romanfigur »Alja«, die mit der Autorin zu identifizieren war, wurde bald zum Modell für Lebensmut und Lebenswillen. Auf der Suche nach fremden Lebensläufen und Lebensentwürfen stießen einige Rezipienten auch auf Schicksale, die den ihren ähnlich waren, sodass Vergleiche angestellt und Anregungen für Problemlösungen gefunden werden konnten. Interessant ist, dass vor allem die Tagebücher Männer wie Frauen ansprachen.

Auslage einer Buchhandlung in Wels, 1936

Große Verbreitung fanden die Bücher in religiösen Kreisen, da sie von einer christlichen Moral und Weltanschauung getragen wurden.

Durch die Beschreibung der vielen Einzelschicksale entstand der Eindruck, dass sich die Autorin für jedes menschliche Schicksal interessiere, und so versuchten viele Menschen, mit ihr in Kontakt zu treten, um vom eigenen Schicksal zu berichten.

Eine gewisse Fremdartigkeit durch ihr Aussehen, ihre Herkunft und ihre Sprache sowie ihr Schicksal mögen zur Glorifizierung der Schriftstellerin beigetragen haben.

Durch den überaus großen Erfolg des ersten Bandes ermutigt, folgten 1932 *Ehen im roten Sturm* und 1933 *Milchfrau in Ottakring*, wodurch die Trilogie *Meine russischen Tagebücher* vollendet wurde.

Der Erfolg traf die Familie Hoyer unerwartet und enthob sie mit einem Schlag ihrer finanziellen Sorgen.

Der Schriftstellerkollege Franz Karl Ginzkey meldet sich kurz nach Erscheinen der zwei ersten Bände mit einem Lob: »Alja Rachmanowas Bücher ragen weit über das hinaus, was uns bisher über das neue Rußland zugekommen ist. Der Grund liegt in der restlosen Aufrichtigkeit ihrer Bekenntnisse, in ihrer vollkommenen Tendenzlosigkeit und nicht zuletzt in ihrer überzeugenden künstlerischen Formung.«

Die »wirkungsvoll aufgemachten und mit zügigen Titeln versehenen Bücher«, wie es in der Kritik hieß, erschienen mit rot-schwarz gestreiften Schutzumschlägen mit einem Porträt von Alja Rachmanowa, das Ernst Dombrowski gestaltete.

Die Originaltagebücher wurden, wie auch alle späteren Bücher von Alja Rachmanowa, russisch geschrieben und von Arnulf von Hoyer ins Deutsche übersetzt. Die russischen Manuskripte der ersten zwei Bände wurden als Vorsichtsmaßnahme auf

Die Trilogie: *Meine russischen Tagebücher*

seinen Rat hin vernichtet, sodass keine Vergleichsmöglichkeit von Übersetzung und Original mehr besteht. Das Manuskript der »Milchfrau«, das in Österreich geschrieben wurde, ist noch erhalten und ist Teil des Nachlasses in Frauenfeld.

In einer Tagebuchaufzeichnung aus dem Jahre 1979 ist eine interessante Passage zu lesen, in der sich Alja Rachmanowa über den Klappentext einer Neuausgabe beklagt: »Der Kaiser Verlag hat einen großen Fehler gemacht. Er hat auf der Klappe den Lesern mitgeteilt, daß dieses Buch ›persönliche Erinnerungen‹ und nicht Tagebücher sind, was nicht wahr ist, weil ein vereideter Übersetzer bei Gericht Salzburg – Buchhändler Mora – hat meine Tagebücher geprüft, mit dem Text verglichen und festgestellt, das sind echte Tagebücher, die mein Mann so gut übersetzt hat! Ich schrieb darum Verleger Kaiser einige Male eingeschriebene Briefe, bat den Klappentext zu korrigieren, habe aber nie Antwort bekommen!«

Die Herkunft des Pseudonyms »Alja Rachmanowa« ist ungeklärt. Heinrich Riggenbach meint, dass die Bedeutung von »Rachman«, der Barmherzige, Alja Rachmanowa entgegengekommen sei und auch Arnulf von Hoyer als Sprachwissenschaftler diese Bedeutung gekannt haben musste. Bereits in den Titeln wiesen Wörter wie »Tscheka« und »Roter Sturm« auf den Russlandbezug hin, der durch die Wahl eines russischen Namens noch unterstrichen wurde. Tatsache ist, dass Alja Rachmanowa – der Vorname Galina wurde durch Alexandra, Kurzform Alja, ersetzt – zu einem geläufigen, bekannten Pseudonym wurde, das die Schriftstellerin auch in ihr Privatleben übernommen hat.

Die Wahl eines Pseudonyms war oder ist aus den verschiedensten Beweggründen üblich: Verschleierung der Identität, Schutz der Privatsphäre oder Furcht vor Verfolgung. Bei den Werken von Alja Rachmanowa wird immer wieder darauf hingewiesen, dass sie durch die Änderung der Namen, der Verschiebung der Daten oder Verschleierung der wahren Schauplätze ihre Familie in Russland vor Nachstellungen schützen wollte. Eine handschriftliche Randbemerkung auf einer gedruckten Kurzbiografie bestätigt diese Absicht auch von ihrer Seite: »In den gedruckten Tagebüchern mußten wir das Datum ändern aus Rücksicht auf meine armen Eltern und Verwandten, die von Sowjetkommunisten verfolgt wurden.«

In der Veränderung des Berufs des Vaters ist ihr eine Fiktion gelungen, die kaum hinterfragt wurde und in allen biografischen Skizzen immer wieder auftauchte.

In den Büchern ist er Arzt, was nicht der Realität entsprach, dem humanistischen Weltbild von Alja Rachmanowa aber sehr entgegenkam. In meinen Unterlagen finden sich keine Hinweise auf den Beruf des Vaters. Ich beziehe mich auf die Nachforschungen von Chantal le Brun Keris, die die *Milchfrau* ins Französische übersetzte, und Heinrich Riggenbach, die im Nachlass entdeckten, dass er ein höherer Beamter bei der Bahn war.

Mir scheint das Argument, durch diese leicht zu entschlüsselnden Veränderungen in den Büchern den russischen Geheimdienst täuschen zu können, doch sehr fraglich.

Schließlich wurde auch der reale Schauplatz in Wien ausgeforscht und einem Salzburger Leser oder einer Leserin ist es leicht möglich, in den Büchern, die in Salzburg spielen, die mit anderen Namen versehenen Menschen zu identifizieren, vorausgesetzt, dass sie im öffentlichen Leben der Stadt bekannt waren. Bei ihren Umbenennungen verwendete Alja Rachmanowa zudem noch manchmal Namen aus ihrem Bekanntenkreis.

Bedingt durch den großen Erfolg der *Russischen Tagebücher* folgte 1933 die Herausgabe der Jugenderinnerungen *Geheimnisse um Tataren und Götzen*, deren einzelne Kapitel aus den Kinder- und Jugendtagebüchern stammen und dementsprechend klar, naiv und unbekümmert sind. Im *Deutschen Volksblatt*, Stuttgart, heißt es: »Ein kleines Mädchen erzählt da, und die Verzauberung gelingt: Uns westeuropäische Leser, die wir aus ganz anderen Situationen und Schicksalen kommen, schlägt die kindliche, leise und seltsam exotische Atmosphäre dieser kleinen Geschichten unwillkürlich in Bann.«

Mit den Jugenderinnerungen waren die autobiografischen Themen beendet und Alja Rachmanowa wandte sich noch einmal dem Thema Revolution zu.

Mit dem sechsten Jahre habe ich begonnen, meine Eindrücke von der Welt und von den Menschen niederzuschreiben, und ich habe seither das Führen eines Tagebuches immer als eine unumgängliche Lebensnotwendigkeit angesehen. Die „Geheimnisse um Tataren und Götzen" sind nur Auszüge aus den Aufzeichnungen, die ich als vierzehnjährige Gymnasiastin gemacht habe.

Ich bin überzeugt, dass gerade das, was wir in der Kindheit gesehen, erlebt und gefühlt haben, für die Gestaltung unserer Persönlichkeit von der entscheidensten Bedeutung ist und das diese Eindrücke einer unerschöpflichen Quell der Kraft bilden, der uns hilft, die Stürme des Daseins zu

Auszug aus dem Vorwort für *Geheimnisse um Tataren und Götzen*, 1933

1935 erschien *Die Fabrik des neuen Menschen*, ein Buch, in dem Alja Rachmanowa das Ringen zwischen christlicher und bolschewistischer Lebensanschauung thematisiert. Die Revolutionszeit war von der Idee der Erschaffung eines »neuen Menschen« geprägt und versprach dem unterdrückten Volk eine Entwicklung zu ungeahnter Harmonie. Die Ehegesetze wurden liberalisiert, kollektive Lebensformen propagiert, die Erziehung der Kinder sollte vom Staat übernommen werden, der Schwangerschaftsabbruch wurde bis zur zwölften Woche als straffrei gesetzlich verankert und die Gleichberechtigung der Frau wurde angestrebt.

Eine der bekanntesten Verfechterinnen vor allem für die Rechte der Frau, die Alja Rachmanowa in ihrem Buch als Leitfigur vorstellt, war Alexandra Kollontai, die in ihren Rollen als Revolutionärin, Schriftstellerin und Diplomatin einen erheblichen Einfluss auf die Frauenemanzipation in Russland hatte und der Meinung war, dass sich der Traum der befreiten Frau nur im Kommunismus verwirklichen lasse. Der Titel ihres Buches *Dem geflügelten Eros freie Bahn* ist Programm. Ihr Anliegen war es, die Liebe von den Fesseln der bürgerlichen Moral zu befreien und vor allem die Frau aus ihrer jahrhundertelangen Sklaverei zu erlösen. Sie propagierte damals die »Glas-Wasser-Theorie« und forderte die Frauen auf, Sexualität wie ein Glas Wasser zu konsumieren: unverbindlich, unromantisch.

Die im Buch geschilderte »Menschenfabrik« war ein Modell, das zum Scheitern verurteilt war. Das Experiment sollte beweisen, dass Cesare Lombroso, der Begründer der Kriminalanthropologie, mit seiner Lehre über die Verbrechertypen irrt. Nach seiner Theorie gab es den »geborenen Verbrecher«, der an körperlichen Merkmalen zu erkennen war. Die Arbeitskommunen der GPU verstanden sich jedoch als Stätten, in denen eine Umerziehung möglich war. Doch der Versuch, Mörder, Diebe, Prostituierte ein freies Arbeitsleben führen zu lassen in der Hoffnung, dass sich unter diesen Bedingungen ihre kriminelle Energie in positive Schaffenskraft verwandeln könnte, gelang nicht.

Alja Rachmanowa konnte auch für den Stoff dieses Buches wiederum auf autobiografisches Material zurückgreifen und beschreibt es als ein Stück ihres Lebens: »Es ist auch hier im Wesentlichen nichts ausgedacht, das Leben selbst, dieser unendlich große Dichter, hat eigentlich alles niedergeschrieben. Und wenn die Werke, die es dichtet, immer voll sind von Leid und Qual, so gilt dies ganz besonders für das heutige Rußland.«

Es war der erste Roman von Alja Rachmanowa, dessen Inhalt sie zwar aus unveröffentlichten Tagebuchblättern schöpfte, an deren Bearbeitung sie aber unter neuen Voraussetzungen herangehen musste. Inzwischen war sie als Schriftstellerin bekannt geworden. Ihr Schreiben erfolgte mit dem Wissen um eine Leserschaft, die nicht enttäuscht werden durfte. Es galt vom Stil der kurzen spontanen Erlebnisschilderungen zu einem Gesamtwerk mit einer durchkomponierten Handlung zu wechseln. Sie nahm auch hier noch einmal die Gelegenheit wahr, die Schicksalswende in Russland zu beschreiben.

Das Buch wurde 1935 mit dem ersten Preis der Académie d'Éducation in Paris für den besten antibolschewistischen Roman ausgezeichnet.

Alja Rachmanowa gab anlässlich der französischen Auszeichnung für die Angestellten des Verlages ein kleines Fest im Sternbräu in Salzburg, bei dem der Lektor folgende Worte fand: »Denn sehen Sie, liebe gnädige Frau, jetzt, da wir in kleinstem Kreise Veranlassung haben, zu tun, was die große Welt seit Jahren tut, die Veranlassung, Sie als Dichterin zu feiern, da kommt es mir vor, als könnten wir diesen Tag nicht festlich genug begehen, als müßten wir unsere Verehrung Ihnen heute noch deutlicher und stärker zum Ausdruck bringen. Denn da wir kaum einer Stimme so tief wie der Ihrigen verpflichtet sind, müßten Sie unserer Dankbarkeit ganz, ganz sicher sein.«

Aufnahmen aus dieser Zeit bezeugen die hohe Wertschätzung, die Alja Rachmanowa damals im Verlag entgegengebracht wurde: Königlich sitzt sie im Kreise der Verlagsmitarbeiter, die sie alle bewundernd umgeben.

Mit dem Roman über die Ehe Tolstois *Tragödie einer Liebe* eröffnet Alja Rachmanowa 1937 den Reigen ihrer Biografien über russische Persönlichkeiten.

Die zweite Biografie war *Wera Federowna*, einer berühmten russischen Schauspielerin gewidmet und kam als ihr letztes Buch in Salzburg 1940 heraus.

Die beiden Bücher hatten ebenfalls die typischen schwarz-rot, schwarz-grün gestreiften Schutzumschläge, die die Rachmanowa-Bücher damals kennzeichneten.

Zwischen diesen beiden Lebensbeschreibungen kehrte Alja Rachmanowa noch einmal zu ihrer eigenen Biografie zurück und gab Teile der Tagebuchaufzeichnungen, die sie seit der Geburt ihres Sohnes über dessen Entwicklung gemacht hatte, zur Veröffentlichung frei.

Auf dem Schutzumschlag ist die Abbildung des Kinderprofils von Jurka zu sehen. Es ist unglaublich, dass dem Otto Müller Verlag, der damals bereits in große Bedrängnis geraten war, da seine Bücher als »Gift gegen den Nationalsozialismus« bezeichnet wurden, die Herausgabe von *Jurka. Tagebuch einer Mutter* 1938 noch gelang.

Mit dem beginnenden zwanzigsten Jahrhundert wurde das Kind gesellschaftlich immer mehr in den Mittelpunkt gerückt und es wurden von verschiedenen Seiten Anregungen gegeben, die Entwicklung des eigenen Kindes aufmerksam zu verfolgen. Es kamen vorgefertigte Säuglings- und Kindertagebücher auf den Markt, die Tabellen über Größe und Gewicht, geeignete Ernährung oder medizinische Ratschläge enthielten.

Buchumschlag mit dem Porträt von Jurka, gezeichnet von Fritz Kredel

Alja Rachmanowa folgte dem Trend der Zeit, obwohl sie alle diese Hilfen nicht brauchte. Ihr war die Freude an ihrem Kind Motivation genug, um jede Lebensäußerung und jeden Entwicklungsschritt zu beobachten, zu begleiten und festzuhalten. Mit der Veröffentlichung ihrer Aufzeichnungen über das erste Lebensjahr ihres Kindes wollte sie alle Frauen an ihrem Mutterglück teilhaben lassen und auch die Väter mit eingeschlossen wissen. Sie gesteht den Männern zu, dass »ihr Denken der größeren Welt gehört«, glaubt aber, dass es die Aufgabe der Mütter ist, ihre Männer immer wieder »in das kleine und doch geheimnisvoll große Reich des Kindes zurück zu führen«.

In diesem Schicksalsjahr, als der Anschluss Österreichs an das Deutsche Reich erfolgte, fand die einzige Bücherverbrennung in Österreich auf dem Salzburger Residenzplatz statt, für die die Hitlerjugend tausendzweihundert Bücher gesammelt hatte, die sie den Flammen übergab. Die Aktion, die vor allem gegen jüdische und katholische Autoren gerichtet war, wurde vom Lehrer und Schriftsteller Karl Springenschmid inszeniert, der auch die Feuerrede hielt.

Stefan Zweig, der damals Salzburg bereits verlassen hatte, litt ebenfalls unter dieser Atmosphäre, nannte Salzburg »die Stadt, die am stärksten nazistisch war, die mich gedemütigt hatte – und die Stadt, die gestern als erste in Österreich unsere Bücher verbrannt hat«. (Brief von Stefan Zweig an Romain Rolland, 2. Mai 1938)

Am 25. November 2011 wurde nach langen Verhandlungen an der Fassade der St.-Michaels-Kirche am Salzburger Residenzplatz eine Mahntafel mit dem Zitat von Heinrich Heine angebracht:

> *Das war ein Vorspiel nur –*
> *Dort, wo man Bücher verbrennt,*
> *verbrennt man auch am Ende Menschen.*

LESEREISEN

Alja Rachmanowa war mit dem Erscheinen der Tagebücher zu einer berühmten Schriftstellerin geworden und ging auf Lesereisen.

Diese Lesereisen waren vom Verlag, vom Schriftstellerverband, der katholischen Aktion oder von einzelnen Buchhändlern organisiert. Werbepostkarten mit dem bekannt gewordenen Profilbild und dem handschriftlichen Namenszug wurden gedruckt, Plakate, Schaukästen und Schaufenster wiesen auf »Autorenlesungen« hin.

Die Präsentation ihres Werkes und ihrer eigenen Person muss Alja Rachmanowa bestens gelungen sein. Lesungen boten ihr die Möglichkeit, aus der Einsamkeit am Schreibtisch herauszutreten, mit der Leserschaft in Kontakt zu treten und die Reaktion auf ihre Bücher zu erleben. Sie füllte Säle und las vor ausverkauften Häusern. Trotz Lampenfiebers trat sie in unmittelbaren Kontakt zum Publikum und bedauerte, dass das persönliche Kennenlernen während der Signierstunden immer nur sehr kurz sein konnte.

Die Vortragsabende gaben Alja Rachmanowa die Gelegenheit, frei zu sprechen, Anekdoten zum Besten zu geben oder zu erzählen, wie sie zum Schreiben kam. Sie konnte Texte vorlesen und durch Leseproben auf ein neues Buch neugierig machen.

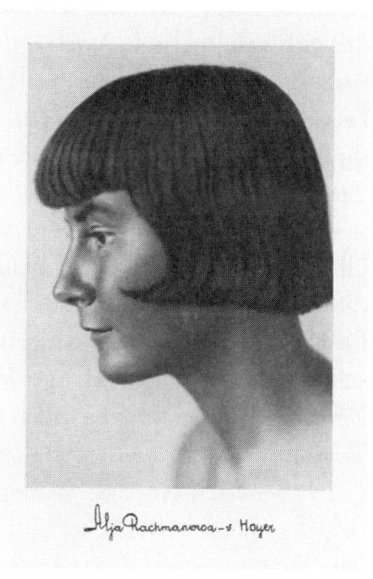

Werbepostkarte mit Unterschrift

Fotos von Lesereisen zeigen Alja Rachmanowa meist mit einem Strauß Blumen im Arm, umgeben von einem Tross freudiger Menschen.

Die Reisen dauerten etwa zwei, drei Wochen. Meistens wurde die Autorin von der jungen Verlagssekretärin Ida Segmüller oder von Frau Reiter, der Hausmeisterin, begleitet, die ihr hilfreich und unterstützend zur Seite standen. Täglich ging eine Ansichtskarte oder eine Werbepostkarte mit eigenem Konterfei zu den daheimgebliebenen Männern.

Der Text auf den Karten ist in russischer Sprache, der Inhalt kann als »Lebenszeichen« verstanden werden. Auch Arnulf von Hoyer muss täglich geschrieben haben. Er zählt die Stunden, bis er seine Frau wieder in die Arme schließen kann: »Noch 77 Stunden bis Du kommst. Wenn Du diese Karte bekommst, sind es nur noch 53. Wenn Du zurückkommst, werde ich Dich noch mehr lieben.«

Der Erfolg der Schriftstellerin im Ausland wurde natürlich auch in Salzburg sehr erfreut aufgenommen und so berichtete das *Salzburger Volksblatt*: »Alja Rachmanowa, die bekanntlich in Salzburg lebende, hochgeschätzte Schriftstellerin, hielt über Einladung in der Schweiz mehrere Vorträge. Ein solcher fand in Zürich in der Aula der Universität, ein weiterer in dem mehr als 1000 Personen fassenden ›großen Saal‹ in Luzern statt. Frau Rachmanowa las aus ihrem Werk *Milchfrau in Ottakring* sowie aus ihrem neuesten Buch, das demnächst erscheinen soll: *Die Fabrik des neuen Menschen*. Dieser neue Roman ist eine neuere Gestaltung des Materials ihrer zum Glück geretteten Tagebuchblätter und er wird von neuem wieder die große russische Kunst der seelischen Kleinmalerei aufzeigen. Der Erfolg der Veranstaltungen war groß, Frau Rachmanowa wurde sehr gefeiert. In Luzern mußte sie durch drei Stunden hindurch Bücher signieren. Die Kritiken sprechen sich in sehr anerkennenden Worten aus.«

1935 berichtete das *Salzburger Volksblatt* über eine Vorlesung der Schriftstellerin in Budapest und zitierte aus der Zeitung *Pester Lloyd*, die dem Vortrag einen langen Artikel widmete: »Selten findet ein Schriftsteller so den Kontakt zu seinem Auditorium, wie Frau Rachmanowa.

Alja Rachmanowa auf Lesereise in der Schweiz, 1934

Nach dem frenetischen Beifall folgte ein fast lebensgefährlicher Auto-grammsammlersturm.«

Unter diesen geradezu euphorisch anmutenden Kritiken finden sich nur wenige kritische oder gar negative Töne, die vor allem das dichte-rische Gestaltungsvermögen in Frage stellen: »In dieser Lauterkeit, in der sie – ohne dichterische Ranken – nacherzählte, was das Leben ihr diktierte, mag Alja Rachmanowa nicht jedermann befriedigt haben.« (*Winterthurer Tagblatt*)

1936/1937 reiste Alja Rachmanowa im Zuge ihrer Lesungen nach Münster, Freiburg, Offenburg, Köln, Wuppertal, Bielefeld, Düssel-dorf, Halle, Göttingen, Frankfurt, Heidelberg und München. Überall wurde sie umjubelt und gefeiert, bis es 1938 zum Bruch in ihrem Leben kam.

HEILE WELT IN SALZBURG

»Dass wir nach einem Leben voll Entbehrungen nun einige Jahre, für uns selbst ganz unerwartet, aller materieller Sorgen enthoben, ja sogar sehr gut gestellt waren, das verdanken wir dem Erfolg unserer Bücher.«

Alja Rachmanowa wurde zu einer stadtbekannten Persönlichkeit, die Familie gelangte zu Wohlstand und konnte ein sorgenfreies, gutbürgerliches Leben beginnen. Als Adressen scheinen nun Josef-Mayburger-Kai 44 und Max-Ott-Platz auf: »Wir wohnen jetzt in einer schönen, sonnigen Wohnung, im obersten Stockwerk des höchsten Wohnhauses von Salzburg.«

1934 konnte das erste Eigenheim in der Erzherzog-Eugen-Straße 32 bezogen werden und die Eltern erfüllten ihrem Sohn den Wunsch nach Haustieren mit der Siamkatze Wingwa und dem Foxterrier Lumpi. Es war eine glückliche Zeit – »wir haben mit Jurka zusammen ein Familienleben geführt, das uns mit vollem Glück erfüllte«.

1998, zum hundertsten Geburtstag von Alja Rachmanowa, brachte der Salzburger Stadtver-

Das erste Eigenheim in Salzburg,
Erzherzog-Eugen-Straße 32

ein an diesem Haus eine Gedenktafel an: »Die berühmte russische Schriftstellerin Alja Rachmanowa (1898–1991) lebte mit ihrer Familie 20 Jahre in Salzburg. Dieses Haus wurde 1934 von Frau Hoyer erbaut und bis 1939 bewohnt.«

Das Haus wurde als Einfamilienhaus mit einer kleinen Hausmeisterwohnung geplant, die vom Ehepaar Reiter bezogen wurde.

Arnulf von Hoyer ging seiner Lehrtätigkeit nach und übersetzte die Bücher seiner Frau. Jurka besuchte das Gymnasium. Alja Rachmanowa setzte ihre schriftstellerische Tätigkeit fort und schrieb zwischen 1931 und 1940 acht Bücher.

Seit 1930 lag die Leitung des Pustet Verlages in den Händen von Otto Müller. Mit ihm verband die Familie Hoyer ein freundschaftliches Verhältnis und Alja Rachmanowa blieb ihm treu, als er sich 1937 selbstständig machte und seinen eigenen Verlag gründete.

Durch den finanziellen Aufschwung wurde das Leben der Familie erheblich erleichtert. Ein Dienstmädchen konnte eingestellt werden, sodass es Alja Rachmanowa möglich war, am Vormittag Gäste zu empfangen.

Durch die Herausgabe ihrer Tagebücher, in denen sie die Menschen an ihrem Schicksal teilnehmen ließ, war sie den Lesern und Leserinnen so vertraut, dass diese sich auch mit ihren Problemen und Sorgen an sie wandten: »Die Zahl der Briefe, die an mich gerichtet werden, und die der Besucher, die von mir persönlich Rat und Hilfe wollen, nehmen ständig zu.« Alja Rachmanowa fühlt sich durch die vielen

Gedenktafel am Wohnhaus in Salzburg, Erzherzog-Eugen-Straße 32

Führerschein von Arnulf von Hoyer

Kontaktwünsche überfordert, fürchtet, all den Menschen nicht gerecht werden zu können.

Der Inhalt der Briefe war für Alja Rachmanowa aber meist sehr erfreulich, zeigte er ihr doch, dass ihr Lebensmut anstecken sein konnte.

Sie selbst hatte jetzt eine Glückssträhne, die sie kaum zu fassen vermochte. Nach langer Zeit bemerkt sie, dass sie an Dinge denkt, die das Leben schöner machen. Man ging auswärts essen, erlebte unbeschwerte Abende im Mirabell Casino, tanzte im Café Corso und besuchte die Festspiele. Ein eigenes Auto (Steyr Super, Cabrio) wurde angeschafft, man genoss die Mobilität und Unabhängigkeit. Arnulf von Hoyer machte den Führerschein und chauffierte seine Familie durch die Bundesländer und über die neuerrichtete Glocknerstraße. Privatfotos erzählen von Urlaubsfahrten nach Venedig, Abbazia, Ungarn, Dänemark, Schweden und in die Schweiz.

118

Jurka machte vor allem das Fahren im offenen Wagen Freude. Er durfte vorne sitzen und verfolgte anhand einer Straßenkarte aufmerksam die vorüberziehende Landschaft. Man leistete sich Fahrten ins Blaue und landete eines Tages in Bregenz: »Es ist hier wunderbar, wir verbringen einen herrlichen Tag am Strand, und wir beschließen, hier einige Tage zu bleiben. Doch da fällt es Jurka auf einmal ein, daß Bregenz nur einige Kilometer von der Schweizer Grenze entfernt liegt, und da ist es um ihn geschehen. ›Fahren wir in die Schweiz!‹ sagt er. ›Ich war schon in so vielen Ländern, nur in der Schweiz war ich noch nicht!‹«

Alja Rachmanowa nahm in der Beschreibung dieser Szene, die sie 1945 im Exil in der Schweiz schrieb, die Gelegenheit wahr, ihr Exilland in den höchsten Tönen zu loben und die Charaktereigenschaften ihres Sohnes mit jenen Merkmalen zu vergleichen, die den Schweizern zugeschrieben werden: »Ich brauche da nur an die musterhafte Ordnung zu denken, die er in seinem Zimmer und in seinen Sachen hält, an die Systematik und Ausdauer, mit der er seine Pläne verfolgt, und an die Ruhe und Überlegung, mit der er alles beurteilt, lauter Eigenschaften, die bei ihm in einer für sein Alter geradezu auffallenden Klarheit ausgeprägt sind.«

Das erste Auto

Alja Rachmanowa mit Jurka in Venedig, 1936

Arnulf von Hoyer konnte sich seinem Hobby, der Musik widmen. Bald gab es ein Klavier und ein Harmonium, eine Schallplattensammlung, vor allem mit den Werken von Chopin, wurde begonnen. Sein Zeichentalent versuchte er durch den Besuch des »offenen Zeichensaales«, einem Vorläufer der Volkshochschule, zu fördern. Das fotografische Interesse dokumentiert sich in unzähligen Schwarz-Weiß-Fotografien, die er auch selbst entwickelte. Die Fotos sind nicht beschriftet, weisen nur manchmal fototechnische Informationen auf. Neben Landschafts- und Städtebildern ihrer Reisen ist es vor allem seine Frau, die ihm Modell steht. Alja Rachmanowa wusste, dass ihr Mann großen Wert darauf legte, dass sie »schön und gediegen angezogen war«, und so sehen wir sie im Abendkleid, im Dirndl, in der Skiausrüstung oder mit verschiedenen Hutmodellen. Gesicht und Ausdruck von Alja Rachmanowa eignen sich für künstlerische Porträtbilder im Stil der damaligen Zeit. Beim Betrachten der Fotos entsteht der Eindruck, dass sich Alja Rachmanowa und Arnulf von Hoyer bei diesem Hobby ergänzten und es als Spiel betrachteten, das sie sich nun leisten konnten. Nach den entbehrungsreichen Jahren genossen sie es, ihre Aufmerksamkeit auf Äußerlichkeiten richten zu können, und so wirken manche Bilder wie Werbeplakate für die »neue Frau«, die naturverbunden,

sportlich und selbstbewusst ist, bequeme Kleidung und einen Bubi-
kopf trägt.

Arnulf von Hoyer hat die damals aufgekommene Technik der
Diapositive ebenfalls entdeckt. Die Motive bleiben die gleichen, die
Farben kommen dazu. Sein bastlerisches Geschick setzt er beim Rahmen der Dias ein, zu deren Aufbewahrung er kleine bunte Schachteln
anfertigt.

Jurka, von dem wir wissen, dass er sich ungern fotografieren ließ,
posiert dennoch mit der Geburtstagstorte, am Strand, mit seinen Tieren, später mit Freundinnen und schließlich als Soldat.

Die Technik des Fotografierens setzte Arnulf von Hoyer auch zu
Vervielfältigungszwecken ein, indem er bei Recherchearbeiten Auszüge aus Büchern fotogra-
fierte.

Auf den Innenaufnah-
men des Wohnbereiches
lassen sich bereits gedie-
gene, dem damaligen Trend
entsprechende Einrich-
tungen erkennen. Wand-
verkleidungen aus Nuss-
holz, ein großer Schreib-
tisch, eine Bibliothek,
Ikonen und Bilder, unter
denen vor allem ein großes
Gemälde von Alja Rach-
manowa in einem dirndl-
ähnlichen Kleid auffällt.
Dieses Gemälde von Franz
Schrempf, einem »Meister
des Aquarells«, der damals
in Salzburg lebte und an
der Realschule unterrich-
tete, ist auf zahlreichen
Fotos zu sehen, da es in

Alja Rachmanowa vor ihrem Porträt
von Franz Schrempf

den verschiedenen Wohnungen immer an zentraler Stelle hing und dadurch wiederholt abgelichtet wurde.

Während Alja Rachmanowa versuchte, sich an das neue Leben im Wohlstand zu gewöhnen, wandern ihre Gedanken immer wieder zu ihrer Familie nach Russland: »Jetzt im Schönen zu leben ist schwer, da alle Angehörigen weiter im Dunkel harren müssen.«

Kurze Tagebucheintragungen geben einen Hinweis, dass die Schwester Irina eine Familie gegründet hatte, von den Bolschewiken verfolgt wurde und ihre Tochter durch einen »tragischen Tod« verloren hatte.

Bereits nach vier Jahren erfolgte die Übersiedlung der Familie Hoyer in die Villa am Giselakai 41: »Unser früheres Heim, das wir so geliebt haben, haben wir verkauft, denn nach der Versetzung Otmars in eine neue Schule, und auch weil ich in den letzten Jahren immer sehr viel krank war, hat sich das Wohnen so weit draußen als sehr beschwerlich, fast als unmöglich herausgestellt.«

Auf der Suche nach einem neuen Haus muss der Bau eines »6 Wohnhauses«, also eines Hauses mit sechs Wohneinheiten und einer Hausmeisterwohnung, in der Reichenhallerstraße 15, Ecke Fürstenbrunnstraße geplant gewesen sein. (Genehmigte Baupläne, in denen Arnulf von Hoyer als Bauherr aufscheint, liegen vor. Das Haus wurde auch errichtet, dürfte aber von Hoyers zugunsten des Objekts am Giselakai verworfen worden sein.)

Das getreue Hausmeisterehepaar Reiter zog mit, half bei der Betreuung von Haus und Garten und gehörte fortan zu den wichtigsten Bezugspersonen in Salzburg.

Die Villa stand wohl als äußeres Zeichen für den ungeheuren Aufschwung, den die Familie damals erreicht hatte.

Aber auch in diesem Haus fand Alja Rachmanowa nicht endgültige Sicherheit und Geborgenheit und der dankbare Stoßseufzer »Salzburg hat mir wirklich eine Heimat geschenkt!« behielt nur für einige Jahre seine Gültigkeit. Kaum war die Familie in das neue Heim eingezogen, »verdüsterte sich der Horizont mehr und mehr«.

Die Villa in Salzburg, Giselakai 41

Mit der Veränderung des politischen Systems kam es damals in Salzburg zu Umbenennungen von einigen Straßennamen. So wohnte die Familie Hoyer einige Zeit am Langemarck Ufer 41. Die Straßenbezeichnung sollte nun nicht mehr an die Kaisertochter Gisela erinnern, sondern an eine Schlacht im Ersten Weltkrieg, bei der zweitausend junge Studenten für Nation und Vaterland in den Kampf zogen und das »Deutschlandlied« singend den Heldentod starben.

Auch die ehemalige Adresse Erzherzog-Eugen-Straße wurde zur Blücherstraße und sollte den preußischen Generalfeldmarschall aus der Schlacht von Waterloo ehren.

Jurka wuchs in dieser Zeit zum jungen Mann heran, brachte Jugend ins Haus und wurde weiterhin von seiner Mutter sehr intensiv beobachtet, vor allem was seinen Umgang mit Mädchen betraf. Alja Rachmanowa war neugierig und ungeduldig: »Ich möchte so bald wie möglich Großmutter werden.«

Größere Sorgen bereitete ihr aber in dieser Zeit der Gesundheitszustand ihres Sohnes, der immer wieder an Kieferhöhleneiterung litt,

Alexander von Hoyer (Jurka) mit seiner Freundin

sodass er operiert werden musste und in der Folge für diese Krankheit anfällig blieb.

Die heile Welt in Salzburg bedrohten immer öfter dunkle Schatten. Der Freund der Familie, Doktor Domanig, sieht die Zukunft schwarz: »Der Nationalsozialismus wird Deutschland und Österreich ins Unglück stürzen.«

Er berichtet, dass die geistlichen Schwestern im Krankenhaus, die ausgebildet und eingearbeitet sind und zur vollsten Zufriedenheit von allen arbeiten, durch neue unerfahrene Kräfte ersetzt werden sollen. »Nur deshalb weil es geistliche Schwestern sind, will man sie hinauswerfen.«

Der Arzt sieht verschiedene Anzeichen für den baldigen Ausbruch eines Krieges und erwartet in diesem Fall auch seine Einberufung: »Mein Beruf wird jeden Sinn verlieren. Was nützt es, wenn ich Tausende zusammenflicke, damit sie wieder an die Front gehen können, und wenn die Menschen gleichzeitig zu Millionen sterben werden?«

Gerüchte, dass alte und geisteskranke Menschen in Anstalten »vernichtet« werden, verbreiteten sich. Behinderte Kinder werden ihren Eltern abgenommen und angeblich zur Pflege in Heimen untergebracht, von wo nach kurzer Zeit die Meldung ihres Todes kommt. Alja Rachmanowa will solchen Berichten nicht glauben, wird aber leider durch die Begegnung mit einer Mutter, die »in tiefe Trauer gekleidet« ist, persönlich mit dieser Horrorvision konfrontiert: »Meinen Toni haben sie umgebracht. Sie sind gekommen, haben ihn weggebracht, und nach ein paar Tagen schon habe ich die Nachricht bekommen, daß er an Scharlach gestorben sei. Er hat an Epilepsie gelitten. Warum hätte er kein Recht haben sollen zu leben?«

In den Nächten wird Alja Rachmanowa vermehrt von grauenhaften Bildern gejagt. Sie sieht tote Körper und Rinnsale von Blut, die sich in einem roten Meer sammeln und sie weiß, dass es sich nicht um Traumbilder, sondern um Vorahnungen handelt, die jederzeit Wirklichkeit werden können.

UNERWÜNSCHT

Die ersten konkreten Schwierigkeiten, die sich durch den Nationalsozialismus schon vor dem Anschluss Österreichs an Hitlerdeutschland
für sie ergeben sollten, ahnte Alja Rachmanowa während der Arbeit an
ihrem Tolstoi-Buch. Seit ihrem dreizehnten Lebensjahr interessierte sie
sich für diesen außergewöhnlichen Dichter und Menschen sowie für
seine Frau, die im Rufe stand, ihren Mann in seinem außergewöhnlichen
Lebensstil zu behindern und ihn zu wenig zu unterstützen. Alja Rachmanowa wollte bereits als Jugendliche dem Gerücht, dass es sich bei
Sonja Tolstaja um ein engstirniges, verständnisloses Weib handeln solle,
nachgehen und die Wahrheit über die Beziehung dieser beiden Menschen herausfinden. Sie beabsichtigte das verzerrende Urteil über diese
Frau zu widerlegen und ihr ein entsprechendes Denkmal zu setzen.

Ein Besuch im Verlag und ein Gespräch mit ihrem Verleger sollten
Klarheit über die nächsten Schritte bringen. Viertausend Seiten waren
inzwischen als russisches Manuskript verfasst worden, etwa sieben-
hundert sollten übersetzt und gedruckt werden. Alja Rachmanowa
wunderte sich über die Frage des Verlegers, ob in dem Buch viel die
Rede von Religion sei. Sie musste die Frage bejahen, war Tolstoi doch
ein Leben lang mit dem Studium und der Auslegung des Evangeli-
ums beschäftigt. »»Alles, was religiöse Fragen betrifft, müssen Sie in
diesem Buche möglichst im Hintergrunde lassen!« sagte der Direktor
kurz und energisch.«

Es wurde ihr erklärt, dass neben Österreich auch der deutsche
Markt berücksichtigt werden müsse: »Sobald es sich um eine Behandlung religiöser oder gar religionsphilosophischer Fragen handelt, die
die christentumsfeindliche Politik des Dritten Reiches behindern
könnte, da verstehen sie drüben keinen Spaß.«

Auch der geplante Titel *Es gibt keine Schuldigen* sollte unbedingt geändert werden, da ein Buch mit diesem Titel in einem Land, dessen Parteiprogramm Hass und Unerbittlichkeit seinen Feinden gegenüber vorschreibt, von vorneherein zum Scheitern verurteilt sei. Alja Rachmanowa konnte diese Entwicklung nicht glauben. Sie hielt an ihrer Überzeugung von der Meinungsfreiheit fest, bis sie erfuhr, dass bei Buchhändlern, Verlegern und Redaktionen geheime Zirkulare im Umlauf waren, die es verhinderten, »dass unbequeme Bücher oder Autoren geführt, gelobt, ja überhaupt genannt werden«.

Das Tolstoi-Buch erschien wider Erwarten 1937 unter dem Titel *Tragödie einer Liebe* im Otto Müller Verlag in Salzburg. Die Titel der späteren Auflagen waren *Sonja Tolstoi* und *Eine russische Liebe*.

Alja Rachmanowa liebte die Metapher des Lebensschiffes, das ruhig dahinsegeln kann, aber auch den unheimlichsten Naturgewalten zu trotzen vermag. In ihrer beklemmenden Situation fällt ihr Blick wieder auf das Bild im Verlagsbüro, das sie schon lange kennt und sie in seiner Symbolik immer wieder anspricht: »So wie früher hängt auch jetzt über dem Schreibtisch das Bild, das ich so liebe, das einen Kahn auf hohen Wogen darstellt und den Titel führt: Und dennoch!«

Sie kennt die Gefahren eines drohenden Schiffbruchs und des damit verbundenen Untergangs. Sie weiß, dass jeder Wirbel eine kühne Herausforderung bedeuten kann und schätzt Menschen, die dieses Motto verinnerlicht haben.

Nicht nur die Bücher waren immer mehr der Zensur ausgesetzt, sondern auch jedes Filmvorhaben musste vor Drehbeginn vom »Reichsministerium für Volksaufklärung und Propaganda« genehmigt werden. Der zuständige Minister war Joseph Goebbels, der sich zum »Schirmherrn des deutschen Films« ernannte und streng darauf achtete, dass auch das Massenmedium Film seine politische Funktion im Sinne der Partei erfüllte.

So erlebte Alja Rachmanowa im Zusammenhang mit der geplanten Verfilmung ihrer *Milchfrau* mit Paula Wessely in der Hauptrolle eine herbe Enttäuschung. Die Presse hatte bereits über dieses Filmprojekt berichtet und die Vertreter der Filmgesellschaft wollten mit der Autorin zu Vorbesprechungen in Abbazia zusammentreffen. Familie Hoyer reiste im eigenen Wagen an, man wollte bei dieser Gelegenheit einige Tage am Meer verbringen. Durch ein Telegramm, in dem die Nachricht enthalten war, dass der Film nicht gedreht werden könne, »weil Berlin dies untersagt habe«, wurde der Traum zunichte gemacht und die Familie reiste enttäuscht ab.

Arnulf von Hoyer, der begreift, dass sich seine Frau in Berlin »keiner großen Sympathien erfreuen« kann, tröstet sie mit den Worten: »Die Hauptsache ist, dass wir drei beisammen sind, und ob dich Dr. Goebbels liebt oder nicht, ist nicht so wichtig.«

Einem privaten Brief von Alja Rachmanowa kann entnommen werden, dass damals auch die geplante Verfilmung ihres Buches *Wera Fedorowna* durch die Wien-Film von der Partei hintertrieben wurde und der Zensur zum Opfer fiel.

Viele Fotos von Lesereisen, die Alja Rachmanowa in ihrem langen Kleid am Lesepult oder mit einem Blumenstrauß im Arm, vor Schaufenstern mit ihren Büchern oder beim Autogrammschreiben zeigen, beweisen die großen Erfolge, die die Autorin in ihren besten Jahren hatte.

Wie seltsam muss es sie angemutet haben, als eines Tages der gewohnte Empfang ausblieb. Es waren die Städte Breslau und Görlitz, in denen sie diesen Spuk erlebte. Die Veranstalter hatten den Mut, ihr die Wahrheit zu sagen und sie über die Situation, in der sie sich befand, aufzuklären.

»Ja, Sie sind in Deutschland unerwünscht! Ich will Sie ja nicht erschrecken, für Sie ist ja die Sache auch nicht so schlimm, weil Sie Ausländerin sind. Für unsere deutschen Schriftsteller aber bedeutet das Prädikat ›Unerwünscht‹ den Beginn des Weges ins Konzentrationslager (...) Wenn man ihn aber auch als Person weiterleben lässt, als Schriftsteller wird er umgebracht, unbarmherzig, systematisch, auf kaltem Wege. Seine Vorträge werden erschwert oder verboten, die Bücher werden aus der Bibliothek herausgenommen, die Zeitungen werden über ihn kalt, ablehnend oder gar nicht schreiben, die unabhängigen Verleger, deren Zahl immer geringer wird, werden seine

Alja Rachmanowa auf Lesereise in Budapest, 1935

Werke nicht mehr annehmen, die alten werden nicht mehr neu aufgelegt werden, das Publikum hört und sieht nichts mehr von ihm, und eines Tages ist er vollständig vergessen, erledigt, tot.«

Ein Veranstalter zeigt Alja Rachmanowa noch ein Schreiben mit dem Inhalt, dass ihre »Unerwünschtheit« mit ihrer »weltanschaulichen Haltung« zusammenhänge und erklärt ihr, dass dieses Schreiben wie ein Schatten ihren Lesungen vorauseile und es kaum mehr jemand wagen würde, ihre Vorträge zu besuchen.

Damals kursierten verschiedene Informationsblätter, auf welchen »schädliches und unerwünschtes Schrifttum« angeführt war und die Namen Vicki Baum, Marieluise Fleißer, Mascha Kaléko, Else Lasker-Schüler oder Erika Mann enthielten. Neben diesen erfolgreichen Schriftstellerinnen wurden jedoch auch weniger bekannte Autorinnen genannt. Allein die Beschäftigung mit gesellschaftlichen Themen wie Sexualaufklärung oder Psychotherapie genügte, um verfemt und verfolgt zu werden.

Alja Rachmanowa, in der schlimme Erinnerungen wach werden, bricht ihre Lesereise, auf der sie sich so gedemütigt fühlte, ab und fährt nach Salzburg zurück. Wieder sitzt sie in einem Zug, der sie in ein rettendes Land bringen soll: »Ich denke an Otmar und Jurka, an unser Heim in Salzburg, und die Stunden reihen sich, langsam, quälend, eine an die andere. Von Zeit zu Zeit öffnet sich die Tür des Abteils, und jedes Mal fahre ich erschrocken zusammen, weil ich glaube, es könnte jemand sein, der mich beobachten oder mich hindern will, über die schutzbringende Grenze zu kommen. Ganz besonders beunruhigt mich ein Herr in einem grünen Regenmantel, der mich von Zeit zu Zeit über seine Augengläser hinweg aufmerksam anstarrt.«

In Österreich erfolgte in dieser Zeit der Anschluss an das Deutsche Reich. Den Einmarsch der deutschen Truppen am 12. März 1938 begrüßte Salzburg mit besonderem Jubel. Die Stadt wurde als Bühne für die neuen Machthaber präsentiert und geschmückt, die Grenzbalken wurden verbrannt.

»Das, was jetzt in den Tagen nach dem Anschluss über die Stadt hereingebrochen ist, bezeichnen die Leute hier in ihrer bildhaften Ausdrucksweise als einen ›Wirbel‹ ... Überall tauchen die Hitlerbilder auf, und jetzt ist das kleine Schifflein unseres ruhigen, trauten Daseins mitten in den Wirbel hineingeraten. Seit einigen Tagen wehen die Hakenkreuzfahnen in unserer Stadt, und wir wissen ganz genau, daß unser nichts Gutes wartet.«

Salzburg gehörte nun zum Großdeutschen Reich und war für die kommenden Jahre der Herrschaft Berlins unterstellt.

Bald hört man von großzügigen Plänen zur Neugestaltung der Stadt: Aigen, Leopoldskron und Morzg wurden eingemeindet, der Wohnbau intensiviert, neue Straßen, Wasserleitungen und Kanalsysteme konzipiert, ein Ausbau städtischer Einrichtungen vor allem im Sozial- und Bildungsbereich in Aussicht gestellt. Anstelle des Kapuzinerklosters sollte ein Gauforum entstehen und die Andräkirche dem Haus der Gauleitung und dem Armeekommando weichen.

Die neue Regierung übernahm die außerschulischen Erziehungsmaßnahmen. Die Jugendlichen sollten im Rahmen der Hitlerjugend zu guten Soldaten erzogen und abgehärtet werden. Einen »Ausflug« mit dieser Jugendorganisation – sechs Uhr Baden in der Glan, Morgengymnastik, zwanzig Kilometer mit dem Rad, Übernachtung in einer Scheune – kann die Mutter nicht verhindern. Jurka missachtet die Signale seines Körpers und ist entschlossen, auch bei Regen und Schnee alles mitzumachen und keine Sonderbehandlung in Anspruch zu nehmen. Er fürchtet den Spott seiner Kameraden, kein richtiger Deutscher und dadurch minderwertig zu sein.

Ihrer Gewohnheit gemäß schreibt Alja Rachmanowa Tagebuch. Sie will ihrem Ärger über sinnlose Abhärtungsmaßnahmen der Hitlerjugend, denen sich ihr Sohn unterziehen muss, Luft machen: »Aber jetzt, wo ich meinen Tagebuchblättern mein Herz ausschütten will und ihnen meine Angst wegen dieses Hitlerjugendausfluges anvertrauen will, da ist es, als ob mir jemand die Feder halten und mich warnen wollte. Und was dann, wenn man plötzlich eine Hausdurchsuchung bei uns unternimmt? Wenn man die Blätter findet, auf denen ich mit harten Worten das kritisiere, was für den Nationalsozialismus das Evangelium ist? Man würde mich ins Konzentrationslager bringen, Otmar würde seine Stelle verlieren, und auch Jurka würde nur Schaden daraus erwachsen.«

Nach dem Kriegsausbruch boykottierte das Regime ihre Bücher. Argumentiert wurde mit dem deutsch-russischen Freundschaftspakt. Man schob Papiermangel vor, stieß sich aber in Wahrheit an der religiös-humanitären Haltung der Bücher. Es kam, wie es die deutschen Veranstalter vorausgesagt hatten. Alja Rachmanowa durfte keine Lesungen mehr abhalten, ihr Name wurde in den Zeitungen und Zeitschriften nicht mehr erwähnt, sie erhielt das Prädikat »gesperrt«. Sie war sich sicher, dass die Zeit ihrer schriftstellerischen Tätigkeit noch nicht zu Ende war, glaubte auch, dass sie noch einiges zu sagen hätte und fühlte, wie sie mitten in ihrer Schaffenskraft abgewürgt wurde. Sie erhielt keine Einladung mehr zu den Salzburger Kulturtagen: »Aus ganz Deutschland sind Dichter, Schriftsteller, Maler, Bildhauer und Musiker zusammengekommen, von den Bewohnern der Stadt selbst wurde alles, was in irgendeiner Beziehung zur Kunst, Literatur und Musik steht, wie die Zeitung sagt, eingeladen, nur wir nicht.«

Alja Rachmanowa war in die Isolation gedrängt, die innere Emigration beginnt.

Wie ernst die Sache war, verdeutlichte sich durch den geheimen Besuch eines jungen Mannes, den Alja Rachmanowa aus der Schulzeit ihres Sohnes kannte. Er erklärte ihr, dass der christliche Geist, der aus ihren Büchern spreche, in direktem Widerspruch zum Geist des Nationalsozialismus stehe. Er absolvierte seinen Militärdienst bei der SS, war gut informiert und riet ihr dringend: »Gehen Sie von Salzburg weg! Hier werden Sie nie Ruhe haben, hier werden Sie ständig von Gefahr bedroht sein! Gehen Sie nach München oder Berlin oder sonst in eine große Stadt, dort können Sie am leichtesten untertauchen ... ich habe nämlich dienstlich mit den Leuten zu tun, die sich in der Gestapo mit Ihnen zu befassen haben. Ich habe immer schon versucht, diese Leute zu Ihren Gunsten zu beeinflussen. Aber wenn sie nur Ihren Namen hören, da schäumen sie vor Wut, und da ist gar nichts zu erreichen! Wenn Ihnen bisher noch nichts geschehen ist, so verdanken Sie das nur dem Umstand, daß Sie zu sehr bekannt sind, besonders im Ausland. Man will eben vermeiden, zu viel Aufsehen zu erregen. Ob Sie das aber immer retten wird, das ist die Frage ... Verkaufen Sie Ihr Haus, Ihr Mann soll sich irgendwohin versetzen lassen, reden Sie nicht mehr von Ihren Büchern, lassen Sie sie in Vergessenheit geraten und führen Sie ein Leben in kleinbürgerlicher Bescheidenheit. Für Sie gibt es nur eins: untertauchen!«

Alja Rachmanowa, die bereits einige Fluchterfahrungen hinter sich hatte, empfand diesen Rat als eine Zumutung und wies das Ansinnen des jungen Mannes eindeutig zurück: »Nein, das kommt nicht in Frage! ... Salzburg ist die Heimatstadt meines Mannes und meines Kindes, und jetzt auch meine eigene. Es würde uns unendlich schwer werden, sie zu verlassen. Und wenn man uns vernichten will, so kann man es doch überall tun. Ich bleibe, was ich bin, ich werde auch weiter in die Kirche gehen, und zwar hier in Salzburg.«

Die Demütigung, aus ihrer ersten Heimat ausgewiesen worden zu sein, begleitete Alja Rachmanowa ein Leben lang. Nun wurde ihr wiederum geraten, ein Land, das sie liebte, zu verlassen. Sie widersetzte sich und ging erst, als dieser Rat auch von anderer Seite kam.

Mir wurde der Atem genommen

BÜCHERVERBOT

Alja Rachmanowa kam aus einem Land, in dem die kommunistische Partei entschied, was veröffentlicht wird. Das Zensursystem in Russland war durchdacht: Die Kontrolle oblag einzig und allein der herrschenden Partei. Während der Revolution konfiszierte man alle Druckmaschinen, verstaatlichte die Papierindustrie, sodass ohne Erlaubnis der Regierung nichts mehr gedruckt werden konnte. Post, Zeitungen und Telegrafie unterlagen der Tscheka. In den Bibliotheken wurden Abteilungen zur speziellen Aufbewahrung von Druckschriften (Giftschränke) geschaffen, in die auch automatisch alle Bücher von Emigranten gesperrt wurden, unabhängig von deren Inhalt.

Schilderungen von negativen Vorkommnissen wie Hungersnot oder Naturkatastrophen waren untersagt.

Russland hatte einen Konzessionsschein erfunden, ohne dessen Besitz kein Druckwerk erscheinen konnte.

Unter Berücksichtigung dieser Kontrollfunktionen hätte kein einziges Werk von Alja Rachmanowa damals in Russland eine Chance zur Veröffentlichung gehabt. Selbst die für uns unverfänglich wirkenden kinderpsychologischen Aufzeichnungen über ihren Sohn wären der Zensur anheimgefallen, da die Darstellung der Entwicklung des Kindes, die als »nichtmarxistisch« eingestuft wurde, ausdrücklich verboten war.

Die Herausgabe der ersten Bücher in Salzburg lief problemlos, bis auch mit dem »Anschluss« in Österreich die Idee einer Zensur, die vor allem ideologischen Charakter hatte, umgesetzt wurde und in der Gründung der Reichsschrifttumskammer ihren Niederschlag fand.

Die Reichsschrifttumskammer war für die »Freihaltung des Schrifttums von ungeeigneten und unzuverlässigen Elementen« zuständig und sollte helfen, die deutsche Literatur von allen »artfremden« und »volksschädlichen« Einflüssen zu bewahren. Kein Schriftsteller in Deutschland konnte auch nur eine Zeile veröffentlichen, wenn er nicht Mitglied dieser Kammer war. Folglich stellte auch Alja Rachmanowa 1938 ein Ansuchen, das vier Jahre später, 1942, mit dem Vermerk »mangels erforderlicher Zuverlässigkeit« abschlägig beantwortet wurde. »Der Ablehnungsgrund ist in Ihrer weltanschaulichen Haltung zu suchen ... Auf Grund dieser Entscheidung ist Ihnen jede Betätigung als Schriftstellerin untersagt.«

Alja Rachmanowa wurde mit dieser Maßnahme »der Atem genommen«. Ihr Lebensnerv war getroffen.

1938 sind alle Werke von Alja Rachmanowa auf die Liste der unerwünschten Bücher gesetzt und in den öffentlichen Bibliotheken gestrichen worden.

1939 mussten die Bücher auch aus den Privatbibliotheken entfernt werden, jegliche Werbung war verboten.

1941 wurden bei Ausbruch des deutsch-russischen Krieges die Einschränkungen noch verschärft, indem die Bücher – angeblich als russische Literatur – vollständig verboten wurden. Dieses Verbot blieb bis 1945.

Ein Rekurs des Verlages blieb erfolglos. Es wurde mitgeteilt, dass der eigentliche Grund des Verbotes der religiöse Gehalt und die allgemein menschliche, humanitäre Grundtendenz der Bücher sei und mit einem Erscheinen auch nach Beendigung des Krieges nicht gerechnet werden könne.

1945 bis 1948 wurde das Verbot in Deutschland von den Alliierten verlängert, in Österreich sogar bis 1950.

Hofrat Ernst von Frisch, der ehemalige Leiter der Studienbibliothek in Salzburg, schrieb 1945, als Alja Rachmanowa schon in der Emigration in der Schweiz lebte, dass es in der Tat so sei, dass ihre Bücher dem Publikum noch nicht zugänglich gemacht werden dürfen: »Welche Schande für uns!« Er sehnte aber den Augenblick herbei, da das Gesamtwerk nicht mehr seinen »Dornröschenschlaf« halten müsse, sondern »offen allen Menschen guten Willens zu Gebote stehen werde«.

Da die Familie Hoyer ihr Haupteinkommen durch die Bücher hatte, war durch diese Maßnahmen natürlich auch die materielle Existenzgrundlage erheblich eingeschränkt, sodass sich erneut finanzielle Sorgen einstellten.

Besonders Jurka, der sich sehr mit dem Schaffen seiner Eltern identifizierte, indem er immer von »unseren Büchern« sprach, litt sehr unter dem Bücherverbot, sodass ihm seine Eltern nicht mehr jede Schikane mitteilten, die sie in diesem Zusammenhang erleben mussten. Sie befürchteten, Jurka könnte seinen Zorn offen und ungebremst äußern.

Die späteren Werke wurden ab 1946 in der Schweiz verlegt.

Der erste Verlag, der sich in der Schweiz den Rachmanowa-Büchern annahm, war der Rascher Verlag, der für den Vertrieb pazifistischer Literatur bekannt war.

Der Verlagsleiter Max Rascher trat wohl mit der Bitte um eine Stellungnahme zu ihrer politischen Einstellung an Alja Rachmanowa heran, der sie in einem ausführlichen Schreiben vom 11. Mai 1945, wenige Tage nachdem das Ehepaar in der Schweiz angekommen war, nachkam: »Ich will Ihnen gleich die wichtigsten Tatsachen zur Entkräftung der Vorwürfe anführen, die einzelne Personen gegen mich erheben.«

Das Dokument lässt sich im Stil eindeutig Arnulf von Hoyer zuordnen, der es im Namen seiner Frau verfasst hat. Es enthält die Schilderungen der Schikanen, denen Alja Rachmanowa ausgesetzt war: Boykott der Vortragsreisen, Film- und Bücherverbot, Nichtaufnahme in die Reichsschrifttumskammer, Verhör bei der Gestapo und Nichtbeachtung bei kulturellen Veranstaltungen.

In der zweistündigen Unterredung bei der Gestapo, von der Alja Rachmanowa unter Androhung schwerster Strafen keinem Menschen erzählen durfte, wurde ihr vorgeworfen, dass sie in ihrer Wohnung Heiligenbilder habe, dass sie ihr Haus durch einen Priester einweihen ließ, dass sie Kirchenbesuche mache und ihr Bekanntenkreis aus Gegnern des Nationalsozialismus bestehe und sie den Hitlergruß verweigere.

In diesem Gespräch wurde Alja Rachmanowa auch der Vorschlag gemacht, ein Buch für den Nationalsozialismus zu schreiben und sich von ihrem bisherigen Werk zu distanzieren.

Viele Jahre später erinnert sich Alja Rachmanowa in ihrem Alterstagebuch (1983) noch einmal an dieses Gespräch und an die Drohungen der Gestapo: »Ich muß schreiben, daß ich enttäuscht von katholischen Pfarrern bin, auch vom Heiligen Vater. Wenn ich das nicht tue, wird mein geliebter Mann verschwinden, nicht mehr heimkommen.«

In der Stellungnahme wird auch darauf hingewiesen, dass kein Mitglied der Familie Hoyer jemals bei der Partei war und Alja Rachmanowa weder auf die Drohungen noch auf die Anwerbungen der Nationalsozialisten ideologisch entsprechend reagiert habe.

Zusammenfassend stellte sie fest: »Der Nationalsozialismus hat mich als Schriftstellerin umgebracht und wenn er gesiegt hätte, hätte es für mich auch niemals mehr eine Auferstehung gegeben. Ist es da nicht geradezu absurd, mich der Anhängerschaft des Nationalsozialismus zu beschuldigen?«

Das ist nicht mein Buch

RAUBÜBERSETZUNG

Die Bücher von Alja Rachmanowa sind im Literaturbetrieb eine Ausnahme und schwer einzuordnen. Da die Werke zwar in zweiundzwanzig Sprachen übersetzt wurden, aber nie in der Originalsprache erschienen sind, zählen sie nicht zur russischsprachigen Literatur und werden im deutschen Raum den Übersetzungen zugeordnet.

Immer wieder gab es Ansätze und Bemühungen, die Bücher in Russisch herauszugeben, die aber bisher erfolglos blieben.

Auf eine Anfrage nach einer russischen Ausgabe antwortete Alja Rachmanowa in einem Brief: »Da ich in Österreich und der Schweiz immer weit weg von Emigrantenzentren wohnte, kam es nicht zur Herausgabe in einem Emigrantenverlag und eine andere Möglichkeit, meine Bücher in russischer Sprache erscheinen zu lassen, gibt es natürlich nicht.«

Wie erschüttert muss Alja Rachmanowa gewesen sein, als sie von einer Raubübersetzung ihres ersten Tagebuches *Studenten, Liebe, Tscheka und Tod* erfuhr, die in den Reichskommissariaten Ukraine und Ostland in Umlauf gebracht wurde.

Im Zuge des deutschen Angriffs auf Russland, der den Zweck hatte, Lebensraum für die arische Herrenrasse zu schaffen, sollten große Teile der russischen Bevölkerung vertrieben oder getötet werden. Die deutschen Soldaten mussten mit allen Mitteln motiviert werden, möglichst brutal gegen die Russen vorzugehen, sodass jegliches Material, das sich gegen die Sowjets verwenden ließ, genützt wurde. Die Darstellung der russischen Revolution in den Büchern von Alja Rachmanowa schien den Machthabern geeignet, bei den deutschen Truppen im antibolschewistischen Feldzug Stimmung zu machen.

Heinrich Riggenbach und Roland Marti untersuchen in ihrem Artikel *Eine Raubübersetzung und ihre Kritik* die Reaktion von Alja Rachmanowa auf diese illegale Aktion.

1943 wurde Alja Rachmanowa durch einen Brief von A. M. Sacharowa, der Frau von Konstantin V. Sacharow, einem Offizier bei der Weißen Armee und Autor des Buches *Die verratene Armee*, von dieser Übersetzung in Kenntnis gesetzt und erhielt kurz darauf auch ein Exemplar dieses Buches von ihr zugesandt. Alja Rachmanowa machte sich die Mühe, das ganze Buch zu korrigieren und auf Auslassungen, Übersetzungsfehler oder Interpunktionsfehler hinzuweisen. Ihre große Betroffenheit notierte sie in ihrem Tagebuch: »Auf dem Buch steht: Alexandra Rachmanowa, das ist nicht mein Buch.«

Auch Erna Blaas, Salzburg, erinnert sich in einem Brief an Alja Rachmanowa an deren Empörung: »Du erzähltest mir von der unerhörten und rücksichtslosen Übersetzung Deines ersten Buches durch die Reichspropagandastellen, die es dabei fälschten, um ihr Ziel zu erreichen.«

Obwohl sich Alja Rachmanowa immer sehr gewünscht hatte, dass ihre Bücher einmal in ihrer Heimat erscheinen könnten, war sie natürlich über die Art und Weise, wie es nun geschehen war, völlig erschüttert und entsetzt: »Ich habe so davon geträumt, daß mein Buch auf Russisch erscheint und nun hat dieser Moment mir nur Kummer und Enttäuschung gebracht.« Sie konnte nicht begreifen, dass man sie nicht kontaktiert hatte und eine Rückübersetzung unter ihrem Namen herausgegeben hatte. Sie kritisierte die unmögliche Sprache der Übersetzung, wies auf Weglassungen hin und mutmaßte, dass der Übersetzer mit den Verhältnissen in ihrer Heimat zu wenig vertraut sei.

Sie bedauerte, dass ihr Werk in dieser Form in ihre Heimat gelangt war und weder sie noch ihr Verleger davon Kenntnis hatten.

Eine Anfrage des Pustet Verlages an das Propagandaministerium in Berlin wurde an das Oberkommando der Wehrmacht weitergeleitet, brachte aber keine Klärung.

Riggenbach und Marti weisen darauf hin, dass neben der Raubübersetzung auch ein Kapitel des Romans *Die Fabrik des neuen Menschen* von den Nationalsozialisten als Propaganda verwendet wurde, indem sie es als Broschüre verbreiteten.

Das Buch war 1935 in Frankreich als bester antibolschewistischer Roman ausgezeichnet worden, wodurch die politische Haltung der Autorin öffentlich gemacht worden war.

Alja Rachmanowa schrieb auch für die Informationsstelle I in Berlin zwei Berichte über die sozialen Zustände in der Sowjetunion, die befreundeten oder besetzten Ländern zur Übersetzung angeboten wurden: *Der Zerfall der Familie im Sowjetstaat* und *Das tägliche Leben des russischen Menschen. Paradies oder Hölle.*

Es bleibt ungeklärt, von welcher Seite die Initiative zur Zusammenarbeit ausging.

Im Aufsatz von Riggenbach und Marti findet sich auch ein Hinweis auf den Schriftverkehr der Parteikanzlei mit dem Propagandaministerium, in dem ein Vorschlag für eine antibolschewistische Propaganda gemacht wird: »Man drucke in den Zeitungen Auszüge aus Büchern der Rachmanowa, aus Miedbrodt: *Die Narren des Kaganowitsch,* oder aus Albrecht: *Der verratene Sozialismus* ab.«

Recherchen über die beiden neben Alja Rachmanowa genannten Autoren führen zu Schlagwörtern wie: Blut-und-Boden-Ideologie, Hetze, Nationalsozialismus, Stalin ...

Karl Miedbrodts Roman wird als »antisemitischer Hetz- und Schlüsselroman um die Verschwörung der Juden im inneren Kreis Stalins« bezeichnet.

Der Deutsche Karl Iwanowitsch Albrecht war als ranghoher Sowjetfunktionär, der zu den Nationalsozialisten übergelaufen war, geradezu prädestiniert, mit dem Erlebnisbericht über seine Jahre in der Sowjetunion als Vorzeigeautor in der nationalsozialistischen Propaganda eingesetzt zu werden. Die Zeilen aus dem Vorwort »Wir kämpfen unter der genialen Führung Adolf Hitlers, der nicht nur Feldherr und Staatsmann, sondern auch der größte Sozialist aller Zeiten ist« kamen dem bedingungslosen Führerkult entgegen.

Bei der Bearbeitung dieses Themas wurde bekannt, dass der zweite Band der Trilogie *Ehen im roten Sturm* ebenfalls als russische Raubkopie und in ähnlicher Aufmachung wie der erste Band erschienen war. Da es im Nachlass aber keinerlei Spuren zu dieser Veröffentlichung gibt, ist unklar, ob Alja Rachmanowa überhaupt davon Kenntnis hatte.

Nachlese

Zur Zeit arbeitet Irina Bitter in Berlin an einer russischen Rückübersetzung des Buches *Die Fabrik des neuen Menschen* und fand freundliche Unterstützung von Heinz Bothien von der Kantonsbibliothek Frauenfeld, der ihr den Zugang zu einigen russischen Original-Manuskriptseiten ermöglichte. Sollte dieses Vorhaben gelingen, wäre es das erste Buch, das offiziell in Russland erscheinen und den Namen »Rachmanowa« ein wenig bekannt machen könnte.

Die Leute sagen,
Salzburg werde bestimmt nicht bombardiert werden

LUFTKRIEG

Mit dem Ausbruch des Krieges endete nicht nur für die Familie Hoyer eine friedliche Zeit, das Kriegsgeschehen begann den Alltag zu bestimmen.

Die Meldung des Kriegsbeginns am 1. September 1939 erreichte die Familie in Kärnten, wo sich Jurka nach einer Kieferoperation einige Tage erholen sollte. Überstürzt wird das Hotel verlassen und die Abreise angetreten.

Alja Rachmanowa quälten grauenhafte Bilder, die sie als Vorahnungen einer kommenden Zeit deutete, und sie beschloss, dass wegen ihr kein Tropfen Blut mehr vergossen werden solle: »Deshalb will ich von heute ab kein Fleisch mehr essen.«

Sie weiß, dass ihr Opfer den Krieg nicht aufhalten kann, folgt aber dennoch ihrem Herzen und nicht ihrem Verstand.

Die ersten Kriegsmonate sind von vielen Einschränkungen überschattet: Lebensmittelkarten werden ausgegeben, Stromabschaltungen werden immer häufiger, es kommt zu Einquartierungen, die Reisemöglichkeiten werden begrenzt. Das geliebte Auto wurde bereits vor Kriegsbeginn verkauft, damit es nicht zu Kriegszwecken eingezogen werden konnte.

Die Familie blieb vorläufig vom Fronteinsatz verschont. Jurka war noch Schüler und Arnulf von Hoyer der Flugabwehr in Salzburg (Heimatflakbatterie 34/VII) zugeteilt, sodass Alja Rachmanowa glücklich sein konnte, ihre beiden Männer zu Hause zu haben.

In nahezu jeder anderen Familie gab es wehrfähige Männer, die an der Front standen und ihr Vaterland verteidigten. Unter den etwa zehntausend Männern, die in Stadt und Land Salzburg fielen, befand sich auch der Sohn der Hausmeisterfamilie Reiter. Alja Rachmanowa erhält als Erste die Todesmeldung: »Das Telephon läutet. Niemals gehe ich zum Telephon, ohne vor einer schlechten Nachricht zu bangen. Zögernd hebe ich die Muschel ab und höre eine Stimme, die mir sehr bekannt und dabei doch so fremd vorkommt. Es spricht die Schwiegertochter der Familie Meyer. (Name im Buch verändert) ›Frau Doktor‹, sagt sie, ›seien Sie, bitte, so gut und rufen Sie meine Schwiegermutter zum Telephon! Mein Mann ist gefallen!‹ Ich höre ein Schluchzen, und es ist mir, als ob ich umfallen müßte, als ob ich keine Luft mehr zum Atmen bekäme. Ich stoße ein paar Worte hervor von Beileid und weiß selbst nicht, was ich eigentlich spreche. Dann lege ich den Hörer langsam auf das Tischchen und gehe die Treppe hinunter. Lange stehe ich unten vor der Tür der Wohnung und kann mich nicht entschließen, anzuklopfen.«

Hinter der Türe hörte sie ein Kinderlachen und sie wusste, dass es die Tochter des Mannes ist, von dessen Tod sie gerade gehört hatte.

Erwin Reiffenstein, Jurkas Freund, wurde durch einen Kopfschuss verwundet, woraufhin seine Mutter aus Angst in einen Ausnahmezustand geriet. Sobald sie aus dem Haus ging, schleppte sie einen Rucksack mit Wäsche und Kleidung ihres Sohnes mit. In einer Hand trug sie die Tasche mit den Feldpostbriefen und Fotos, in der anderen ein Bündel Bettzeug. Alja Rachmanowa war über den Anblick erschüttert: »Das ist ihre Luftgefahrausrüstung, und so läuft sie immer keuchend herum, wenn sie in den gefährlichen Stunden in der Stadt irgendetwas zu besorgen hat ... Wie sie daherkommt, kann man nur mit einem Wort bezeichnen: arm!«

Immer öfter liest man in der Zeitung »Für Führer, Volk und Vaterland sind gefallen«, immer öfter treffen Todesanzeigen ein.

Jurka wurde, nachdem sein Einsatz beim Arbeitsdienst wegen seines angegriffenen Gesundheitszustandes vorläufig zurückgestellt war, zum Militärdienst einberufen und konnte nur noch von den Gedanken, Gebeten und Wünschen seiner Eltern begleitet werden.

Alja Rachmanowa blieb ihrem Prinzip treu, gerade dann besonders viel zu arbeiten, wenn es ihr am Schwersten ums Herz war. Sie schrieb systematisch an ihrem Dostojewski-Roman, obwohl sie zweifelte, ihn jemals veröffentlichen zu können.

Seit Jahren war ihre schriftstellerische Tätigkeit verboten und sie wusste, dass man sie von der Geheimpolizei beschatten ließ.

Als eines Tages zwei Männer mit der fadenscheinigen Ausrede auftauchten, dass sie nachsehen müssten, ob die Wohnung genügend belegt sei und daraufhin begannen, die Zimmer auszumessen, ahnt sie, dass während dieser Aktion ein Mikrofon eingebaut wurde und ab nun bei Gesprächen in der Wohnung höchste Vorsicht geboten war.

Die Gefahr eines Luftkriegs mit der Möglichkeit der Bombardierung wurde in Salzburg lange Zeit nicht ernst genommen. Man wähnte sich relativ sicher, da in Salzburg größere Industrieanlagen oder strategisch wichtige Einrichtungen fehlten und war der naiven Ansicht, dass sogar die Feinde die Kulturgüter der Stadt verschonen würden. Auch das Gerücht, dass Winston Churchill im Sanatorium Wehrle behandelt worden sei und aus Dankbarkeit die Stadt vor Luftangriffen verschone, hielt sich hartnäckig. Stollen und Luftschutzkeller wurden wenig genützt, bis am 16. Oktober 1944 die erste Bombe fiel: Es gab 245 Bombenopfer, 146 Gebäude waren total zerstört.

Alja Rachmanowa erlebte die ersten Luftangriffe im Sanatorium Wehrle, wo sie sich im Herbst 1944 drei Monate aufhielt. Sie sollte ihr Nierenleiden und eine Gehirnerschütterung, die sie sich bei einem Sturz zugezogen und in deren Folge sie Geruchs- und Geschmackssinn verloren hatte, auskurieren.

Immer wieder plagten sie Traumbilder, die ihr die herannahende Katastrophe ankündigten: »Wilder Lärm von umherirrenden Menschen, dazwischen das grauenhafte Getöse explodierender Bomben, Schreie von Verwundeten, Stöhnen von Sterbenden ...«

Trotz Vorahnung und Bombenwarnung blieb sie in ihrem Zimmer, während das Personal die Kranken in den hauseigenen Stollen brachte. Sie hörte die Flugzeuge, die diesmal nicht über die Stadt hinwegflogen, sondern über ihr kreisten: »Bis jetzt bin ich völlig ruhig gewesen. Nun aber bekomme ich auf einmal Angst, und zwar richtige, echte

Angst! Ich blicke zur Decke empor. Jede Minute kann sie über mir zusammenstürzen.«

Sie erlebte einige Detonationen, die Fensterscheiben barsten, Glassplitter übersäten den Boden und ihr Bett. Während der Explosionen kam Frau Doktor Wehrle und schleppte Alja Rachmanowa in den sicheren Stollen. Die beiden Frauen fühlten sich von einer höheren Macht beschützt und Alja Rachmanowa war sicher, dass auch das Sanatorium, in dem so viel Gutes geschah, der Katastrophe entgehen werde.

Im Sanatorium Wehrle kommt Alja Rachmanowa durch Doktor Viktor Wehrle mit dem Gedankengut der Anthroposophie in Berührung. Interessiert lauschte sie seinen Ausführungen über die natürliche Lebensweise des Menschen, über die Ernährung oder über die naturgemäße Behandlung des Bodens. Die Einstellung des Arztes kam ihr entgegen: »Er baut seine ganze Lebensweise darauf auf, daß Körper und Geist zusammenwirken, und daß der Mensch als Ganzes wieder in unmittelbarem, ungekünsteltem Zusammenhange mit der Natur, andererseits aber auch mit dem Göttlichen bleiben müsse.«

Das Ehepaar Hoyer erlebte mit Doktor Wehrle und seiner Familie interessante Gesprächsabende, die meistens mit dem Vorlesen von Gedichten endeten. Der Gedankenaustausch erfüllte Alja Rachmanowa mit einem »Gefühl des Friedens und der inneren Ruhe, das fast sonderbar anmuten möchte in diesen Tagen, die eigentlich, so möchte man meinen, nichts anderes für den Menschen bereit haben müßten als Verzweiflung ...«

Arnulf von Hoyer verbrachte die Luftangriffe meistens mit seinen Schülern im sicheren Stollen des Mönchsbergs. Er wohnte, während seine Frau im Sanatorium war, bei ihr im Zimmer und machte nur ab und zu einen Kontrollgang zur Villa. Auch dort gab es zerbrochene Fensterscheiben und Beschädigungen am Hausdach.

Das Sanatorium Wehrle liegt in der Nähe des Bahnhofs und war somit in einer besonderen Gefahrenzone, da Bahnhöfe und Gleisanlagen bevorzugte Ziele für Bombenangriffe waren. Das Haus selbst wurde nicht zerstört, musste aber wegen der massiven Bombenschäden im Umfeld evakuiert werden.

Alja Rachmanowa war von dieser Maßnahme betroffen und wurde zu den Diakonissen verlegt. Von ihrem Mann und einer Krankenschwester gestützt, musste sie ein Stück des Weges zu Fuß gehen, bis sie den Krankenwagen erreichte: »Das, was ich in diesen zehn Minuten unseres Weges zum Auto gesehen habe, trotz des Dunkels der Nacht, hat mich stumm gemacht.«

Sie schleppte sich durch die Trümmer der Häuser und kam an der zerstörten Andräkirche vorbei: »Ich werde mir nach vollen achtzehn Jahren ein anderes Gotteshaus für meine Gebete suchen müssen.«

Salzburg war in der Zeit zwischen dem 16. Oktober 1944 und dem 1. Mai 1945 fünfzehnmal Bombenangriffen ausgesetzt, bei welchen 547 Todesopfer zu beklagen waren und 14.463 Menschen obdachlos wurden. Für die Kinder, die damals ohnehin größte Entbehrungen erleiden mussten, hatten sich die Amerikaner etwas Besonderes ausgedacht: Sie warfen Strohspielzeug ab, das bei Berührung explodierte.

Die Wohnung der befreundeten Familie Domanig war bei einem Angriff schwer getroffen worden: »Eine Bombe hat die Hälfte der Wohnung weggerissen, und zwar gerade die Zimmer, in denen sich die schönen Biedermeiermöbel, die Bibliothek und die vielen Kunstgegenstände befanden, die er [Dr. Domanig] mit solcher Liebe gesammelt und aufgestellt hat.«

Für die Obdachlosen wurden Notunterkünfte bereitgestellt und Einquartierungen organisiert. Viele Menschen waren zu Räum- und Instandsetzungsarbeiten eingesetzt, um den Eindruck zu vermitteln, dass der Staat alles unter Kontrolle habe. Das Regime der Diktatur war hart. In den Archivschriften der Stadt Salzburg (*Bomben auf Salzburg* von Erich Marx) ist zu lesen, dass Diebstahl von Gegenständen aus zerbombten Wohnungen äußerst selten vorkam und mit Plünderern, die erwischt wurden, von der Gestapo nach der »Volksschädlingsverordnung« kurzer Prozess gemacht werden konnte. So wurde ein ukrainischer Ostarbeiter kurzerhand aufgehängt, da er herumliegende Zigaretten aufgehoben hatte und ein Hausmädchen wurde hingerichtet, weil es aus dem Luftschutzbunker des Landeskrankenhauses ein Strickjäckchen und einen Hut entwendet hatte.

Den elften Bombenangriff am 5. Februar 1945 dokumentierte Alja Rachmanowa mit einem eingeklebten Zeitungsausschnitt in ihrem Tagebuch: »Terrorangriff auf Salzburg. Die Stadt Salzburg war am 5. Februar wieder das Ziel eines feindlichen Terrorangriffes. Auf das Stadtgebiet wurde eine größere Zahl Bomben abgeworfen, die Schäden in Wohnvierteln verursachten. Es sind aber nur einige Verwundete zu verzeichnen. In der Umgebung Salzburgs sind drei Gefallene zu beklagen.«

Als in der Nacht von 3. auf 4. Mai bekannt wurde, dass die Stadt den Amerikanern kampflos übergeben werde und die Menschen in den Stollen spontan auf die Bänke sprangen und jubelten, war das Ehepaar Hoyer bereits in der Schweiz.

Herr, Dein Wille geschehe!

SCHICKSAL

Jurka maturierte 1940 im Akademischen Gymnasium Salzburg. Zu seinem Jahrgang gehörte auch Egmont Foregger, der spätere Justizminister, der mir in einem Brief seine Freundschaft mit Jurka bestätigte: »Ich war mit Alexander Hoyer besonders befreundet, viel im Haus seiner Familie und habe seine Eltern, vor allem seine Mutter, sehr gut gekannt. Im Buch *Jurka* komme ich – allerdings ohne Namensnennung – vor.« (Es handelt sich richtigerweise um das Buch *Einer von vielen*)

Alja Rachmanowa beschreibt den Abschied von Jurkas Freunden nach der Matura: »Ich verabschiede mich nun wieder von Jurkas Kameraden mit ein paar aufmunternden Worten. Mein Herz ist aber voll Trauer, denn während mein Blick auf allen diesen jungen Menschen ruht, von denen jeder einzelne ein wertvolles Mitglied der menschlichen Gesellschaft zu werden verspricht, muß ich daran denken, dass der Dämon des Krieges schon seine Hand nach ihnen ausgestreckt hat.«

Nach der Matura fiel die Entscheidung für den Studienort München, wo Jurka mit dem Jusstudium begann. Er wohnte dort bei zwei älteren Damen, die beide lange in Russland gelebt hatten, sodass er auch dort Gelegenheit hatte, Russisch zu sprechen.

Er legte während des Studiums die Dolmetscherprüfung für Russisch ab, bei der er natürlich durch sein Können positiv auffiel. Auf die Frage des Professors, warum er so gut Russisch spreche, erklärte er, dass seine Mutter Russin sei und erzählte zu Hause: »Ich habe aber nichts davon erwähnt, wer du bist. Ich habe auch sonst niemandem in München davon gesprochen, ich will, daß man mich selbst schätzt, nicht bloß deshalb, weil ich der Sohn meiner Eltern bin.«

Seinen Namen trägt er aber mit Stolz und besteht auf der korrekten Schreibweise seines Familiennamens, wie wir in einem Entwurf für eine Stellungnahme vom 24. Mai 1944 lesen können: »Ich versichere an Eides statt, daß ich das Adelsprädikat ›von‹ zu Recht führe, denn keinem meiner Vorfahren (väterlicherseits) ist es abgesprochen worden und keiner hat jemals darauf verzichtet ...«

Bereits nach dem ersten Studienjahr, in dem sich Jurka auch mit Fechten, Reiten und Segeln beschäftigt hat, staunen die Eltern über die Entwicklung ihres Buben zu einem selbstbewussten, freien, kraftstrotzenden Mann.

1976 bekam Alja Rachmanowa einen russischen Brief von Georg Schlee-Ternow aus Venezuela, der sie sehr berührte. Georg Schlee war in der Münchner Zeit ein Studienkollege von Jurka. Er erinnerte sich in seinem Schreiben an die Freundschaft mit dem Sohn von Alja Rachmanowa, die auf einer engen geistigen Verbindung basierte. Er lobte den Charakter Jurkas, seinen Gerechtigkeitssinn und seinen Eifer beim Studium. Jurka habe sich bei Studentenfesten nur oberflächlich angepasst, wenig getrunken und darauf geachtet, beim Fechten keinen Schmiss zu bekommen. Er sei ruhig und besonnen gewesen und habe sich am ehesten in Buchantiquariaten zu Gefühlsregungen hinreißen lassen, wenn er etwas entdeckte, von dem er annahm, dass es auch seine Eltern interessieren könnte.

Jurka dürfte in dieser Zeit, zur Freude der Mutter, an der Beziehung »zum weiblichen Geschlecht« Gefallen gefunden haben. Unumwunden teilte sie ihm mit, dass sie sehr glücklich wäre, wenn er heiraten und sie zur Großmutter machen würde.

Die Weltgeschichte gab dem Schicksal eine andere Wende.

Am 22. Juni 1941 erfolgte die überraschende Erklärung Hitlers, dass Deutschland wegen der bedrohlichen Kriegsvorbereitungen Russlands herausgefordert sei, in den Krieg mit eben jenem Land einzutreten. Der Kommentar in der Salzburger Stadtchronik zu dieser Meldung lautet: »Salzburgs Bevölkerung nahm die Nachricht mit würdevoller Gelassenheit auf.«

Die Familie Hoyer ist nach der Bekanntgabe des Kriegsbeginns mit Russland weit entfernt von »würdevoller Gelassenheit«.

Die Meldung traf Jurka zu Hause bei seinen Eltern in Salzburg. Er wusste, dass »Krieg mit Rußland« für ihn eine Katastrophe bedeutet. Seine Identität war stark mit Russland verbunden und den Einsatz als Dolmetscher sah er als »einzigen Ausweg aus dieser zwiespältigen Lage«. Bereits wenige Stunden nachdem die Meldung im Radio verlautbart worden war, wurde Jurka telefonisch als Dolmetscher nach Berlin einberufen.

Alja Rachmanowa schreibt für ihren Sohn einen kleinen Zettel, den er immer bei sich tragen soll: »Lieber Jurka! Vergiß niemals, daß du alles für uns bist, unsere Freude, unser Glück, unser Leben! Tag und Nacht werden wir an dich denken, immer werden wir mit dir sein! Gott schütze dich!«

Die Eltern bleiben zurück. Wie befürchtet, muss Jurka bald an die Ostfront. Alja Rachmanowa ist erschüttert: »Mein Jurka geht in den Krieg gegen Rußland! Die Tragödie, die in diesen Worten beschlossen liegt, ist so groß, daß mein Herz es kaum ertragen kann.«

Familie Hoyer, Salzburg 1944

Eineinhalb Jahre haben die Eltern um ihren Sohn gebangt, während er an der Front war. Ihr Leben war erfüllt von Sorge und endlosem Warten auf ein Lebenszeichen, bis endlich die erlösende Botschaft kam, in der Jurka sein Kommen ankündigte. Der erste Urlaub. Alja Rachmanowa sah mit Kummer, dass der Frontaufenthalt ihren Sohn nicht nur körperlich, sondern auch seelisch sehr mitgenommen hatte. Sie konnte sein Schweigen schwer ertragen, aber sie spürte, dass ihm alle Fragen über seine Kriegserlebnisse unangenehm waren und er nicht darüber sprechen wollte. Nur von seiner tiefen Beziehung zu Russland berichtete Jurka seiner Mutter. Anders als seine Kameraden fühlte er sich in den unendlichen Wäldern zu Hause: »Ich habe damals, als ich das erste Mal russischen Boden betrat, gleich gespürt, wie viel Russisches in mir ist.«

Nach diesem Heimaturlaub, in dem Jurka versucht hatte, alle Annehmlichkeiten der Zivilisation zu genießen, möglichst viele Freunde zu treffen, erfolgte ein neuerlicher Abschied, auf den bald die Meldung folgt, dass Jurkas Einheit in das Sumpfgebiet um Leningrad verlegt werden sollte, »in diese Hölle von Wasser, Kot, Schnee und Eis«.

Nach Monaten, in denen wenige Meldungen zu den Eltern gelangten, traf eine Karte aus einem Kriegslazarett ein, auf der Jurka mitteilte, dass er an einer Kieferhöhleneiterung erkrankt sei. Trotz dieser Nachricht war die Freude der Eltern grenzenlos. Diese sollte sich noch steigern, als die Eltern telefonisch erfuhren, dass Jurka in sein Heimatlazarett nach Salzburg verlegt werde. Wenige Tage später traf Jurka wirklich in Salzburg ein. Diesmal berichtete er, dass er die Hoffnung, noch einmal nach Hause kommen zu können, schon aufgegeben hatte: »Drei Monate unter ständigem Artilleriefeuer, besonders in der Nacht! Jede Minute habe ich geglaubt, es wäre meine letzte. Nun, ich muß schon ehrlich sagen, diesmal habe ich wirklich gelernt, was es heißt, sich zu fürchten!«

Zu ihrer großen Freude bekam Alja Rachmanowa ihren Sohn in häusliche Pflege, da seine Behandlung ambulant im Lazarett erfolgen konnte.

Da die Eltern um die Tierliebe ihres Sohnes wissen, kaufen sie ihm zum Geburtstag einen irischen Terrier. »Er heißt Bella, und da er reinrassig ist, mit einem Riesenstammbaum, hat er noch ein Adelsprädikat, von Haigenkam.« (Jahre später werden viele Briefe vom Ehepaar Reiter in die Schweiz geschickt: Alle enthalten Grüße von Bella oder einige Haare von ihr. Bella blieb allein in Salzburg zurück.)

Für einige Wochen konnte die Familie Hoyer nun ein fast normales Leben führen, wäre es nicht durch Bombenangriffe und die damit verbundenen Schrecken des Krieges unterbrochen worden. Jurka musste mit seinen Eltern den Luftschutzkeller aufsuchen, raffte seine Habseligkeiten zusammen und rührte seine Mutter fast zu Tränen, als er auch seinen Gummielefanten, seinen Brummbär und sein Stoffhündchen einpackte.

Die nächste Einberufung Jurkas erfolgte zur Dolmetscherkompanie nach Graz, wo er im Lazarett weiter behandelt werden konnte.

Bevor er abreiste, rief er noch den behandelnden Arzt seiner Mutter an: »Ich fahre, wie Sie wissen, heute nach Graz, und ob ich vor meinem Abgang an die Front noch einmal heimkommen kann, weiß ich nicht. Bitte, kümmern Sie sich um meine Mutter, sie sieht schlecht aus, und ich habe keine Ruhe!«

Der Abschied von Salzburg fällt ihm schwer: »›Leb' wohl, Salzburg!‹ Seine Stimme klingt traurig und mit einem Ausdruck, wie ich ihn bei ihm noch nie gehört habe, spricht er: ›Ach, Kura! Es wäre doch schade, wenn sie mich umbringen würden! Ich möchte so gern leben! Aber von unserem Jahrgang 1922 bleibt fast niemand am Leben! Alle fallen sie!‹«

Während des Aufenthaltes in Graz hatte Jurka die schon lange erhoffte Erlaubnis erhalten, mit dem Medizinstudium in Berlin zu beginnen und er widmete sich mit voller Hingabe dieser neuen Aufgabe. Seine Briefe an Alois Eder, Oberstabsarzt in Salzburg, bestätigen die Richtigkeit seiner Wahl und zeigen seine Begeisterung: »Jedenfalls habe ich mich in meinen Erwartungen, was das Medizinstudium betrifft, nicht getäuscht und ich studiere deshalb mit großer Lust und regem Interesse.«

Alja Rachmanowa war über das Medizinstudium ihres Sohnes sehr glücklich, hatte sie doch befürchtet, dass ihm wegen ihrer »Unerwünschtheit« der Zugang zur Universität versagt werden könnte. Sie befürchtete das unwürdige Spiel der Sippenhaftung. Sie begleitete den Weg ihres Sohnes aufmerksam, schrieb ihm fast täglich Karten und schickte kleine Päckchen.

Auf der Suche, selbst etwas Sinnvolles in diesem Krieg leisten zu können, wandte sie sich an das Arbeitsamt, wovon sie Jurka Mitteilung machte: »Übermorgen gehe ich wieder ins Arbeitsamt und werde Bescheid bekommen, was ich für Arbeit kriege. Ich würde mich auch freuen, etwas zu leisten wie Vater und Du. Ich habe Dir schon gesagt, daß ich in Kriegseinsatz komme, halbtägig, werde für Soldaten nähen, auf was ich mich von Herzen freue, vielleicht wirst Du einmal Uniform oder Mantel tragen, welchen ich genäht habe.«

Die Mutter war natürlich sehr stolz auf ihren Sohn und freute sich, wenn sie Bestätigung über seine Beliebtheit erhielt. So schrieb sie eine Stelle aus einem Brief ab, den sie von Hauptmann Palfa, einem ehemaligen Vorgesetzten von Jurka, bekommen hatte: »Schon bei der ersten Begegnung ist er mir aufgefallen, daß er sicher und stramm sich vorstellte und mir dabei, was leider so viele Menschen nicht können, in die Augen sah.«

Das große Thema »Mädchen« behandelte Alja Rachmanowa in den Briefen an ihren Sohn immer wieder und berichtete über deren traurige Situation in Salzburg: »Überhaupt sind die Mädchen in Salzburg sehr aufgeregt wegen Bräutigamen, fast die ganze Jugend ist weg und die armen Mädchen sind sehr besorgt über ihre Zukunft.«

Und sie bat ihn, an den Geburtstag eines bestimmten Mädchens zu denken: »Vergesse bitte nicht Frl. Rutchen zu ihrem Geburtstag am 21. Aug. zu gratulieren. Es wird sich sehr darüber freuen.«

Während Jurka in Berlin studierte und dort unzählige Luftangriffe erleben musste, wurde seine Mutter schwer krank. Einfühlsame Vorgesetzte erlaubten Jurka für zwei Tage nach Salzburg zu fahren und die Mutter kurz im Spital zu besuchen. Alja Rachmanowa lag damals drei Monate im Sanatorium Wehrle und da sie inzwischen mit der Familie Wehrle befreundet war, konnte nicht nur ihr Mann bei ihr im Zimmer übernachten, sondern die ganze Familie alle Mahlzeiten gemeinsam im Sanatorium einnehmen, solange Jurka zu Besuch war. Jurka besuchte damals natürlich auch die Familie Reiter am Giselakai und sah nach seinen Tieren. Diesmal fiel ihm der Abschied sehr schwer. Er gestand, mit großen Sorgen wegzugehen und bat die Mutter noch eindringlich, bei Luftangriffen auf jeden Fall den Bunker aufzusuchen.

Er selbst wurde zur Infanterie beordert, musste sein Studium unterbrechen und einen militärischen Ausbildungslehrgang in Wiener Neustadt besuchen. In Salzburg fielen die Bomben, die Verbindung zwischen Jurka und den Eltern war unterbrochen. Alle Briefe, Telegramme und Pakete kamen mit dem Vermerk »Neue Anschrift abwarten!« zurück.

Eines Nachts läutete die Glocke und das Ohr der Mutter erkannte bereits an der Art des Klingelns ihren Sohn. Zehn Minuten waren ihm für diesen nächtlichen Kontakt vergönnt. Auf dem Weg von Innsbruck, wo die Soldaten Geräte

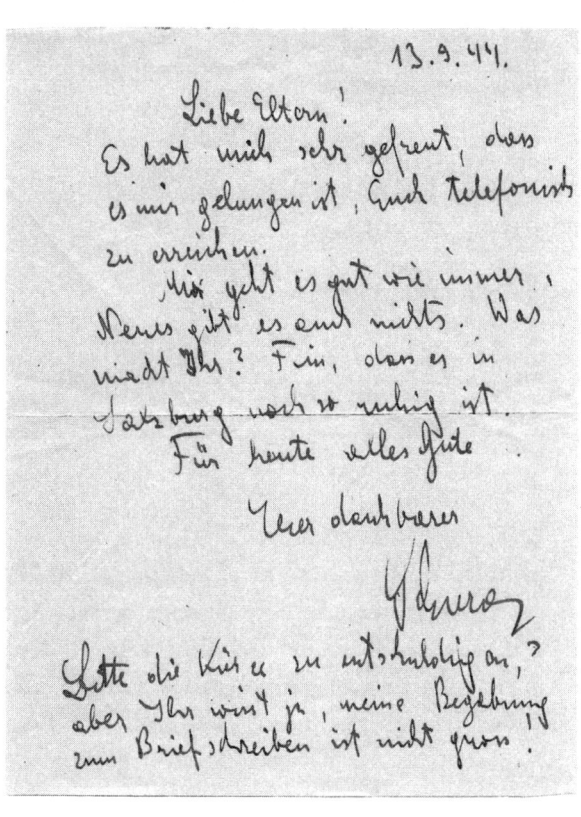

Brief von Jurka an seine Eltern, 1944

153

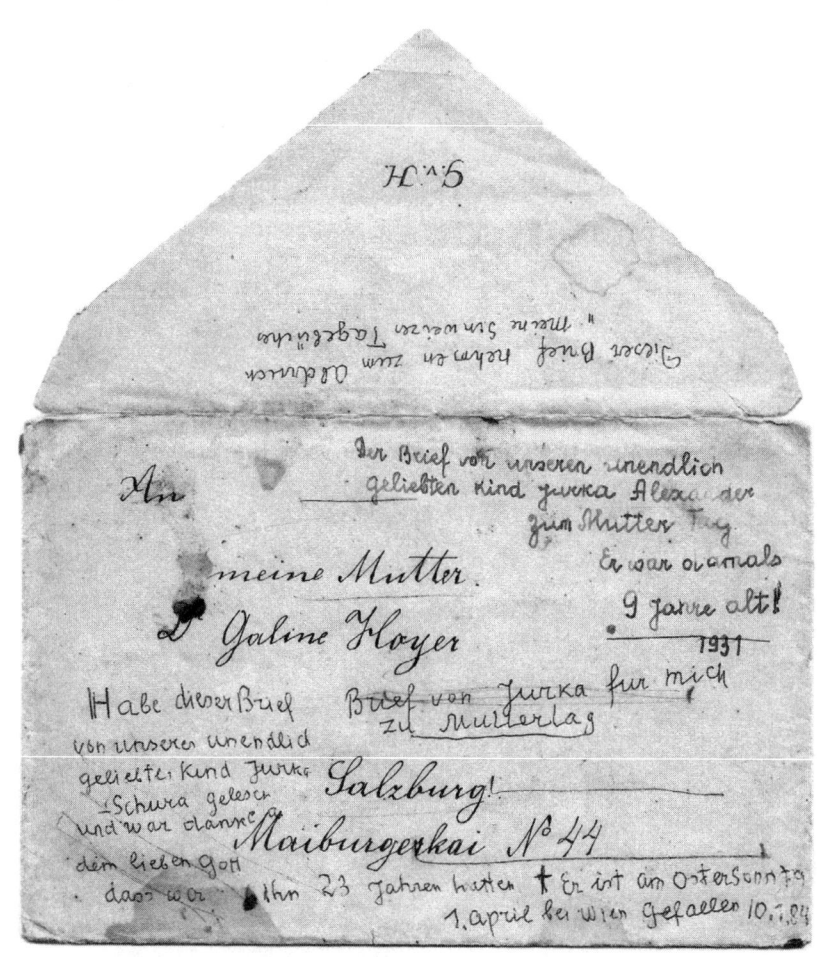

Brief von Jurka an seine Mutter mit nachträglichen Notizen
von Alja Rachmanowa

abholen mussten, überraschte sie ein Luftangriff: »Wenn nicht der Luftangriff auf Salzburg gewesen wäre, hätten wir glatt durchfahren müssen. So ist der Bahnhof zerstört, und wir sind gezwungen von Gnigl nach Aigen zu Fuß zu gehen. Da hab ich mir nun ein paar Minuten zu einem Besuch bei euch herausgeschunden.« Jurka wusste, dass das Kriegsende vor der Tür stand: »Wir werden uns nicht mehr sehen vor dem Zusammenbruch! Zwei Monate wird es noch halten, aber dann kommt er. Ich bitte euch, geht in die Schweiz!

Versprecht mir das, sonst werde ich keine Ruhe wegen euch haben. Um mich braucht ihr euch nicht zu sorgen! Ich werde mich schon irgendwie durchbringen! Vielleicht kann ich ja auch in die Schweiz kommen, später dann!«

Es gingen noch einige belanglose Fragen hin und her. Alja Rachmanowa bemerkte, welch »dumme, grausige Komödie« gespielt wurde, alle wollten verbergen, was in ihnen vorging. Mit den Worten »Lebt wohl! Gebt acht auf euch! Und geht in die Schweiz!« verließ Jurka seine Eltern.

Der Ostersonntag im Jahre 1945 fiel auf den 1. April. Dunkle Vorahnungen belasteten Alja Rachmanowa und der Gedanke, Jurka könnte durch die Hand eines russischen Soldaten getötet werden, wurde ihr unerträglich.

Als Jurka seiner Mutter einmal erzählte, als Sprachmittler andere Aufgaben zu haben, als zu töten, und dass er bereits vielen Gefangenen das Leben retten konnte, war sie glücklich. Nun aber wusste sie ihn bei der Infanterie, wo es seine Aufgabe war zu töten und diese Überlegung löste in ihr einen bisher fremden Gedanken aus: »Ach Jurka, wenn ich gewußt hätte, wie dein Leben wird, ich hätte es dir nicht gegeben.«

Seit ihrer Jugend kannte Alja Rachmanowa das Phänomen der Vorahnung und als sie nun das Evangelium aufschlug und las »Da nun Jesus den Essig genommen hatte, sprach er: Es ist vollbracht; und neigte das Haupt und verschied«, wusste sie, dass sie ihren Sohn nie mehr sehen wird. Fünf Tage vergehen, in denen Alja Rachmanowa von grauenhaften Bildern gequält wurde, in denen sie ihren Sohn mit dem Tode ringen sah: »Eine riesige Schlange ringelt immer enger ihren dicken Leib um meinen Jurka, ihr Kopf mit den starren, gläsernen Augen schiebt sich immer näher an ihn heran. Und über seinem Haupte schlagen die dunklen Schwingen eines ungeheuren schwarzen Vogels, und sie hüllen ihn mehr und mehr in ihre Schatten.«

Ein Soldat bringt die Nachricht, welche die Mutter seit Tagen erwartet hat:

»›Ist er gefallen?‹ — ›Ja, er ist gefallen!‹«

Jurka starb am 1. April 1945 in der Endphase des Zweiten Weltkrieges. Ende März überschritt die Rote Armee im Burgenland die deutsche Grenze. Die Panzer der sechsten Garde erreichten Wiener Neustadt und trafen Vorbereitungen für den Sturm auf Wien. Jurka fiel im Zuge dieses Kampfgeschehens in der Nähe von Wiener Neustadt.

Er konnte identifiziert und auf dem neuerrichteten Waldfriedhof bei der Ulrichskirche in Bad Erlach begraben werden. Eusebius Katzlberger, der Ordensobere der Augustiner Chorherren des Stiftes Reichersberg, hatte sich der Beerdigung Jurkas angenommen und den Eltern das Versprechen gegeben, sich auch weiterhin um das Grab ihres Sohnes zu kümmern: »So sende ich Ihnen einen Gruß aus weiter Ferne vom Kindesgrab und schließe an diesen Gruß das Versprechen: Das Grab Ihres Kindes ist mir heilig und ich werde achten darauf, als wäre es das Grab meiner Mutter.«

In Salzburg wurde die Todesnachricht in einer Zeitungsnotiz unter der Rubrik »Für Führer, Volk und Vaterland starben« bekanntgegeben:

>»Unser einziges Kind, unser alles, Alexander-Jurka von Hoyer, stud. med., Fahnenjunker-Feldw., Inhaber der Ostmed., 25 Jahre alt, am Ostersonntag 1945 im Osten. Seelenmesse am 10. April, 8 Uhr, in der Dreifaltigkeitskirche. In unsagbarem Leid: Dr. Arnulf v. Hoyer u. Frau Alja v. Hoyer-Rachmanowa, Eltern.«

Den Trauergottesdienst, der zehn Tage nach dem Tod von Jurka stattfand, zelebrierte der Freund der Familie, Pfarrer Zeiß, der mit seinen Worten Eltern und Freunde berührte: »Sie waren immer zusammen, Vater, Mutter und Sohn. Es war eine glückliche, wahrhaft harmonische Familie. Das Furchtbarste ist geschehen. Der hoffnungsvolle, einzige Sohn ist gefallen, die Eltern sind verwaist. Möge Gott Euch helfen, Euer so schweres Kreuz zu tragen. Die Seele Eures geliebten Sohnes wird Euch nie verlassen ...«

Im Anblick des Soldatengrabes mit dem Birkenkreuz, das »als Symbol für die Grabstätte in fremder Erde« vor dem Altar aufgestellt

ZUM GEDÄCHTNIS

an unser einziges, liebstes Kind

ALEXANDER-JURKA von HOYER
Student der Medizin

geboren am 1. Februar 1922
gefallen am Ostersonntag, den 1. April 1945
bei Wiener Neustadt

+

Eine größere Liebe hat niemand, als wer
sein Leben hingibt für die Seinen.

Ihr wisset, daß in zwei Tagen Ostern
ist; dann wird der Menschensohn zur
Kreuzigung ausgeliefert werden.

Matth. 26,2

In jener Zeit kauften Maria Magdalena,
Maria, die Mutter des Jakobus, und Sa-
lome Spezereien, um hinzugehen und Jesus
zu salben. Am frühen Morgen des ersten
Wochentages, als eben die Sonne aufging,
kamen sie zum Grabe. Sie sprachen zu-
einander: «Wer wird uns wohl den Stein
vom Eingang des Grabes wegwälzen?»
Als sie aber hinblickten, sahen sie, daß der
Stein schon weggewälzt war; er war nämlich sehr groß. Sie gingen nun ins Grab
hinein. Hier sahen sie zur Rechten einen
Jüngling sitzen, angetan mit einem weißen
Gewande. Darüber erschraken sie sehr.
Er aber sprach zu ihnen: «Fürchtet euch
nicht. Ihr suchet Jesus von Nazareth, den
Gekreuzigten. Er ist auferstanden und
nicht mehr hier!» *Mark. 16, 1-7*

Geliebte! Christus hat für uns gelitten
und euch ein Beispiel hinterlassen, damit
auch ihr in Seine Fußtapfen tretet. Er hat
keine Sünde begangen, und in Seinem
Munde fand sich kein Trug. Er schmähte
nicht, da Er geschmäht wurde, und drohte
nicht, da Er litt, sondern überließ Sich
dem, der Ihn ungerecht verurteilte. Er
trug unsere Sünden an Seinem Leibe auf
das Kreuzesholz hinauf, damit wir, der
Sünde abgestorben, der Gerechtigkeit lebten. Durch Seine Wunden seid ihr geheilt.

1 Petri 2,21-24

ABLASSGEBET

Herr, mein Gott, schon jetzt nehme ich
jede Art des Todes, wie es Dir gefallen
wird, mit allen ihren Ängsten, Leiden und
Schmerzen von Deiner Hand mit voller
Ergebung und Bereitwilligkeit an.

BENZIGER EINSIEDELN

HERR, DEIN WILLE GESCHEHE

Sterbebild von Alexander von Hoyer

war, fühlte Alja Rachmanowa intensiv die Nähe ihres Sohnes und versprach ihm, ihr »furchtbares Unglück in Demut zu tragen und im schwersten Augenblick die Kraft zu finden zu sagen: ›Herr, Dein Wille geschehe!‹«

Aus einem Brief von Franz Zeiß, Pfarrer in Andrä, erfahren wir, dass der Leichnam Jurkas 1947 von Wiener Neustadt nach Salzburg überführt und im Familiengrab der Familie Hoyer auf dem Kommunalfriedhof beerdigt wurde: »Ihr lieber Jurka wird also nach Salzburg überführt. Selbstverständlich werde ich gerne die Einsegnung übernehmen und auch im Namen der Eltern am Grabe beten. Und wenn nun doch in London der Staatsvertrag für Österreich fertig wird, wird es wohl nicht mehr lange dauern, daß Sie selbst zum Grabe kommen können. Ihr dankbarer Franz Zeiß.«

Ein Kranz für das Grab des Sohnes

Da die Eltern damals eine Reise nach Salzburg nicht wagten, fand das Begräbnis ohne sie statt und wurde ihnen von ihren Freunden, Familie Doktor Domanig, brieflich geschildert: »10. Dezember 1947. Soeben kommen wir von der Beisetzung Schuras vom Friedhof heim. Um 16 Uhr 30 war die Einsegnung in der großen Halle des Friedhofs. Der Sarg war schön aufgebahrt, bedeckt mit vielen Kränzen. Für Euch haben wir den schönsten Kranz machen lassen mit einer weißen Schleife mit der Inschrift: Die Liebe höret nimmer auf. Deine Eltern … Herr Pfarrer Zeiß und einer seiner Kapläne hat die Einsegnung vorgenommen und dann haben wir alle den Weg zum Grab angetreten. Nun ist er in Frieden gebettet im Familiengrab und es ist Euch ein Trost, daß er in der Heimat begraben ist.«

Meines Wissens nach haben die Eltern weder in Wiener Neustadt noch in Salzburg das Grab ihres Sohnes je besucht. Sie schickten jährlich einen Kranz aus der Schweiz, den sie noch dort fotografierten und dessen Textschleifen Salzburger Freunde nach der Entsorgung des Kranzes den Eltern wieder zurücksandten. Einige dieser Schleifen heftete Alja Rachmanowa im Wohnzimmer wie eine Dekoration an die Vorhänge.

Freunde, die das Grab Jurkas besuchten, schickten Blätter oder Ableger des Efeus, der auch heute noch den Grabstein immer wieder überwuchert.

Das schmiedeeiserne Kreuz mit dem Foto von Jurka und der Inschrift »Herr, Dein Wille geschehe« wurde von der Stadt Salzburg vor einigen Jahren entsorgt und durch eine Marmortafel ersetzt.

Nachlässe fallen einem zu. So kam auch dieses Kreuz in meine Hände und steht nun – etwas verändert und restauriert – auf dem Grab meiner Eltern auf dem Bregenzer Stadtfriedhof.

SCHWEIZ
1945–1991

Wir sind vollständig mittellos, allein und verlassen

WILLKOMMEN IN DER SCHWEIZ

»Geht in die Schweiz!«, war die Botschaft, die Jurka den Eltern bei seinem letzten, nächtlichen Kurzbesuch ans Herz gelegt hatte und die von ihnen als Vermächtnis verstanden wurde. Jurka war näher als seine Eltern am Kriegsgeschehen und schätzte die Gefahr, die durch das Heranrücken der Roten Armee bestand, vor allem für seine Mutter als sehr bedrohlich ein.

Alja Rachmanowa wurde einerseits in ihrer schriftstellerischen Tätigkeit von den Nationalsozialisten behindert, andererseits von den Russen als Verräterin ihrer Heimat verfolgt. Selbstmordgedanken gehen ihr durch den Kopf. Die Angst war groß: »Die Sowjets drangen immer tiefer in Österreich ein, und wer konnte es wissen, ob sie nicht noch vor den Amerikanern nach Salzburg kommen würden?«

Drei Wochen nach dem Tod des Sohnes entschloss sich das Ehepaar Hoyer erneut zu einem großen Schritt, mit dem ein neuer Lebensabschnitt beginnen sollte: »Nie werde ich die Minuten vergessen, als wir unser Haus verließen und an der Ecke noch einmal zurückblickten ... Dort stand Bella, Jurkas Hund, die Vorderpfoten am Eisentor, er wedelte mit dem kurzen Schwanz und winselte jämmerlich, und neben Bella jammerte die Katze Wolfi. Die beiden Tiere fühlten, daß etwas Schlimmes geschehen war. Wir hatten sie vor dem Weggehen noch der Obhut der Hausbesorgerleute anvertraut, aber wir waren sicher, daß wir sie nie wieder sehen würden. Und dann gingen wir fort. Wir waren jetzt wieder Flüchtlinge, zum dritten Mal in unserem Leben.«

Arnulf von Hoyer nahm Urlaub, von dem er nie wieder zurückkehren sollte. Das Ehepaar fuhr mit dem Zug an den Bodensee und versuchte in der Nacht vom 21. auf den 22. April 1945 über die

Grenze zu gelangen. Alja Rachmanowa hielt auch diese dramatischen Stunden in ihrem Schweizer Tagebuch fest: »Über 40 Kilometer sind wir durch Wald und Wiesen marschiert. Dreimal sind wir unter dem Stacheldraht hindurchgekrochen. Dreimal waren wir schon auf Schweizer Boden, und jedes Mal waren wir freundlich, aber bestimmt von den Grenzwächtern abgewiesen worden.« Der vierte Versuch sollte gelingen. Alja Rachmanowa und ihr Mann kamen zu einem offiziellen Grenzübergang, wo sie von einem Zollbeamten erkannt wurden: »›Frau Alja Rachmanowa? Sie kommen also auch zu uns?‹ – ›Ja‹, antwortete ich, ›wir wollen in die Schweiz, wenn Sie es erlauben!‹ Der Zollbeamte erklärte, daß er in Bern anrufen müsse, ob er sie einlassen dürfe, und kam mit den erlösenden Worten: ›Willkommen in der Schweiz!‹ zurück.«

Im Zollhaus wurde der Inhalt der beiden Aktentaschen, die das Ehepaar bei sich hatte, kontrolliert. Sie breiteten ihr Hab und Gut vor dem Zöllner aus: »Jurkas Spielzeugkätzchen, Spielzeughasen, den Gummielefanten, Jurkas grünen Steirerhut, seine Briefe von der Front, Photos von ihm, Tagebücher über ihn, seine Zeichnungen u.s.w., da konnte der Zöllner sein Mitgefühl nicht verbergen. Seinem Blick sah man es an.«

Die Schweiz war damals ein begehrtes Asylland, in dem Flüchtlinge aus verschiedenen Ländern versuchten Fuß zu fassen und Kriegsgefangene, denen es gelungen war auszubrechen, Schutz suchten. Zur Zeit der Kapitulation 1945 gab es etwa zehn- bis elftausend russische Gefangene in der Schweiz.

Das Ehepaar Hoyer wurde gemeinsam mit anderen Flüchtlingen und russischen Kriegsgefangenen zuerst in einem Zeltlager, anschließend im Quarantänelager in der Lindbergschule in Winterthur untergebracht. Auch dort erkannte man die beiden und nach demütigenden Aktionen – nackt ausziehen, sich entlausen und waschen lassen, fremde Kleidung anziehen – bekamen sie von Kommandant Schellenberg ein kleines Zimmer neben dem Turnsaal zugewiesen, wo sie zumindest zusammenbleiben konnten. Kommandant Schellenberg war es auch, der Alja Rachmanowa einen Zeitungsartikel brachte. Unter dem Titel *Flüchtlinge kommen und gehen* wurde die Ankunft von

Alja Rachmanowa erwähnt. »... Es mag hier eingefügt werden, dass auch die einst weltberühmte Schriftstellerin Alja Rachmanowa, die am 29. Oktober 1934 als Gast der literarischen Vereinigung in Winterthur einen sonst nie erreichten Publikumserfolg hatte, vorgestern über Ramsen nach Winterthur gekommen ist.«

Kommandant Schellenberg freute sich, dass Alja Rachmanowa in seiner Heimatstadt Asyl bekommen hatte: »Ich habe alle ihre Bücher gelesen und bin ein großer Verehrer von Ihnen!«

Erschütternd war für Alja Rachmanowa das Zusammentreffen mit ihren Landsleuten, die als Kriegsgefangene erwarten mussten, nach Sibirien abgeschoben zu werden. Für Alja Rachmanowa »war alles schrecklich zu hören. Sie sprachen alle russisch, meine Muttersprache, sie waren alle meine Landsleute und sie waren tief unglücklich, daß sie in ihre Heimat geschickt wurden«.

Die Angst dieser Menschen war nicht unbegründet, da 1945 etwa 9600 Gefangene »repatriiert« wurden, was bedeutete, dass eine Auslieferung nach Russland erfolgte, wo sie Verbannung, Zwangsarbeit oder die Todesstrafe erwartete.

Ein älterer Kriegsgefangener war Alja Rachmanowa besonders aufgefallen, da sie in seiner Sprache heimatliche Klänge zu hören glaubte. Als sie sich nach seiner Herkunft erkundigte, stellte sich heraus, dass er aus ihrer Heimatstadt kam: »Einen Landsmann hatte ich also getroffen, seit zwanzig Jahren zum ersten Mal also, und meine Lippen zitterten vor Erregung.«

Sie fragte den Alten nach Straßen, Gebäuden, schließlich nach Menschen, die ihnen beiden bekannt waren. Auch ihren Vater hatte der Alte gekannt und er bestätigte seinen Tod mit den Worten: »Schade, hätten ihn nicht umbringen sollen, deinen Vater!«

Alja Rachmanowa hatte von der Erschießung ihres Vaters bereits vor Jahren erfahren, war aber dennoch durch die Aussage dieses Mannes erschüttert.

Nach Auflösung des Quarantänelagers war für Alja Rachmanowa die Enttäuschung groß, dass es ihr nicht gelungen war, bei ihren »Freunden« Unterschlupf zu finden, und dass sie auf fremde Hilfe angewiesen war. Sie dachte an die Familie des Maschinenfabrikanten, die Professorenfamilie, die Arztfamilie, auf deren Freundschaft sie glaubte vertrauen zu können. Nun hatte sie aber das Gefühl, dass ihr niemand wirklich beistehen wollte. Alja Rachmanowa machte einen telefonischen Versuch bei ihrer »Freundin« Alice und bat um vorläufige Unterkunft. Nachdem sie abgewiesen wurde, zog sie sich zurück und hoffte auf offizielle Hilfe. »Das ganze Leben wollten wir nie jemandem zur Last fallen, jetzt waren wir soweit.«

Lydia Gürtler, die Tochter eines Pastors, hatte im Flüchtlingslager ihre Hilfe angeboten und wurde von Kommandant Schellenberg gebeten, für das Ehepaar Hoyer ein Zimmer zu suchen. Sie fand die Arztfamilie Studer, die das Ehepaar aufnahm und bei der sich Alja Rachmanowa im Haushalt nützlich erweisen konnte.

Ein Jahr lebten Alja Rachmanowa und Arnulf von Hoyer in Winterthur am Rehweg in einem ungeheizten Mansardenzimmer ohne Fließwasser und ohne Kochmöglichkeit.

Die Übersiedlung in ein geräumigeres Zimmer in einem Patrizierhaus in der Rychenbergstraße, in dem es auch eine Kochplatte gab, war bereits ein Aufstieg.

Ein Zufluchtsort war damals der Lesesaal der Stadtbibliothek in Winterthur, den das Ehepaar oft aufsuchte, um ungestört arbeiten zu können: »Dort umgab uns die Welt des Geistes, die Bibliothekare waren freundlich zu uns, und das Lesezimmer wurde warm geheizt.«

Arnulf von Hoyer vermisste in dieser Zeit das Musizieren sehr; häufig hatte ihm die Musik über schwierige Lebensphasen hinweggeholfen. In Salzburg hatte er begonnen, eine große Schallplattensammlung anzulegen, musizierte selbst und schuf Kompositionen, von denen einige im Nachlass erhalten sind. In dieser neuerlichen Notzeit bastelte er sich eine Klaviatur aus Karton, auf der er spielte, um nicht aus der Übung zu kommen. Alja Rachmanowa schildert in einem Interview, dass es sehr schmerzlich für sie gewesen sei, ihrem Mann bei diesem stummen Spiel zuschauen zu müssen.

Alja Rachmanowa war in Österreich nach 1938 als Schriftstellerin »von oben her langsam, systematisch, heimtückisch abgewürgt worden«. Nun befand sie sich in einem freien Land und nahm ihre Arbeit an ihrer Schreibmaschine, einer Hermes-Media, wieder auf. Nach Aussage von Heinrich Riggenbach hatte Alja Rachmanowa nie eine Schreibmaschine mit kyrillischen Lettern besessen. Sie schrieb die russische Sprache in lateinischer Schrift in einer von ihr frei gehandhabten phonetischen Umschrift.

Die Vorworte zu ihren späteren Werken schrieb sie oft in ihrer sehr charakteristischen, kalligrafisch anmutenden Handschrift.

Alja Rachmanowa an ihrer Schreibmaschine

Die große Leserschaft von Alja Rachmanowa hatte von ihrem Schicksalsschlag, dem Tod ihres Sohnes, gehört. Mit großem Interesse erwartete man daher eine Veröffentlichung ihrer Schilderungen von Jurkas letzten Jahren. »Gleich vom ersten Tage im Flüchtlingslager an begannen wir an dem Buche ›Einer von vielen‹ zu schreiben, das dem Andenken unseres armen Kindes gewidmet werden sollte. Wir mußten nun ja allein von unserer literarischen Arbeit leben, und wie schwer das sein würde, drüber waren wir uns klar.«

Mit einer ähnlichen Intuition wie Anna Achmatowa, die ihrem Sohn Lew ein Requiem gewidmet hatte, das sie im Namen all derer geschrieben hatte, die Opfer des Stalin-Terrors waren, legte auch Alja Rachmanowa in ihrem Buch mit dem schlichten Titel *Einer von vielen* ein Gedenken an ihren Sohn vor. Obwohl Anna Achmatowas Sohn das Arbeitslager überlebt hatte und die beiden Werke auch formal sehr verschieden sind, so beabsichtigten beide Mütter dasselbe: Sie wussten, dass es tausende von Menschen mit ähnlichem Schicksal gab und wollten diesen eine Stimme geben und ihnen ein Zeichen setzen.

Im Vorwort schreibt Alja Rachmanowa: »23 Jahre lang haben wir, seine Eltern, unser Kind gehegt und gepflegt, haben es vor allem zu bewahren gesucht, was ihm schaden könnte, haben es mit einem Strom von Liebe umgeben, für den es keine Grenzen gab, der unsere Herzen ganz erfüllte. Nun ist unser Kind tot, weil er in einer Welt sein mußte, in der Haß stärker ist als die Liebe, und uns, seinen Eltern, ist der eigentliche Sinn ihres Erdendaseins für immer genommen. Aber wir sind nicht allein. Mit unserem Sohne sind viele Millionen von blühenden, hoffnungsvollen Menschenleben vernichtet worden, mit uns weinen Millionen und Millionen von Müttern und Vätern um das, was ihnen nie mehr wiedergegeben werden kann. Gibt es für sie überhaupt einen Trost? Vielleicht! Aber nur dann, wenn die Opfer, die sie gebracht haben, von der Menschheit in dem Sinne aufgenommen werden, in dem dieses Buch geschrieben worden ist: Es darf keinen Haß, es darf nur Liebe geben!«

Das Buch versprach einen guten Absatz und wurde mit einem Vorschuss honoriert.

Besonders in Salzburg war das Interesse groß und es bewegte die Menschen sehr, wie in den vielen »Salzburg-Briefen« nachzulesen ist. Pfarrer Zeiß bedankt sich in einem Brief persönlich, aber auch im Namen der Seelsorge für das Werk, dem er bald eine Verbreitung im ganzen deutschen Sprachraum wünschte: »Schon nach den ersten zwanzig Seiten fühlte ich gerade aus dem zweiten Band eine starke religiöse Welle mir entgegenschwingen und am Schluß hatte ich das Gefühl, ich hätte Exerzitien gemacht.«

Dass die Schweiz anfangs als Zwischenstation gedacht war, lässt sich aus verschiedenen Briefen, die nach Salzburg gingen, belegen. So schrieb Arnulf von Hoyer im April 1946 an Freunde: »Ich habe ein offizielles Ansuchen an den Landesschulrat um unbezahlten Urlaub gestellt und gebeten, daß man mir diese Beurlaubung bis zu dem Zeitpunkt gewähre, an dem ich – eben nach meiner Rückkehr – Gelegenheit

haben werde, persönlich nachzuweisen, daß ich nicht früher zurückkehren konnte.«

Als aus Salzburg die Anfrage einer Mietpartei kam, ob man ein
Zimmer umgestalten dürfe, reagierte Arnulf von Hoyer mit einer
abschlägigen Antwort: »Wir können uns, so leid es uns tut, damit
nicht einverstanden erklären. In den letzten acht Jahren hat sich
gerade in diesem Zimmer das ganze Leben meiner Frau abgespielt,
hier hat sie all die glücklichen und bitteren Stunden verbracht, die uns
mit unserem Sohn zusammen zu verbringen vergönnt waren, und sie
träumt immer von der Zeit, die sie wieder in diesem Zimmer verbringen kann, aber natürlich in diesem Zimmer wie es ist. Wenn Sie nun
die eingebauten Regale entfernen und das Zimmer neu austapezieren,
dann bleibt aber von ihm nichts mehr übrig, als ein geometrischer
Raumbegriff ... Übrigens, abgesehen von diesen seelischen Gründen,
würden solche Veränderungen auch gar nicht mehr dafürstehen, denn
die größere Hälfte unserer Abwesenheit ist bestimmt schon vorbei,
und wir hoffen, sehr bald wieder in Salzburg zu sein, spätestens in
einigen Monaten.«

Die Rückkehr nach Salzburg blieb ein Wunsch, der nicht in Erfüllung
ging. Die Jahre vergingen, der Staatsvertrag ließ auf sich warten und
so reifte langsam der Entschluss, in der Schweiz zu bleiben.

Pfarrer Bernhard Sprecher aus Tänikon holte das Ehepaar Hoyer
in seine Gemeinde nach Ettenhausen, ein kleines Dorf in der Nähe
von Winterthur, Kanton Thurgau, und half, ein geeignetes Grundstück für den Bau eines Hauses zu finden.

Baumeister Martin Waibel wurde mit der Errichtung eines Einfa-
milienhauses beauftragt.

Die diffuse Angst vor den Russen und dem Bolschewismus mag
ausschlaggebend gewesen sein, dass in der Bevölkerung Bedenken auf-
kamen, das Ehepaar Hoyer im Dorf ansiedeln zu lassen, sodass das
Projekt »Hausbau« fast gescheitert wäre. Das Ehepaar Hoyer erfuhr
von Pfarrer Sprecher, dass »ganz unüberwindbare Schwierigkeiten
aufgetaucht« seien und antwortete entsprechend entsetzt: »Dass wir
nun auch in Ettenhausen ›unerwünscht‹ wären, das hätten wir uns

Das Haus in Ettenhausen/Schweiz

wohl nicht träumen lassen.« Wem es damals gelang, die Konflikte
zu lösen und eine Meinungsänderung in der Gemeinde und bei dem
Ehepaar Hoyer zu bewirken, ist mir nicht bekannt. Die Situation
muss sich beruhigt haben, denn seit dem 27. Jänner 1949 hieß die
Adresse: Ettenhausen bei Aadorf, Kilbergstraße – heute Alja-Rachmanowa-Weg.

»... mancher mag sich wohl gewundert haben, daß in den ersten
Tagen nach unserem Einzug unser Haus immer festlich beleuchtet
war. Wir ließen absichtlich alle Lichter brennen (...) Wer wußte, daß
wir 4 Jahre lang in Winterthur in einem einzigen möblierten Zimmer
lebten, verstand unsere kindliche Freude.«

Arnulf von Hoyer und Alja Rachmanowa waren an ihrem neuen
Wohnort sesshaft, es gibt keine Hinweise auf Auslandsreisen.

1950 empfand Arnulf von Hoyer die Bedrohung durch die Russen noch zu groß, um an eine Reise in die Heimat zu denken. In

einem Brief an den Verleger Otto Müller schrieb er: »Persönlich gibt es von uns nicht viel zu berichten. Wir arbeiten viel und richten uns hier ein, so gut es geht, nachdem wir jetzt schon das sechste Jahr in der Schweiz leben und noch immer keine Aussicht ist, daß wir in ein Österreich zurückkehren können, dessen Hauptstadt Wien wir ohne Gefahr besuchen dürfen.«

Die Verbindung zu Salzburg und zur Villa am Giselakai blieb vor allem durch das Hausmeisterehepaar bestehen.

Das Haus war seit dem Krieg »mit Ausgebombten aus der Stadt Salzburg überfüllt«. Das Ehepaar Reiter, das die Stellung hielt, versuchte noch lange wenigstens zwei Zimmer für die Rückkehr der Besitzer freizuhalten, bis schließlich 1952 der Verkauf des Hauses beschlossen wurde.

In diesem Zusammenhang möchte ich auf die wichtige Position des Ehepaares Reiter hinweisen. Sie hielten ihrer »Herrschaft« jahrelang die Treue, bestellten bereits im ersten Eigenheim Haus und Garten und übersiedelten dann mit der Familie Hoyer an den Giselakai, was für alle Beteiligten einen gesellschaftlichen Aufstieg bedeutete. Frau Reiter begleitete Alja Rachmanowa manchmal auf Lesereisen oder kümmerte sich um Jurka, wenn die Mutter abwesend war. Herr Reiter wurde von Jurka als Vorbild im lebenspraktischen Bereich, vor allem wegen seiner handwerklichen Fähigkeiten geschätzt.

1944 kam es allerdings zu einem langanhaltenden Konflikt zwischen Alja Rachmanowa und Frau Reiter, den Alja Rachmanowa in ihren Alterstagebüchern wiederholt thematisiert und als »große Enttäuschung« bezeichnet. Frau Reiter hatte der Familie Hoyer ihren Dienst aufgekündigt, sodass Alja Rachmanowa viele Haushaltsarbeiten selbst erledigen musste. Beide Frauen dürften in diesem Streit arge Kränkungen erfahren haben. Frau Reiter äußerte schließlich Alja Rachmanowa gegenüber, dass sich Arbeiter und Kapitalisten einfach nicht verstehen können.

Erstaunlicherweise dürfte sich die Beziehung zwischen der Familie Hoyer und dem Ehepaar Reiter wieder normalisiert und verbessert haben. Jedenfalls erteilten Hoyers nach dem überstürzten Aufbruch in die Schweiz den Eheleuten Reiter eine Vollmacht, die sie berechtigte, viele wichtige Entscheidungen, das Haus betreffend, zu erledigen. In zahlreichen Briefen ist dokumentiert, dass alles verantwortungsbewusst und verlässlich ausgeführt wurde. Der Aufgabenkatalog erstreckte sich von finanziellen Angelegenheiten, über die Hausverwaltung, den Kontakt mit den Hausparteien, die oft sehr fordernd auftraten, die Gebäudesanierungen und Grabpflege bis zur Betreuung der zurückgelassenen Tiere.

Herr und Frau Reiter wurden immer wieder um Auskunft über das Ehepaar Hoyer gebeten und mussten abschätzen, wem welche Information gegeben werden konnte.

Freunde informierten Alja Rachmanowa und Arnulf von Hoyer wiederholt über die loyale Haltung des Ehepaares Reiter. Eine Bekannte berichtet nach einem Besuch bei Frau Reiter, dass diese mit sehr viel Liebe und Treue von der Herrschaft spreche. Frau Reiter habe ihr verschiedene Dinge gezeigt, die sie von Alja Rachmanowa zugesandt bekommen habe, wolle aber nichts davon anrühren und abwarten, ob die Herrschaften dies nach ihrer Rückkehr nicht selbst benötigten.

Die Schweiz blieb das Exilland. Salzburg wurde nie mehr besucht.

Tröstlich für Arnulf von Hoyer mag in jener Zeit der intensive Briefkontakt mit seinem Bruder Edmund und dessen Frau gewesen sein. Viele Durchschläge dieser Briefe beweisen, dass Arnulf von Hoyer zu seinem Bruder eine sehr positive Beziehung hatte und die familiäre Bindung sehr schätzte. Die beiden Brüder hatten sich lange Zeit aus den Augen verloren und sich erst 1946 nach der Rückkehr Edis aus der russischen Kriegsgefangenschaft wieder gefunden.

Edmund war akademischer Maler und schuf 1944 das Altarbild der Kriegsgefangenen in Jelabuga an der Kama. Er war verheiratet, kinderlos und lebte in Wien. Als Kunsterzieher und Mathematikprofessor lehrte er an einer Mittelschule.

Einige Fotos und Zeitungskritiken von einer Ausstellung anlässlich des siebzigsten Geburtstages von Edmund von Hoyer in der Staatsdruckerei Wien (1963) beweisen ein hohes künstlerisches Niveau seiner Bilder, deren Stil in der österreichischen Tradition verwurzelt ist und die auffallend an das Werk Egon Schieles erinnern.

Arnulf von Hoyer, der selbst künstlerische Ambitionen hatte und sich neben der Musik gelegentlich in der bildenden Kunst versuchte, schätzte die Werke seines Bruders, bezeichnete sie als »ausdrucksstark« und fand, dass sie von »zeichnerischer Meisterschaft« zeugen. Die Ausstellung seines Bruders verfolgte er mit »lebhaftestem inneren Anteil« und gratulierte ihm mit einem interessanten Aspekt: »Wir sind sehr froh nun zu wissen, daß alles gut gegangen ist, ja, nach den Pressestimmen zu schließen, daß es ein wirklicher Erfolg war. Wenn man weiß, wie scharf die herrschenden Vertreter der abstrakten Malerei (man könnte schon von einer Art moderner Reichskunstkammer sprechen) alles unterdrücken und totschweigen, was sich ihnen nicht völlig beugt, muß man geradezu staunen, wie gut Du Dich, lieber Edi, durchsetzen konntest! Wir gratulieren Dir von ganzem Herzen.«

Der Kontakt zwischen Arnulf von Hoyer und seinem jüngeren Bruder Karl war spärlich. 1944 fand noch ein kurzes Treffen der Brüder in Salzburg statt. Karl war in einem kaufmännischen Beruf tätig und bei den Firmen Waagner Biro und Henkel beschäftigt. Er lebte in Wien und später in Hamburg, wo er 1960 starb. Im Zweiten Weltkrieg war auch er an der Ostfront, kam jedoch später in amerikanische und englische Gefangenschaft. Sein einziger Sohn Karl aus erster Ehe fiel 1944, sodass es nach den drei Brüdern Arnulf, Edmund und Karl keine direkten Nachkommen der Familie Hoyer mehr gibt.

Mein Mann ist ein scheues Reh

DAS SCHREIBENDE PAAR

In Ettenhausen fanden die Hoyers ihren letzten Wohnsitz und organisierten ihr Leben als schreibendes Paar.

Obwohl sie nun im Exil lebten, mussten Alja Rachmanowa und Arnulf von Hoyer ihre Arbeitsweise nicht verändern. Alja Rachmanowa blieb bei ihrer russischen Sprache, ihr Mann übersetzte. Die Konstellation des Paares war eine besondere: Ihre schriftstellerische Arbeit erforderte kein Alleinsein, gegenseitige Konkurrenz war ausgeschlossen. Die beiden Lebensbereiche waren mehr denn je miteinander verwoben. Die Wohnsituation war am Anfang sehr beengt. Der Tod des Sohnes hatte eine Lücke gerissen, sodass ein Zusammenrücken unumgänglich war. Arnulf von Hoyer war plötzlich ohne Beruf, ohne Außenkontakte und mehr als früher auf die Zusammenarbeit mit seiner Frau angewiesen. Es ist anzunehmen, dass beim Recherchieren ein reger gegenseitiger Austausch stattfand. Das Augenmerk war auf dasselbe Thema, denselben Fokus gerichtet. Kein Buch konnte ohne die Arbeit des anderen entstehen.

Bereits in Russland fanden Alja Rachmanowa und Arnulf von Hoyer in ihrer wissenschaftlichen Arbeit zusammen und arbeiteten gemeinsam an einem Kompendium über die *Literatur- und Geistesgeschichte des 19. Jahrhunderts in Rußland*. »Otmar und ich haben viel gearbeitet an unserem Buche, welches Glück, nicht nur zusammen leben, sondern auch zusammen schaffen zu können.« Damals war nicht vorauszusehen, dass dies der Beginn einer lebenslangen Arbeitssymbiose war, die sich in der Herausgabe von neunzehn Büchern niederschlug.

Mit dem Erscheinen des ersten Buches von Alja Rachmanowa in Salzburg kam Arnulf von Hoyer in die Rolle des »Prinzgemahls« und wurde zum Ehemann einer berühmten Schriftstellerin und zum

Übersetzer, der im Hintergrund blieb und Unterstützung bot. Er war in den Augen seiner Frau, wie sie ihn in einem Interview nannte, »ein scheues Reh«. Den Briefen nach zu schließen und Erzählungen von Zeitzeugen folgend, muss Arnulf von Hoyer humorvoll und lebensbejahend gewesen sein. Alja Rachmanowa erinnerte sich aber rückblickend, dass ihr Mann in schweren Zeiten oft an Selbstmord dachte und sie ihn in ihrem unbändigen Lebenswillen immer wieder aufmunterte: »Ich will leben und will auch, daß du lebst!«

In seinem Stammberuf als Lehrer war Professor Hoyer sehr beliebt. Kollegenbriefe bestätigen eine hohe Akzeptanz und beweisen, dass er im Lehrkörper eine schmerzliche Lücke hinterlassen hatte.

Der Maturajahrgang 1943 besuchte 1968 anlässlich des fünfundzwanzigjährigen Maturajubiläums seinen ehemaligen Lehrer und überbrachte ihm ein Schreiben des Präsidenten des Salzburger Landesschulrates, Hofrat Matthias Laireiter, in welchem dieser die pädagogische Tätigkeit Professor Hoyers an der Lehrerbildungsanstalt Salzburg sehr lobte. Arnulf von Hoyer war von außerordentlicher Freude erfüllt und empfand das Schreiben als einen »unschätzbaren Lohn« für sein Bemühen, an der Erziehung der Jugend mitgewirkt zu haben.

In der Schweiz bekam Arnulf von Hoyer keine Berufserlaubnis als Lehrer, durfte aber als Übersetzer weiterhin tätig sein.

Der Slawist Wolfgang Kasack schreibt über seine Übersetzungstätigkeit in der Tageszeitung *Die Welt*: »Das Deutsch, in dem die Bücher jeweils erschienen, war das Deutsch ihres Mannes Arnulf von Hoyer. Es ist manchmal eigenwillig und dem Russischen zu nah, aber es ist flüssig und ermöglicht den breiten Zugang.«

Hinweise in Briefen bezeugen eindeutig, dass alle Bücher zuerst in Russisch, in der Muttersprache von Alja Rachmanowa, geschrieben wurden und nur in Übersetzungen von Arnulf von Hoyer vorliegen.

In der Zusammenarbeit bestand die Hauptaufgabe Arnulf von Hoyers vermutlich im Schriftverkehr und in Verhandlungen mit den Verlagen sowie vor allem im Quellenstudium. Er war für die Beschaffung der Literatur zuständig, die er teilweise in seiner eigenen, in drei Jahrzehnten systematisch aufgebauten Bibliothek fand, oder die er sich aus den verschiedensten Bibliotheken aus dem In- und Ausland zusenden ließ. Er ärgerte sich über die knapp bemessenen Ausleihzeiten, die es notwendig machten, dass dicke Wälzer in kurzer Zeit durchgearbeitet werden mussten. Da die beiden in ihren Büchern großen Wert auf historische Authentizität legten, musste besonders akribisch recherchiert und widersprüchliche Angaben immer wieder verglichen und auf den Wahrheitsgehalt überprüft werden.

Exlibris von Dr. Arnulf von Hoyer

Der Großteil der äußerst umfangreichen privaten Bibliothek des Ehepaares Hoyer, die vor allem aus russischer geistlicher Literatur des 19. Jahrhunderts bestand, wurde vom Nachlass getrennt und befindet sich heute in der Zentralbibliothek in Zürich, wo sie einen Schweizer Schwerpunkt für russisch-orthodoxe Literatur bildet.

In einem erstaunlich konzentrierten Arbeitseinsatz entstanden in den Jahren ab 1945 noch zehn weitere Bücher, die vor allem die Lebensbeschreibungen berühmter russischer Persönlichkeiten beinhalten, auf die im folgenden Kapitel noch genauer eingegangen wird. In diesen Biografien konnte sich Alja Rachmanowa in ihre Protagonisten hineinversetzen und sich gedanklich und schöpferisch weiterhin sehr intensiv mit ihrer Heimat beschäftigen.

Arnulf von Hoyer fühlte sich vermutlich auch für den Erfolg und den Absatz der Bücher verantwortlich, wie er seinem Bruder schreibt: »Viel Arbeit geben uns auch die Bücher, aber leider nicht mehr den gewünschten Erfolg.«

Der Bücherliebhaber Hoyer beobachtete mit Sorge die Entwicklung auf dem Buchmarkt und beklagte die Preisgebarung sowie die

Einstellung des Publikums in einem Brief an Professor Hans Halm (1962): »Bücher sind ja jetzt wohl schon das Einzige, das nicht teurer werden darf. Das liebe Publikum, das, ohne mit der Wimper zu zucken, an einem Abend 50 Franken um die Erde haut oder ein Handtäschchen um 80 Franken erwirbt, das nach ein paar Wochen wieder weggeworfen wird, fühlt sich ja unmittelbar vom finanziellen Ruin bedroht, wenn es für ein Buch um einen Franken mehr ausgeben sollte.«

Was Arnulf von Hoyer bereits damals erkannte, entwickelte sich immer weiter und so findet das Publikum heute über Handelsketten, Discounter und Internet immer mehr Wege zu billigen Büchern. Die Schweiz versuchte diesem Trend entgegenzusteuern und durch die Wiedereinführung der Buchpreisbindung das Buch unter besonderen Schutz zu stellen. Am 11. März 2012 stimmten jedoch bei der Volksabstimmung 56% der Wähler und Wählerinnen gegen fixe Buchpreise, wodurch Arnulf von Hoyer in seiner Meinung über das Verhalten des Publikums erneut bestätigt worden wäre.

Außerdem bedauerte Arnulf von Hoyer die Schnelllebigkeit der Neuerscheinungen: »... heute lebt ja ein Buch, ob gut oder schlecht, auf keinen Fall länger als eine Schuhfasson oder eine Frisur.«

Er kommt auch zum Schluss, dass sie es sich nicht mehr leisten können, wie bei der Biografie über Tschechow fünf Jahre an einem Werk zu arbeiten, das dann nur eine Weihnachtssaison lang lebt.

Beim nächsten Werk *Die Verbannten* wurde die Arbeitsstrategie geändert, wie in einem Brief zu lesen ist: »Wir sind jetzt mitten in der Arbeit mit den Dekabristen und bemühen uns dabei, ganz rationell zu arbeiten, nicht um ein Haar mehr, als notwendig ist. Die große, minutiöse Arbeit, die wir an Tschechow verwendeten, hat sich nicht bezahlt gemacht.«

Mit den Jahren wurden die Bedingungen und Anforderungen für freie Schriftsteller immer schwieriger. Der Druck seitens des Verlages nahm zu: »Wir wurden fortwährend vom Verlag gemahnt, wir sollen uns mit den Korrekturen beeilen. Wir waren in derselben Lage wie ein Löwe vor der Peitsche des Dompteurs.«

Arnulf von Hoyer und Alja Rachmanowa

Die Seitenanzahl wurde beschränkt, die Auflagen verringert, Neu-
auflagen sollten gekürzt werden, was das Ehepaar aber ablehnte: »Die
Kürzung des Dostojewski-Romanes haben wir aufgegeben. Es hätte
gar keinen Sinn, einige Jahre zu opfern, um aus einer Fünfzimmer-
wohnung eine Dreizimmerwohnung zu machen, denn auf etwas Ähnliches käme dies ja heraus.«

Da der materielle Erfolg einer Künstlerbiografie zum Aufwand
in keinem vernünftigen Verhältnis stand, beschloss man 1963 zur
Umsatzsteigerung ein kleines Büchlein herauszugeben. *Tiere begleiten mein Leben* sollte Rachmanowa-LeserInnen auf autobiografische
Details der Schriftstellerin neugierig machen. Zum ersten Mal wurden auch einige Privatfotos veröffentlicht.

Arnulf von Hoyer schickte seinem Bruder Edi dieses Buch mit
den Worten: »Unser neuestes Büchlein ›Tiere begleiten mein Leben‹,
wobei unter ›mein‹ Alja gemeint ist, während unter den ›Tieren‹ nicht
nur Hunde, Katzen u.s.w., sondern auch ich als Ehegatte einbegriffen
sind.«

Da gerade die Anschaffung einer neuen Heizung bevorstand, gab Arnulf von Hoyer seiner Hoffnung Ausdruck, dass die Heizung »durch die ›Tiere‹« bezahlt werde.

Das letzte gemeinsame Werk war das Tschaikowski-Buch, dessen Herausgabe Arnulf von Hoyer nicht mehr erlebte. 1966 schrieb er seinem Bruder, das Manuskript sei abgegeben worden und sie warteten nun mit Bangen, ob der Verlag mit den Kürzungen zufrieden ist. In einem weiteren Brief ist zu lesen, dass der Verlag das Manuskript nicht angenommen habe, »da er sich mit der Homosexualität Tschaikowskijs nicht abfinden konnte«. Das Buch musste noch sechs Jahre auf seine Veröffentlichung warten.

Neben der literarischen Arbeit sollten auch die Leserbriefe beantwortet werden. »Es waren ihrer so viele, daß uns der Kopf rauchte.«

Die Briefe gingen natürlich alle an die Adresse der Schriftstellerin, von der eine persönliche Antwort erwartet wurde. Da aber Alja Rachmanowa für einen fehlerfreien Brief in deutscher Sprache die Hilfe ihres Mannes benötigte, mussten alle Briefe von ihm korrigiert werden. Er legte für die »Geschäftspost« eine Kartei an, ordnete die Briefe alphabetisch, schrieb auf jede Postkarte den Namen des Absenders mit der Maschine und machte von den persönlichen Antwortschreiben Durchschläge, von denen viele im Nachlass enthalten sind.

Als die Anzahl der Leserbriefe zu groß wurde, ließen Alja Rachmanowa und ihr Mann einen Rundbrief drucken, worin sie erklärten, dass eine individuelle Beantwortung so zahlreicher Briefe in Zukunft leider nicht mehr möglich sei. Die Schlussfolgerung lautete: »Um aber dennoch die ständigen Gewissensbisse einzudämmen, die mich quälen, wenn ich die vielen so lieben und freundlichen Briefe meiner Leser sehe, haben wir uns zu der einzigen Lösung durchgerungen, die es uns erlaubt, dennoch den Kontakt zu unseren Freunden aufrecht zu erhalten: zu der übrigens heute sehr beliebten Form des Rundbriefes Zuflucht zu nehmen.«

Ich wollte ihnen ein bescheidenes Denkmal errichten

DIE BIOGRAFIEN

Mit ihren Tagebüchern und autobiografischen Werken ist Alja Rachmanowa berühmt geworden. Ihr Jugendtraum, Schriftstellerin zu werden, hat sich erfüllt. Verständlicherweise wollte sie weiterhin ihrer Berufung als Schriftstellerin nachkommen, und so wandte sie sich, als die autobiografischen Themen erschöpft waren, Künstlerbiografien zu. Während ihres Literaturstudiums in Russland hatte sie sich mit den verschiedenen Dichtern und Künstlern ihrer Heimat befasst. Sie konnte daher an diese Vorarbeiten anschließen und systematisch an die Themen herangehen.

Bereits in Salzburg gelang es ihr noch, trotz der kritischen Jahre, als der Einfluss der Politik auf das Kulturleben immer größer wurde, die beiden Biografien über Tolstoi und Wera Fedorowna herauszugeben.

In der Schweiz entstanden zehn weitere Biografien, die aber nicht an den Erfolg der Tagebücher anschließen konnten. Die Bücher waren in Österreich noch bis 1950 verboten. Der Schweizer Buchmarkt war klein, was den Absatz erschwerte.

Das Ehepaar Hoyer musste in der Schweiz – abgesehen von einer kleinen Lehrerpension – von der »Schriftstellerei« leben. Beide waren sehr produktiv, erreichten aber keinen sehr großen Leserkreis mehr. Die Auflagen der Bücher waren im Vergleich zu den Tagebüchern gering, die Titel blieben oft unbekannt und sind heute nur noch antiquarisch erhältlich.

Um das Gesamtwerk von Alja Rachmanowa darzustellen, werden im folgenden Abschnitt die Biografien kurz vorgestellt. Alja Rachmanowa war es ein Anliegen, in ihren Künstlerbiografien die Lebensumstände der Menschen zu schildern, das Spannungsverhältnis zwischen Kunst und Leben zu thematisieren und allgemeines Interesse für diese Personen zu erwecken.

LEO TOLSTOI (1828–1910)
Tragödie einer Liebe. Roman der Ehe Leo Tolstojs
1937

Alja Rachmanowa war zwölf Jahre alt, als Tolstoi starb. Der Schriftsteller war in ihrer Familie geschätzt, im familiären Freundeskreis gab
es sogar Anhänger des Tolstojanismus. Nach dieser Lehre sollte das
Leben ein Prozess der moralischen Selbstvervollkommnung sein. Tolstoi predigte Gewaltlosigkeit, eine klassen- und ständelose Gesellschaft
mit Verzicht auf Privatbesitz und die Hinwendung zum einfachen
Landleben. Seine tatsächliche Lebensführung widersprach allerdings
dieser Lehre, sodass die Katastrophe der Partnerschaft unabdingbar
war. Alja Rachmanowa empfand die damals gängige Charakterisie-
rung von Sonja Tolstaja als sensible und schwierige Partnerin, die
unfähig war, die Ideen ihres Mannes zu unterstützen, als einseitig und
überzeichnet. Ihre Absicht war es, die Ehe Tolstois als Beziehungs-
ganzes zu beleuchten, und vor allem Sonja Tolstaja mit ihrer großen
Leidensfähigkeit zu rehabilitieren.

WERA FEDOROWNA KOMMISSARSCHEWSKAJA (1864–1910)
Wera Fedorowna. Roman einer russischen Schauspielerin
1939

Das Leben von Wera Fedorowna, die aus einer Künstlerfamilie
stammte, die in Russland große Verehrung genoss und vor allem
für die Jugend das Idealbild der russischen Frau verkörperte, bot
Alja Rachmanowa genügend Stoff, sich mit einer unglücklichen,
gescheiterten Liebesbeziehung auseinanderzusetzen. Wera Fedorowna war mit einem Maler verheiratet, der »seine Frau grenzenlos liebte, ihr aber auch das Herz zerbrach«. Trotz künstlerischem
Erfolg wird sie von Armut bedroht und stirbt mit 46 Jahren einen
tragischen Tod.

Im Vorwort heißt es: »Heute (27. Oktober 1939), am fünfundsieb-
zigsten Geburtstag Wera Fedorownas übergebe ich das Buch meinen

Lesern. Und wenn es imstande ist, in ihnen nur einen kleinen Teil der Anteilnahme, Liebe und Verehrung für diese wunderbare Frau zu erwecken, die mein Herz erfüllen, dann wird mir dies eine schönste Freude bedeuten.«

FJODOR DOSTOJEWSKI (1821–1881)
Das Leben eines großen Sünders. Ein Dostojewski-Roman
1947

Es war wohl das umfangreichste Werk, das Alja Rachmanowa jahrelang beschäftigte. Diesem Leben, das ein ewiges Ringen zwischen Licht und Schatten war, spürte sie intensiv nach, hatte sie doch zu dem Zeitpunkt, als sie den Roman schrieb, selbst schon die Hölle der Revolution und weitere Schicksalsschläge durchlitten. Die Worte Dostojewskis, die sie den beiden Bänden (*Der Weg des Genies* und *Die Vollendung*) voranstellte, passten in der tief verwurzelten Philosophie des Leidens auch in ihr Lebenskonzept:

Ich habe den Mut nicht verloren und bin nicht der Verzweiflung verfallen. Das Leben ist überall das Leben, das Leben ist in uns selbst und nicht im Äußeren. Um mich herum werden ja Menschen sein und Mensch unter Menschen zu sein und es immer zu bleiben, nicht zu verzweifeln und nicht unterzugehen, auch im größten Unglück – das ist der Sinn des Lebens! Das ist seine Aufgabe!
Das ganze Leben ist ein Sturm und ein Chaos der Seele, bis sie endlich in Christus die Ruhe findet.
Werdet wie die Sonne, und alle werden euch sehen!

Das Werk löste ein großes Echo aus und wurde in einer Rezension als »das reifste Werk der Dichterin, ein psychologisches Kunstwerk, das Roman und Biographie vereinigt«, gelobt.

Der Literaturkritiker Karl Engl wählte in den *Salzburger Nachrichten* für seine Besprechung die Form einer längeren Abhandlung über Dostojewski und sendet sie der Autorin mit der Erklärung: »Die Sache wird mehr gelesen als eine Buchkritik und der Effekt ist ein größerer ... Daß ich bereits einige ›Abonnenten‹ für das Buch habe, sei nur nebenbei bemerkt ... Es ist nur schade, daß es in Österreich nicht zu kaufen ist.«

In einem Exemplar, das ich im Nachlass vorfand, ist eine handschriftliche Erklärung enthalten, die Alja Rachmanowa dreißig Jahre nach dem Erscheinen dieses Buches eingetragen hat: »Dieses Buch, an dem ich 20 Jahre gearbeitet habe, erschien 1947, es ist eine Biographie, streng dem Quellenmaterial folgend. Es ist in literarischer Form geschrieben, damit alle Leser alles verstehen können.«

SONJA KOWALEWSKAJA (1850–1891)
Sonja Kowalewski. Leben und Lieben einer gelehrten Frau
1950

Sonja Kowalewskaja war eine überragende Mathematikerin, die sich vor allem mit der Erforschung der Differential- und Integralrechnungen beschäftigte. Sie war die erste Frau, die einen Doktorgrad in Mathematik erwarb und der es gelang, in Europa eine Lehrkanzel an einer Universität (Stockholm) zu erhalten. Sie war nicht nur mathematisch hochbegabt, sondern betätigte sich, wie ihre Freundin Anne Charlotte Leffler, ebenfalls schriftstellerisch. Ihre *Jugenderinnerungen* liegen als Buch vor und zeigen viele Parallelen mit der Kinder- und Jugendzeit von Alja Rachmanowa und so verwundert es nicht, dass diese sich für den Lebensweg der Wissenschaftlerin interessierte. Bereits während ihres Studiums beschäftigte sich Alja Rachmanowa mit Sonja Kowalewskaja und beschloss, eines Tages ein Buch über sie zu schreiben. Ihr Wunsch war es, »im Herzen der Leser Sympathie für eine außergewöhnliche, liebenswerte Frau zu wecken, die zwar auch heute noch in Fachkreisen hoch geschätzt wird, deren Menschenschicksal aber schon längst vergessen ist«.

Sonja Kowalewskaja war mit dem Paläontologen Wladimir Kowalewski eine Scheinehe eingegangen, um mit seiner Hilfe ein Studium im Ausland beginnen zu können. Da es damals russischen Frauen noch nicht möglich war, im eigenen Land zu studieren, suchten sie immer öfter Wege ins Ausland. Dieser Schritt konnte aber nur mit Unterstützung des Vaters oder des Ehemannes erfolgen, weil die Frauen keine eigenen Pässe besaßen. Vor allem Männer der nihilistischen Bewegung ließen sich für eine Scheinehe gewinnen, da sie es als Ehrensache ansahen, zur Befreiung russischer Töchter beizutragen.

In diesem Werk nahm Alja Rachmanowa die Gelegenheit wahr, auf die schwierige Situation einer gelehrten Frau in Russland hinzuweisen und das Phänomen der Scheinehe zu erläutern.

In einem Zeitungsartikel *Ein merkwürdiger Umweg zum Frauenstudium* für *Die Schweizerin* beschrieb Alja Rachmanowa 1951 am Beispiel einiger russischer Frauen die Scheinehe, die als Methode genützt wurde, räumliche Mobilität zu erreichen.

In meinem Konvolut befindet sich als Reaktion auf dieses Buch ein ausführlicher Brief von Friedrich von Schubert, einem Verwandten Sonja Kowalewskajas, die mütterlicherseits aus einer deutschen Gelehrtenfamilie stammte, mit der Bemerkung: »Ihr Buch über Sonja Kowalewskaja hat mich sehr gefesselt und interessiert. Man sieht, daß ihm ein großes Quellenstudium vorausgeht.«

Friedrich von Schubert legt dem Brief eine Ahnentafel bei und berichtet über Schicksal und Lebenswege einzelner Familienmitglieder.

IWAN TURGENJEW (1818–1883)
Die Liebe eines Lebens. Iwan Turgenjew und Pauline Viardot
1952

Immer wieder stand in den Werken Alja Rachmanowas die Frau und ihre Stellung in der Gesellschaft im Mittelpunkt. So war es naheliegend, dass sie die einflussreiche Beziehung von Pauline Viardot-Garcia zu Iwan Turgenjew faszinierte.

Pauline Viardot war eine der vielseitigsten Künstlerinnen des 19. Jahrhunderts, stammte aus einer hochmusikalischen Familie und wurde als Sängerin und Pianistin bekannt. Verheiratet mit dem Theaterdirektor Viardot, mit dem sie vier Kinder hatte, lebte sie einige

Jahre in Baden-Baden, wo sie in ihrem Haus einen Treffpunkt für Kulturschaffende jener Zeit einrichtete und dadurch maßgeblich an der Entwicklung der Stadt von der Kur- zur Kulturstadt beteiligt war.

Die schicksalhafte Liebe zwischen Turgenjew und Pauline Viardot löste in beiden viel Sehnsucht, die nicht gestillt werden durfte, aus. So schrieb Turgenjew: »Der Tag, an dem mir Ihre Augen nicht geleuchtet haben, ist ein verlorener.«

Pauline Viardot war sich ihres Einflusses auf Turgenjew und sein Werk bewusst und behauptete selbstsicher – wie Alja Rachmanowa in ihrem Vorwort schreibt – »sie hätte Turgenjew der Menschheit geschenkt«.

In meiner Briefsammlung findet sich ein Brief des Ehepaars Viardot – Jaques-Paul war ein Enkel von Pauline – aus Paris, das sich nach Erscheinen dieses Buches voll Hochachtung und Bewunderung bei der Autorin meldete und ihr mitteilte, dass sie versuchen wollten, das Werk ins Französische zu übersetzen: »Sie erlauben mir, es hier in Frankreich bekannt zu machen.« Gleichzeitig ergeht eine Einladung an die Schriftstellerin: »Sollten Sie eines Tages nach Paris kommen, so würden Sie uns, liebe Frau von Hoyer, eine große Ehre erweisen und eine große Freude bereiten, wenn Sie uns besuchen würden. Es wäre wunderschön, die Dichterin eines so schönen Buches, die so viel von Jaques-Pauls Großmutter weiß, kennenzulernen.«

JELISAWETA TARAKANOWA (1745–1775)
Die falsche Zarin. Prinzessin Elisabeth Tarakanowa,
Rivalin Katharinas der Großen
1954

Unter diesem Titel wird die seltsame Geschichte von zwei jungen Frauen geschildert, die beide behaupteten, die unehelichen Töchter der Zarin Elisabeth von Russland zu sein und dadurch Anspruch auf die Thronfolge zu haben. Die echte Tochter wurde von Katharina der Großen in ein Moskauer Frauenkloster verbannt, lebte dort als »Mutter Dossifeja« im Verborgenen. Eine der beiden falschen Töchter hingegen glaubte selbst den Gerüchten über ihre adelige Herkunft und hielt sich für berechtigt, den Zarenthron zu besteigen. Im Zuge einer Intrige wird die »Prinzessin Tarakanowa« gefangengenommen, nach Petersburg gebracht, wo sie nach Folter und Qualen an Schwindsucht starb.

Wie genau auch zu diesem Werk recherchiert wurde, zeigen die etwa hundertfünfundzwanzig Positionen der Bibliografie, deren Kenntnis der wissenschaftlichen Untermauerung diente und eine Darstellung dieser Episode aus der russischen Geschichte in eindrucksvollen Bildern ermöglichte.

ALEXANDER PUSCHKIN (1799–1837)
Im Schatten des Zarenhofes. Die Ehe Alexander Puschkins
1957

Das Thema des Buches ist auf das persönliche Schicksal von Alexander Puschkin und seine unglückliche Ehe mit Natascha Gontscharowa, die weder Liebe für ihren Mann noch Verständnis für sein Schaffen hegte, begrenzt. Auf Betreiben seiner Frau wird Puschkin Kammerjunker am Zarenhof, wodurch dem Paar die Teilnahme am höfischen Gesellschaftsleben offensteht. Natascha verliebt sich in einen Gardeoffizier, den Puschkin zum Duell fordert, das für ihn tödlich endet.

Rezensenten dieses Buches bezweifelten nicht, dass einige Leser durch diese Biografie den Weg zum Werk Puschkins finden werden.

Im Klappentext heißt es: »Alja Rachmanowa deckt mit der Glaubwürdigkeit der strengen Historikerin die Intrigen am Hofe des Zaren auf und schildert die Tragik dieser Ehe mit ergreifender Eindringlichkeit.«

ANTON TSCHECHOW (1860–1904)
Ein kurzer Tag. Das Leben des Arztes und Schriftstellers
Anton Pawlowitsch Tschechow
1961

Alja Rachmanowa widmet das Buch posthum ihren Eltern: »Meinen geliebten Eltern, die die Fülle des Leidens bis zum Letzten ertragen mußten.«

Als Motto wählte sie einen Aphorismus von Tschechow:
Man braucht nur in das Herz jedes Menschen zu blicken,
und man muß von brennendem Mitleid mit ihm durchdrungen sein.

Das Leben Anton Tschechows, der bei uns vor allem durch seine Bühnenstücke (*Die Möwe, Drei Schwestern, Der Kirschgarten, Onkel Wanja*) und Kurzgeschichten, in denen er das Leben der Kleinbürger skizziert, bekannt ist, erforschte und beschrieb Alja Rachmanowa mit großer Akribie. Etwa hundertfünfzig Arbeiten gibt sie in ihrer Bibliografie an und erklärt dazu, dass dies nur die wichtigsten Quellen für die Materialbeschaffung waren.

Auch hier wird das Augenmerk vor allem wieder auf die kurze Zeit der Ehe mit Olga Knipper, der Tante von Olga Tschechowa, einer damals bereits berühmten Schauspielerin gelegt, die am Moskauer Kunsttheater die Hauptrollen in den Tschechowstücken verkörperte.

DIE VERBANNTEN
Die Verbannten. Frauenschicksale in Sibirien zur Zeit Nikolajs I.
1964

Geschildert wird das Schicksal der adeligen Revolutionäre, die 1825 in einem Aufstand Zar Nikolaus I. den Treueeid verweigerten und sich aus tiefster Überzeugung für Freiheit und Recht einsetzten. Dem Zar gelang es, den Aufruhr der Dekabristen niederzuschlagen, die Aufständischen zu verhaften, in den Kerker bringen zu lassen oder zur Zwangsarbeit nach Sibirien zu verschicken. Alja Rachmanowa interessierte vor allem das Schicksal der elf Frauen, die ihren Männern in die Verbannung folgten, um mit ihnen das schwere Los zu teilen.

Als Motto wurde ein Zitat Dostojewskis aus dem *Tagebuch eines Schriftstellers* gewählt:

> *Wir sahen diese großen Dulderinnen, die freiwillig ihren Männern nach Sibirien folgten. Sie haben alles verlassen: Ansehen, Reichtum, die Verbindung mit den Verwandten — alles opferten sie für die höchste sittliche Pflicht, für die souveränste Pflicht, die es nur geben kann.*

Alja Rachmanowa widmet dieses Buch ihrem verehrten Lehrer, Universitätsprofessor Hans Halm, Innsbruck, »dem hervorragenden Kenner der russischen Geschichte und Literatur, dem treuen Freund des ganzen Lebens«.

Neben einer umfangreichen Bibliografie enthält dieses Werk im Anhang ein Verzeichnis von 72 Namen häufig vorkommender Personen, die mit genauen Daten dokumentiert werden, wodurch der geschichtliche Hintergrund untermauert wird. Die Schilderung des sibirischen Lebens ist gelungen, sodass in einer Rezension zu lesen ist: »Daß nicht nur Alja Rachmanowa, sondern auch der Übersetzer, ihr Ehepartner, in Sibirien lebte und wirkte, wird überall deutlich und sichert auch die Wahrhaftigkeit der Schilderungen.«

PJOTR TSCHAIKOWSKI (1840–1893)
Tschaikowskij. Schicksal und Schaffen
1972

Tschaikowski gehörte seit Kindertagen zum Leben von Alja Rachmanowa. Sie wuchs mit seiner Musik auf und ließ sich von seinem Porträt, das zu Hause über dem Klavier hing, anrühren. Sein Schicksal, die Tragik seines »Fatums« — eine Umschreibung für seine Homosexualität —, bewegte sie tief, und als sie sich entschloss, ihre Studien über ihn in ein Buch zu fassen, wusste sie, »daß es ein Wagnis bedeutet, in die Abgründe eines irdischen Daseins hineinzuleuchten«.

Mit diesem Buch legte Alja Rachmanowa das letzte ihrer biografischen Werke vor. Die Schwierigkeiten im Zusammenhang mit diesem Werk waren vielseitig. Nach der Zurückweisung durch den Schweizer Verlag blieb das Buch vorerst liegen. Die Suche nach einem neuen Verlag, der bereit war, das Buch herauszugeben, gestaltete sich schwierig und währte über Jahre. Durch Intervention von Ida Walter, Schuldirektorin aus Herzogenburg, der das Buch gewidmet ist, gelang es, das Manuskript im Wiener Paul Neff Verlag unterzubringen, wodurch nach 32 Jahren wieder ein Buch der Autorin Rachmanowa nach Österreich zurückgekehrt war.

Der Druck des Buches stand unter keinem guten Stern und wies gravierende Fehler auf. Anni Zacher, eine Freundin von Alja Rachmanowa, schrieb ihr, dass sie bereits das dritte Buch umtauschen musste, da Seiten fehlten, innerhalb des Textes die Schriftgröße wechselte und Vorblätter zu einzelnen Kapiteln völlig fehlten: »Wie kann so etwas passieren? Die Bücher einer weltberühmten Schriftstellerin so fehlerhaft herauszubringen? Es tut mir unendlich leid, Dich über diese Vorkommnisse informieren zu müssen und kann Deinen Verdruß verstehen ... es wird Dir sicherlich nichts Neues sein!«

Auch Alja Rachmanowa hatte in der Zusammenarbeit mit dem Verlag Ärger und Enttäuschungen erlebt, worüber sie in einem Brief an den Slawisten Professor Kasack entrüstet berichtet. Ihr Manuskript war vom Verlag ohne Absprache mit ihr gekürzt worden. Das fertige Buch wurde ihr zugesandt. »Zu meinem Entsetzen hat man ganz wichtige Stellen gekürzt, wie z. B. Kapitel ›Schwanensee‹. So etwas habe ich nie erlebt.«

In einem persönlichen Brief zollt der deutsche Komponist Mark Lothar dennoch höchstes Lob: »Natürlich hatte ich schon viele Bücher über Tschaikowskij gelesen, aber ganz klar wurde mir die tiefe Tragödie dieses Einsamen und Übersensiblen erst durch Ihr Buch. Sie wählten mit Recht die Form des Erzählers und nicht die oft so nüchterne Art des Biographen und Musikgelehrten. Dadurch wurde alles sehr lebendig und fesselnd, von der Jugend an über seine Kämpfe, Erfolge bis zu seinem Ende, das leider viel zu früh kam, trotzdem man sich fragen muß, konnte er noch Größeres als seine Sechste schreiben? Ich beglückwünsche Sie zu dem Buch, das ich überall empfehlen werde, und bin mit nochmaligem Dank und den besten Wünschen für Ihr Wohlergehen, Ihr Mark Lothar.«

Leider hat der Musikliebhaber Arnulf von Hoyer das Erscheinen dieses Buches nicht mehr erlebt, was besonders bedauerlich ist, da es das einzige Werk über einen Musiker ist und sich die Fachkenntnis von Arnulf von Hoyer in einem äußerst ausführlichen und detaillierten Werkverzeichnis niederschlägt. Neben der Entstehungszeit der Werke sind Opuszahl, Titel, Besetzung, Ort und Datum der Erstaufführung, Dirigent und Solisten angeführt.

Was immer Sie schicken mögen, und wäre es auch noch so klein ...

HILFE KOMMT AUS DER SCHWEIZ

In meinem Teilnachlass befinden sich zahlreiche »Salzburg-Briefe«, die ich gelesen und sortiert habe. Anhand des Telefonbuches versuchte ich Spuren nachzugehen und Zeitzeugen zu finden, was mir in einigen Fällen auch gelungen ist.

Die Briefe, die ich für dieses Kapitel studiert habe, stammen alle aus den unmittelbaren Nachkriegsjahren und sind wertvolle Dokumente der Zeitgeschichte. Geschrieben auf minderwertigem Papier, tragen sie häufig den Vermerk »In deutscher Sprache« und sind mit den Zensurmerkmalen der amerikanischen Besatzung gekennzeichnet. Sie wurden geöffnet, innen mit dem Rundstempel »Military Censorship Civil Mails Nr« versehen und mit einem Verschlussstreifen aus Cellophan mit der Aufschrift »Opened by Mil. Cen.-Civil Mails« wieder verschlossen.

In einem einzigen Brief gibt es einen Hinweis auf diese Zensur: »Ich will schließen, sonst bekommt die Zensur zu viel Arbeit.«

Die Briefe sind großteils an das Ehepaar gerichtet, Alja Rachmanowa und ihr Mann werden mit Frau und Herr Doktor angesprochen.

Am 8. Mai 1945 endete mit der Kapitulation der deutschen Wehrmacht der Zweite Weltkrieg. Die schwierige und traurige Nachkriegszeit begann.

Der Aufruf von Bundeskanzler Leopold Figl in seiner Weihnachtsansprache 1945 wurde zum berühmten Zitat: »Ich kann Euch zu Weihnachten nichts geben, ich kann Euch für den Christbaum, wenn Ihr überhaupt einen habt, keine Kerze geben, kein Stück Brot, keine Kohle, kein Glas zum Einschneiden. Wir haben nichts. Ich kann Euch nur bitten, glaubt an dieses Österreich!«

In dieser tristen Zeit wandte sich Österreich mit Hilferufen an weniger betroffene Staaten, auf die die Schweiz positiv reagierte.

Es wurden verschiedene Hilfsorganisationen gegründet, die der Bevölkerung die Gelegenheit bieten sollten, ihre Gefühle der Nächstenliebe zu bekunden. Die Schweiz wollte zeigen, dass sie trotz Neutralität dem Schicksal Europas nicht gleichgültig gegenüberstand und dass sich die Bevölkerung in Krisenzeiten mit den leidgeprüften Ländern verbunden fühlte. Organisationen wie die Schweizer Spende, die Kinderhilfe, das Rote Kreuz oder die Caritas boten Hilfe an. Es kam zu einer groß angelegten Sammelaktion, zur Versendung von standardisierten Liebespaketen, zur Unterstützung bei Schülerausspeisungen sowie zu Aufrufen an Gastfamilien, österreichische Kinder einige Wochen bei sich aufzunehmen und zu verkösten.

Die Hilfsprojekte waren überparteilich und widmeten sich vor allem dem Kampf gegen Hunger, Kälte und Krankheit und wurden von unzähligen Freiwilligen aus den verschiedensten Berufsgruppen, vor allem auch von Künstlern unterstützt. Dadurch konnte manches Leid gemildert und mit Kleinigkeiten – aus heutiger Sicht – unvorstellbare Freude bereitet werden.

Das Ehepaar Hoyer klinkte sich bald nach seinem Eintreffen in der Schweiz in diese Hilfsaktionen ein und opferte Geld und Zeit für karitative Tätigkeiten. Hoyers hatten die *Salzburger Nachrichten* abonniert und interessierten sich natürlich vor allem für die Entwicklung in Stadt und Land Salzburg: »Was wir in der Zeitung suchen, das sind die Berichte über Österreich und besonders dringend möchten wir wissen, was in Salzburg ist, die Heimatstadt meiner Sonne. Wir möchten wissen, wie es dort in den Tagen gegangen ist, seitdem wir weg sind. Wir haben viele Sorgen um Salzburg und die Salzburger. Bei der ersten Gelegenheit werden wir unseren Freunden Lebensmittelpakete schicken. Wir wissen genau, wie schwer es ist zu hungern.«

Alja Rachmanowa und Arnulf von Hoyer hatten in Österreich, vor allem in Salzburg, einen großen Bekanntenkreis und konnten Adressen nennen, an welche dann Liebespakete versandt wurden. Den glücklichen Empfängern kündigte man durch einen Brief an, dass ihnen in den nächsten Tagen ein Paket zugestellt werde. Diese reagierten freudig: »Wir erhielten eine Ankündigung mit der faszinierenden Ankündigung ›Dolce‹, zwei Wochen später die Sendung.«

Im Nachlass befinden sich noch einige gelbe Briefumschläge, die von Alja Rachmanowa für diese Mitteilungen vorbereitet waren. Sie sind fein säuberlich mit Adressen beschriftet und enthalten innen nochmals die gleiche Anschrift, die dann auf das Paket geklebt werden konnte.

So erhielten Hunderte von Menschen in Salzburg auf Vermittlung des Ehepaares wertvolle Pakete aus der Schweiz, für die sie sich meist überschwänglich bedankten. In einem Land, in dem die Lebensmittel noch rationiert und nur in sehr geringen Mengen zu erhalten waren, wo vor allem die Unterernährung der Kinder groß war, Schwarzmarkt und Tauschhandel blühten, wurden die Gaben aus dem Schweizer »Schlaraffenland« wie ein Wunder angenommen. Alja Rachmanowa wurde vor allem für die Kinder zur »guten Fee aus dem Wunderland« oder zur »Wundertante« und die Eltern schrieben, dass »die Seelen der Familie hüpften«.

Die Briefe aus Österreich berichten von großer Not und verzweifeltem Überlebenskampf: »Wenn nicht ausgiebig Hilfe aus dem Ausland kommt, so steht uns ein schrecklicher Winter mit Hunger und Kälte bevor.«

Die Gedanken der Menschen drehten sich vor allem um die Beschaffung von Heizmaterial und Lebensmitteln. Man musste sich dem Gebot »Heize und koche nie gleichzeitig!« unterwerfen und sah alles aus einem besonderen Blickwinkel: »Man ist ja bis an die äußerste Grenze der Bescheidenheit gerückt und denkt vielfach nur mehr in Kalorien.«

Besondere Sehnsucht erfüllte die Menschen damals nach Zucker, der nur in ganz geringen Mengen, 28 Deka pro Monat, zu bekommen war. So lösten Zuckerpakete einen besonderen Jubel aus: »Eine große Sorge um die notwendige Versüßung des Lebens ist genommen. Ich hätte einen solchen Reichtum in unserer jetzigen Zeit nie zu träumen gewagt! Und jetzt ist er da!«

Hans Halm, der natürlich auch immer wieder in den Genuss von Liebespaketen kam, bedankte sich für das gehaltreiche Paket

Würfelzucker sehr poetisch: »Ich fühle, wie die weiße Flut, einem göttlichen Manna gleich, über uns herabrieselt.«

Eine fromme Seele gestand, dass sie nicht so gut sei, wie man vielleicht denken möge, habe sie doch ihrer Nichte bei ihrem letzten Besuch Saccharin in den Kaffee gegeben, während sie sich selbst Zucker gönnte. Und eine junge Mutter schrieb: »Ich bin Ihnen sehr dankbar, daß ich zu Pfingsten meinem Kind durch Ihre lieben Geschenke eine ›süße‹ Freude machen kann. Sie werden entweder lachen oder es als Charakterschwäche bezeichnen, wenn ich Ihnen schreibe, dass ich die süßen Sachen einer bekannten Frau — eingewickelt — zum Aufheben gebe, daß mir nicht doch mal eine schwache Minute kommt.«

Obwohl die Beschenkten wussten, dass die meisten Gaben und Spenden nicht von Alja Rachmanowa persönlich bezahlt wurden, kam ihr natürlich für Ihre Vermittlung und Organisation reichlich Dank zu und es wurde überlegt, wie diese Güte vergolten werden könne. Der Inhalt der Briefe zeichnet sich häufig durch kindliches Gottvertrauen aus, sodass viele Schreiber und Schreiberinnen darauf hofften, dass ein herzliches »Vergelt's Gott!« und die Schilderung der Freude als Dank angenommen werden können.

Leichter als mit Gegengeschenken taten sich die Beschenkten mit Bitten, die manchmal erstaunlich vage formuliert wurden: »So schwer es uns fällt, möchten wir Sie dennoch bitten, falls es im Bereich Ihrer Möglichkeiten liegt, durch Versand eines kleinen Päckchens uns die größte Freude in unserem trostlosen Alltag zu bringen. Was immer Sie schicken mögen und wäre es auch noch so klein, wird stets mit aufrichtigem Dank entgegengenommen ...«

Manche Wünsche nahmen konkretere Formen an und reichten von alten Strümpfen über Einziehgummi, Schnuller, Künstlerfarben bis zu Medikamenten.

Es wurde aber auch um die Vermittlung eines Kostplatzes für ein Kind gebeten, für die Mithilfe bei der Suche nach einer Stelle als Steinmetz oder für eine Einladung in die Schweiz, wodurch eine Einreise ermöglicht werden konnte.

Arnulf von Hoyer beweist Anhänglichkeit an seine Schule, die Lehrerbildungsanstalt, und lässt auch dorthin Pakete schicken. Er hört, dass es an Lehrern und an Lehrmaterial fehlt, dass der Unterricht wegen Stromknappheit nur beschränkt geleistet werden kann und dass es den Kindern der Übungsschule vor allem an entsprechender Kleidung mangelt.

Auch die Kinder der Pfarre Andrä wurden zum Nikolaustag beschenkt und Pfarrer Zeiß berichtet, dass er »einige der Herrlichkeiten dem Filialleiter Nikolaus übergeben habe, der bei munteren katholischen Buben und Mädchen viel Freude auslösen wird«.

Nicht nur Liebespakete, die meistens Mehl, Zucker, Fett, Trockenmilch und Teigwaren enthielten und über die Firma Meinl zugestellt wurden, sondern auch große Kleiderpakete erreichten Salzburg.

Die Erklärung von Arnulf von Hoyer tat der Freude keinen Abbruch: »Die Kleider sind natürlich, da wir selbst nichts haben, auf unsere Bitte hin von Bekannten abgesendet worden, die sich natürlich sehr freuen werden, wenn Ihr ihnen nach Erhalt schreibt. Wenn Ihr keine neuen Sachen, sondern nur getragene bekommt, so dürft Ihr Euch darüber nicht wundern, neue Sachen dürfen nämlich prinzipiell nicht geschickt werden.«

Beim Lesen der Briefe werden viele Einzelschicksale bekannt, von denen natürlich vor allem jene beeindrucken, die die Sehnsucht nach nahestehenden Menschen, die nach wie vor in Gefangenschaft leben – »ich weiß von meinem Mann seit 19 Monaten gar nichts mehr« –, sowie Krankheit und Tod beschreiben.

Dringend wird für eine schwangere Frau ein Medikament angefordert, das auch wirklich aufgetrieben werden kann. Einige Briefe später heißt es aber: »Wir finden uns mit unserem Schicksal ab; vielleicht bleibt unserem Kleinen viel erspart. Am Heiligen Abend wird es sicher wieder weh tun, daß mein Kleines nicht lebt, hatte ich mich doch auf die ersten Weihnachten mit dem Kleinen so gefreut.«

Viele Menschen in Salzburg haben Alja Rachmanowa als sehr anteilnehmend und interessiert erlebt und berichten ihr deshalb auch weiterhin über ihr Leben. Eine Bekannte entschuldigt sich für ihr

»langes Gerede« und schildert ausführlich den Leidensweg ihres todkranken Mannes, für den sie selbst eine Blutkonserve auftreiben musste und dem sie täglich ganz leichten Kaffee bringen darf: »Da ist ihr Paket wie ein Traum!«

Auch die Familie Schuchter, die sich in der Anfangszeit in Salzburg der Familie Hoyer angenommen hatte, war ausgebombt und vom Krieg hart getroffen worden, sodass ein Weihnachtspaket aus der Schweiz große Freude auslöste: »Verehrte, liebe Freunde. Ich weiß gar nicht, wie ich Ihnen für die Güte danken und ausdrücken soll, wie sehr es mich überrascht und gefreut hat, daß Sie meiner gedacht haben! Ich danke Ihnen von ganzem Herzen für die große Freude, die Sie mir mit all den köstlichen Gaben, die mir Gilbert auf den Weihnachtstisch legte, bereitet haben. Es war wirklich eine große Überraschung und Freude für mich.«

Ähnlich wie die Trappfamilie, die in Amerika nach ihren Konzerten durch Spendenaufrufe für die österreichische Bevölkerung große Summen Geldes zusammenbrachte und damit vor allem in Salzburg helfen konnte, nützte auch Alja Rachmanowa damals ihre Popularität und Beliebtheit und bat ihre Leser und Leserinnen, ihr bei ihrem karitativen Unternehmen zu helfen. Bald konnte sie großzügige Spenden in Empfang nehmen: »Die Sachen kamen, viele, sehr viele, in sehr gutem Zustande, und manche Leser fügten auch Geld hinzu, so daß wir die Kleiderpakete auch noch mit Schokolade, Kakao, Nährmitteln und anderem versehen konnten.«

Nach der Übersiedlung ins eigene Haus im Jahre 1949, legte Alja Rachmanowa im Dachboden ihres Hauses ein Depot für die gesammelten Gegenstände an. Sie konnte aus einem reichen Fundus schöpfen und ihre Pakete liebevoll zusammenstellen: »Glücklich trugen wir unsere Liebespakete fast jeden Tag zur Post.«

Frau Maria Sprenger bestätigte mir, dass das Ehepaar Hoyer damals eine privat groß angelegte Hilfsorganisation ins Leben gerufen hatte und häufig mit einem voll beladenen Leiterwagen auf dem Weg zur Post zu sehen war.

Neben der Flut von Bitt- und Dankschreiben finden sich viele Briefe des Hausbesorgerehepaares, das die Villa in Salzburg bis zum

Verkauf 1952 weiter betreute und mit den verschiedensten Problemen konfrontiert wurde.

Mit der Zeit veränderten sich die Inhalte der Briefe und es kamen vereinzelte Schilderungen über den Wiederaufbau: »Der Schutt ist überall weg und in Anbetracht der ungeheuren Schwierigkeiten ist erstaunlich viel wieder aufgebaut worden. Ein Fremder würde so manche Wunde kaum bemerken. Als Symbol wirkt – meiner Empfindung nach zumindest – das hohe tragende Gerüst über der eingebrochenen Domkuppel. Freilich sind Bauten leichter aufzurichten als seelische Einstürze.«

1952 konnte auch Pfarrer Zeiß endlich die Einweihung der wiederhergestellten Andräkirche mit einem Foto belegen und der Hoffnung Ausdruck geben, dass das Ehepaar Hoyer wenigstens einmal auf einen ausgiebigen Besuch nach Salzburg komme »und ein günstiges Urteil über die neue Kirche« abgeben werde.

Immer wieder wird auch die Hoffnung auf den Staatsvertrag angesprochen. »Möge doch endlich der Staatsvertrag zustande kommen, damit Euch die Rückkehr nach Salzburg in die geliebte Heimat ermöglicht wird.«

Als der Staatsvertrag 1955 endlich unterschrieben wurde und die Besatzungsmächte

Porträtaufnahme von Alja Rachmanowa,
fotografiert von ihrem Mann

197

abzogen, lebten Alja Rachmanowa und ihr Mann bereits seit zehn Jahren in der Schweiz und hatten sich damit abgefunden, dass Ettenhausen auch ihr Alterswohnsitz werden sollte.

Ein weiteres Thema, das sich durch die Briefe zieht, ist das Interesse an der schriftstellerischen Tätigkeit von Alja Rachmanowa und vor allem der Wunsch, das neue Buch *Einer von vielen* erwerben zu können. Nach einer Rezension von Karl Engl in den *Salzburger Nachrichten* trifft dort

Alja Rachmanowa in ihrem Heim in Ettenhausen/Schweiz

»eine Flut von Anfragen ein« und Karl Engl meldet in die Schweiz: »Alles will die beiden Bände kaufen. Bei mir sind schon einige Dutzend angemeldet, die es natürlich gleich lesen wollen. Den ersten Band liest jetzt Weihbischof Doktor Filzer, der auch voll des Lobes ist.«

Da das Buch in Österreich nicht gekauft werden konnte, waren die wenigen vorhandenen Exemplare heiß begehrt. Auch Alja Rachmanowa selbst wurde wegen dieses Buches bestürmt und Pfarrer Josef Jäckel, der durch die Lektüre tief erschüttert und innerlich ergriffen war, schrieb: »Wenn dieses Buch einmal mein Eigentum ist, wird es mir ein teurer Schatz sein zeit meines Lebens. Ich wünsche dem Werk weiteste Verbreitung.«

Eine Bekannte teilte Alja Rachmanowa mit, dass sie das Buch immer wieder befreundeten Familien zum Lesen geben müsse und dass sie beneidet werde, weil sie Alja Rachmanowa kenne und mit ihr schon öfter gesprochen habe: »Man muß mich aber auch beneiden, bin ja so stolz auf Frau Doktor.«

Eine andere Leserin verhält sich weniger sozial und schreibt: »Das Buch kommt mir nicht in fremde Hände.«

In vielen Briefen wird bedauert, dass Alja Rachmanowa und Arnulf von Hoyer nicht mehr in Salzburg leben und aus dem Stadtbild verschwunden sind. Karl Engl fragt, wann Alja Rachmanowa wieder bei den Festspielen zu sehen ist: »Werden noch manche Jahre bis dahin vergehen?«

Menschen, die Alja Rachmanowa persönlich kannten, werden um Auskunft gebeten und geben der Autorin Rückmeldung: »So viel Sympathie, Interesse und Anteilnahme für Sie beide und Ihr schweres Schicksal ist in unserer Stadt vorhanden.«

Als bekannt wird, dass das Ehepaar beschlossen hat, in der Schweiz zu bleiben, macht sich Enttäuschung breit: »Die Nachricht hat mich niedergeschlagen. Wie furchtbar leid es mir ist, Sie vielleicht nie mehr zu sehen.«

Viele wurden uns Freunde

FREUNDESKREIS

Wenn wir den Freundeskreis von Alja Rachmanowa etwas näher betrachten wollen, müssen wir in ihre Kindheit und Jugend zurückkehren. Ihre Persönlichkeit muss etwas Faszinierendes ausgestrahlt haben, das in vielen Menschen den Wunsch weckte, ihr nahe zu sein und sich zu ihrem Freundeskreis zählen zu dürfen. Wie sie in ihren Erinnerungen schreibt, war sie ein beliebtes Kind, das meist im Zentrum einer Kindergruppe stand, keinesfalls am Rand. In ihrer Jugend erfreute sie sich allgemeiner Beliebtheit und erlebte viel Zuwendung: »Solange ich mich zurückerinnern kann, hab ich mich immer der Achtung meiner Umgebung erfreut. Im Gymnasium, auf der Universität, überall habe ich Vertrauen genossen und Autorität gehabt. Ich war es gewöhnt, daß man mich achtet und liebt.« Sie erinnerte sich aber auch, dass sie sehr umschwärmt wurde, was sie eher belastete: »Manche waren in mich wahnsinnig verliebt und ich war darüber ganz verzweifelt.«

Auch in späten Jahren leidet sie, wenn ihr zu »überschwängliche Herzensausgüsse« entgegengebracht werden, die sie nur quälen und die sie nicht im selben Ausmaß erwidern kann.

Noch während ihres Studiums begegnete Alja Rachmanowa ihrem Lebenspartner. Gemeinsam war das junge Paar in die russische Stammfamilie eingebettet und konzentrierte sich auf die Gründung einer eigenen Familie. Nach der Geburt des Sohnes genießt Alja Rachmanowa die Zuwendung ihres Kindes und die Liebe ihres Mannes, sodass der Freundeskreis etwas in den Hintergrund rückte.

Nach der Ausweisung aus Russland bildete die Familie eine Schicksalsgemeinschaft und kämpfte ums Überleben. Die zwischenmenschlichen Kontakte von Alja Rachmanowa spielten sich in ihrem

Milchgeschäft ab. Freundschaftliche Beziehungen, die Zeit und manchmal auch Geld erfordert hätten, konnten damals nicht aufgebaut werden.

In den ersten Salzburger Jahren lebte die Familie noch sehr isoliert in ärmlichen Verhältnissen. Im Laufe der Zeit wurden die Eltern von Jurkas Mitschülern, der Lehrkörper der Lehrerbildungsanstalt, dessen Mitglied Arnulf von Hoyer war, und die Verlagsmitarbeiter zu wichtigen Kontaktpersonen.

Die Verbindung zwischen Arnulf von Hoyer und seinen Kollegen blieb auch noch nach dem Krieg lange Zeit in Form von Briefkontakten bestehen. Seine Studienkollegen und Kriegskameraden spielten in der Familiengeschichte der Hoyers immer wieder eine positive Rolle.

Auch Jurka hatte gute Freunde, die sich im Hause Hoyer wohlfühlten. Sein bester Freund war sein Schulkollege Erwin Reiffenstein, der sich oft bei der Familie Hoyer aufhielt, und so war es naheliegend, dass sich auch die beiden Mütter anfreundeten. Frau Reiffenstein, sie war die Schwiegertochter des Salzburger Kunstmalers Leo Reiffenstein, war eine alleinerziehende Mutter, deren Mann sehr früh gestorben war und die sich in Erziehungsfragen an Alja Rachmanowa orientierte. Beide Mütter hingen mit großer Liebe und berechtigtem Stolz an ihren Söhnen, beide verloren ihre Söhne.

Erwin Reiffenstein war Innungssekretär der Salzburger Handelskammer und fiel 1974 einem tragischen Badeunfall im Mondsee zum Opfer. Seine Mutter fühlte sich durch diesen Schicksalsschlag Alja Rachmanowa nach vielen Jahren wieder sehr nahe, wie in einem Brief zu lesen ist: »Nun sind wir zwei, Du und ich, innerlich durch den unsagbaren Schmerz um unsere geliebten Buben noch mehr verbunden.«

Der größte Freundeskreis um Alja Rachmanowa entwickelte sich aber aus ihren Leserinnen und Lesern.

Obwohl die Verehrung für einen Schriftsteller, eine Schriftstellerin meistens leise ist und sich im Verborgenen abspielt, drängte es bei Alja Rachmanowa unzählige Menschen, ihr nach der Lektüre ihrer Bücher eine Rückmeldung und ein sichtbares Zeichen der Anerkennung zu geben. Durch die Tagebücher fühlten sich viele Menschen der Autorin nahe und hatten das Bedürfnis, ihr das mitzuteilen: »Alle Ihre Bücher haben ja so viel Liebes über Sie und Ihre Lieben gesagt, mir ist, als wären Sie mir eine liebe Vertraute.«

Alja Rachmanowa versuchte, soweit es ihr möglich war, die »Fanpost« persönlich zu beantworten, war aber zeitweise mit der Flut dieser Briefe überfordert.

In vielen Briefen wird ihr eine Seelenverwandtschaft oder ein Gleichklang des Denkens bestätigt, sodass sich die Menschen ermutigt fühlten, ihr eigenes Schicksal zu schildern. Viele Freundschaften begannen mit dem Schritt der Leser und Leserinnen, sich der Autorin zu öffnen.

In einigen Briefen werden auch persönliche Treffen beschrieben, welche natürlich Eindruck hinterließen: »Ich möchte Ihnen noch sagen, wie tief Ihre Worte mich erschütterten: ›Sie sind ein guter Mensch!‹ Sie sind ein köstliches Geschenk, das ich aus Salzburg mitnahm, aber auch eine Verpflichtung, mich ihrer würdig zu erweisen ... Wenn Sie mir einige Zeilen schreiben würden, wäre ich natürlich überglücklich, und es wäre wieder etwas, das helfen würde, das Leben zu ertragen.«

Die Widmungen in ihren Büchern, die meistens sehr überschwänglich formuliert waren und Ausschmückungen wie bezaubernd, edelgesinnt, hochtalentiert beinhalteten und signierte Fotos oder Briefe von Alja Rachmanowa waren damals begehrt und brachten vielen Menschen Freude in ihren Alltag: »Ihr Bild trägt das Datum meines Geburtstages. Es ist so selten, daß man in dieser traurigen Zeit Freude erlebt. Doch der Samstag, wo Ihr Brief ankam, war ein Freudentag für mich.«

Die Zeit in Österreich war sicher die Zeit, in der Alja Rachmanowa höchste Akzeptanz und Verehrung erlebte: »Es ging uns gut in diesem Lande, viele Menschen aus aller Welt besuchten uns dort, und viele von ihnen wurden uns Freunde ...«

In ihren Werken vermittelte Alja Rachmanowa einen kindlich naiven Glauben, der von einem unerschütterlichen Gottvertrauen getragen wurde und sie in bittersten Stunden befähigte, den Willen Gottes anzunehmen. Durch diese religiöse Grundhaltung fand sie immer wieder den Kontakt zu Angehörigen des Klerus, die natürlich ihr Werk, in dem die tief religiöse Überzeugung deutlich wurde, sehr schätzten.

Pfarrer Zeiß bedankt sich bei Alja Rachmanowa ausdrücklich für die Mithilfe in der Seelsorge: »Wir sind nicht als Dichter geboren. Umso dankbarer sind wir, wenn uns Dichter da an die Hand gehen und Werke schaffen, die wir auch dem oberflächlichsten Weltkind in die Hand geben können mit dem Bewußtsein: Da wirst auch du einmal den Hauch des Übernatürlichen spüren und wenigstens etwas von ihm in dich und dein alltägliches Leben aufnehmen.«

Es gibt eine große Anzahl von Briefen, deren Absender auch heute noch in Salzburg durch ihr Wirken in der Kirche bekannt sind.

In der Zeit des Nationalsozialismus wurden Repräsentanten des Glaubens und der Kirche verfolgt und so erlebte das Ehepaar Hoyer gerade in diesem Freundeskreis einige traurige Schicksale.

Stellvertretend für diese Menschen sei das Beispiel von Franz Ohnmacht (1893–1954) etwas genauer dargestellt.

Franz Ohnmacht war einer der Ersten, die sich nach der Lektüre des ersten Buches bei Alja Rachmanowa gemeldet hatten. Er war Generaldirektor der katholischen Aktion und engster Mitarbeiter von Bischof Johannes M. Gföllner in Linz. Franz Ohnmacht war der Familie Hoyer freundschaftlich zugetan, kam öfter zu Besuch nach Salzburg und gab – durch Alja Rachmanowa ermutigt – einen kleinen Gedichtband *Ich will dir singen* im Pustet Verlag heraus.

Franz Ohnmacht fand seinen literarischen Platz in ihrem Buch *Einer von vielen*. Alja Rachmanowa nennt ihn »Doktor Kraft« und zitiert seine düstere Vision: »Ich fühle, daß die Zeit kommen wird, in der alle, denen Christus nicht bloß ein Wort, sondern Glaube ist, für ihre Überzeugung werden kämpfen müssen! Jedem wird diese Aufgabe gestellt werden, und jeder wird sie auf seine Art erfüllen müssen.«

Franz Ohnmacht wurde eine äußerst schwierige Aufgabe gestellt, die er nur mit schweren körperlichen und seelischen Verletzungen überlebt hat. 1938 wurde er stellvertretend für seinen Bischof verhaftet und musste acht Jahre Gefangenschaft, KZ und Exil erdulden. In seinem Essay *Er litt für seinen Bischof* schildert Rudolf Zinnhobler, Professor für Kirchengeschichte an der Katholisch-Theologischen Hochschule in Linz, Ohnmachts tragisches Lebensschicksal, der nach seiner Haftentlassung ein gebrochener Mann war.

Franz Ohnmacht hat das Ehepaar Hoyer nach seiner Befreiung aus dem Konzentrationslager einmal in der Schweiz besucht. Dieses erschütternde Wiedersehen schildert Alja Rachmanowa in dem Aufsatz *Für den Glauben gelitten* und beschreibt darin die Veränderung einer strahlenden Persönlichkeit »zu einem bloßen Schatten seiner selbst«. Dieser Text wurde von Alja Rachmanowa 1959 in der Schweiz referiert, ist aber vermutlich unveröffentlicht geblieben.

Alja Rachmanowa hatte nicht nur im Klerus einen großen Bekanntenkreis, sondern war durch ihr häufiges Kranksein bedingt auch mit einigen Ärzten befreundet. Eine langjährige freundschaftliche Verbindung, die allerdings nicht ganz konfliktfrei verlief, bestand mit Erwin Domanig und seiner Familie, mit Viktor Wehrle und Alois Eder. Auch sie schätzten vor allem die lebensbejahende Einstellung der Schriftstellerin und erkannten ähnlich wie die Priester, dass die Lektüre der Rachmanowa-Bücher zur Gesundung ihrer Patienten beitragen könnte. Der unerschütterliche Optimismus und die Neugier auf das Leben schienen den Ärzten als Lebensmodell beispielgebend.

Anton Eiselsberg, einer der Begründer der Neurochirurgie an der Universitätsklinik Wien, schickte seine Patienten ausdrücklich zu Alja Rachmanowa, damit sie bei ihr Kraft tankten. Eine handschriftliche Notiz von Alja Rachmanowa berichtet von dieser Tatsache. Sie notiert die Erinnerungen an das Gespräch, in dem ihr Professor Eiselsberg erzählte, was er seinen Patienten beim Abschlussgespräch mitteilte: »Ich habe sie operiert, jetzt müssen sie seelisch gesund werden! Das können Sie erreichen durch die Bücher Alja Rachmanowas! Am besten sie fahren zu ihr! Sie hat unsagbar viel gelitten, ich habe aber in meinem Leben nie einen Mensch gesehen, der seelisch so gesund ist wie Alja Rachmanowa!«

Nach der Flucht in die Schweiz musste das Ehepaar Hoyer erleben, dass viele ihrer Freunde von früher nichts mehr von ihnen wissen wollten: »Sie waren uns Freunde nur solange wir wohlhabend waren, eine große Villa, ein modernes Auto und elegante Kleider hatten; jetzt aber, da wir Flüchtlinge und arm geworden waren, kannten sie uns nicht mehr!«

Dennoch gelang es ihnen, auch in der Schweiz wieder einen Freundeskreis aufzubauen. Briefe dokumentieren die vielen Kontakte, Tagebuchnotizen lassen auf freundschaftliche Beziehungen schließen.

Marguerite Blatter war eine der Ersten, die sich als junges Mädchen dem Ehepaar Hoyer in Verehrung näherte und als Freundin akzeptiert wurde. Sie verbrachte viele Sonntage in der Gesellschaft der Hoyers in Winterthur und Ettenhausen und erzählt von gemeinsamen Musikerlebnissen, Tanz und Russischstunden. Marguerite Blatter, die heute in Basel lebt, erinnert sich gerne und lebhaft an die beiden Menschen, die ihr Leben bereicherten und stark beeinflussten. Sie verfolgt meine Aktionen, Alja Rachmanowa den Menschen wieder in Erinnerung zu bringen, mit Interesse.

Die Frage nach persönlichen Kontakten zu Schriftstellern ist schwer zu beantworten, da es nur wenige Hinweise in Alja Rachmanowas Tagebüchern und Briefen gibt. Darin werden auch kaum Namen genannt. Obwohl im Otto Müller Verlag in Salzburg damals Lokalgrößen wie Karl Heinrich Waggerl oder Georg Rendl ihre Bücher herausgaben, gibt es keine Belege dafür, dass es Berührungspunkte mit diesen Autoren gab.

Eine Spur führt zu Franz Karl Ginzkey, der sich in positiven Rezensionen über die Bücher von Alja Rachmanowa zu Wort gemeldet hatte und »der lieben verehrten Dichterin« 1937 seinen neuen Gedichtband *Sternengast* schenkte. Mit seinem Büchlein *Genius Mozart*, das er 1949 an seine Kollegin in die Schweiz sendete, erinnert er »die liebe verehrte Freundin an schöne gemeinsame Stunden in der Mozartstadt«.

In meinem Teilnachlass befinden sich einige Bücher aus der Schweizer Zeit, die persönliche Widmungen der Autoren für die Schriftstellerin enthalten und die ich kurz beschreiben will. Mir ist bewusst, dass es sich um eine zufällige »Auswahl« handelt, die aber dennoch erwähnenswert ist. Sie scheint mir typisch für einen Kreis von Autorinnen und Autoren, die sich dem Werk von Alja Rachmanowa nahe fühlten.

So widmete der Schweizer Schriftsteller und Lehrer Otto Schaufelberger sein Büchlein *Licht über den Wolken. Gedichte um ein Kindergrab*, das er nach dem Tod seines zwölfjährigen Sohnes geschrieben hatte: »Frau Alja Rachmanowa, der Genossin in schwerem Herzeleid.«

Der Arzt und Schriftsteller Hans Carossa übergibt sein eigenes *Tagebuch im Krieg*, in dem er seinen Kriegseinsatz im Ersten Weltkrieg in Rumänien schildert, »... mit herzlichen Wünschen für Gegenwart und Zukunft der verehrten Dichterin«.

Ein kleines, in rotem Samt gebundenes Büchlein mit der Novelle *Befreiung* stammt von der Schweizer Schriftstellerin Mary Lavater-Sloman und ist von ihrer Tochter, der Künstlerin Warja Honegger-Lavater, illustriert. Die Widmung stammt aus dem Jahre 1954: »An Alja und Arnulf von Hoyer in herzlicher Freundschaft übersandt.« Die Biografien der beiden Schriftstellerinnen enthalten Parallelen: Mary Lavater-Sloman lebte einige Jahre in Moskau, floh vor dem Roten Terror und ließ sich schließlich in Winterthur nieder. Auch ihr schriftstellerisches Hauptinteresse galt dem Verfassen von Biografien.

In einer handschriftlichen, russisch geschriebenen Anmerkung am Ende des Büchleins bemängelt Alja Rachmanowa, dass die Charaktere zu wenig herausgearbeitet wurden und es scheinbar das Ziel der Autorin gewesen sei, eine »rassige Novelle« (diese zwei Wörter sind Deutsch geschrieben) zu verfassen.

Erwähnenswert scheint mir auch ein Buch mit Erzählungen von Robert Walser, *Dichtungen in Prosa IV*, mit der Widmung: »Für Arnulf und Alja von Hoyer-Rachmanowa, cs.« Hinter diesem Kürzel verbirgt sich Carl Seelig, der Schriftsteller, Freund und Vormund Robert Walsers, der sich damals vieler exilierter Autoren angenommen hatte, um ihnen ein Überleben in der Schweiz zu ermöglichen.

Auch Maria Waser gilt als Förderin Schweizer Nachwuchsautoren und nahm sich um Robert Walser an. In ihrem Werk *Sinnbild des Lebens* ist ein Gruß vermerkt: »Für die liebe Unbekannte, der dies Buch zugedacht ist, und die geliebten Hände, die es schenken.«

Die norwegische Schriftstellerin Barbra Ring, die sich gerne in Salzburg aufhielt, brachte *Die Jungfrau* im österreichischen Berglandverlag heraus. In seinem Vorwort weist Franz Karl Ginzkey auf die Verdienste Barbra Rings für Österreich hin: »Wir Österreicher besitzen einen guten Freund in Barbra Ring. Sie liebt unser Land, seine seelische und landschaftliche Vielfalt, seine alte Kultur und tritt dafür immer wieder in ihren Tagesveröffentlichungen ein.«

Auch mit dieser Schriftstellerkollegin muss Alja Rachmanowa in Kontakt gestanden sein, wie die persönliche Widmung »mit herzlichem Dank« beweist.

Unter den kleinen, meist religiös gefärbten Geschenkbüchern finden sich zwei Widmungsexemplare von Josef Konrad Scheuber, einem

Alja Rachmanowa vor ihrer Ikonenwand in Ettenhausen/Schweiz

Schweizer Priester, der mit seiner Rundfunksendung *Die unsichtbare Pfarrei* als großer Radiopionier galt. Er widmete sein Büchlein *Keiner braucht allein zu sein* »der lieben Dulderin und Freundin Alja Rachmanowa von Hoyer für Abende der Einsamkeit«. Er musste wohl um ihren vorherrschenden Gemütszustand nach dem Tode ihres Mannes gewusst haben.

Auch das kleine Büchlein *Schreiben ist schön*, das Siegfried Streicher seiner Kollegin »mit der Erinnerung an ein feines kurzes Zusammensein in Basel« widmete, muss Alja Rachmanowa angesprochen haben. Heißt es doch im letzten Absatz dieser Betrachtungen über das Schreiben: »Doch den letzten Punkt, den setze nicht ich, den setzt ein anderer. Einer, in dem alles schon geschrieben, gedacht, gedichtet, geschaut und geschaffen ist ... Ich schreibe. Denn wahrlich schreiben ist schön, sehr schön ...«

Der Kreis von Freunden, die das Ehepaar Hoyer im Alter begleiteten, veränderte sich, da immer mehr Hilfe zur Bewältigung des Alltags notwendig wurde.

Die Notizhefte enthalten unzählige Namen von Menschen, die Alja Rachmanowa zu ihren Freunden zählte, die ihr halfen, die letzten Jahre, in denen sie krank und fast blind war, zu meistern. Das Angewiesensein auf fremde Hilfe fiel ihr schwer. Sie war es gewohnt, selbst die Helfende und Gebende zu sein und so kam es auch mit den besten Freunden immer häufiger zu Konflikten.

Eine rühmliche Ausnahme stellt Frau Maria Sprenger dar. Aus einer Nachbarschaftsbeziehung entwickelte sich mit der Zeit eine Freundschaft, sodass Arnulf von Hoyer 1970, als er einen Spitalsaufenthalt vor sich hatte, Frau Sprenger bat, sich in seiner Abwesenheit um seine Frau zu kümmern. Seit diesem Tag war Frau Sprenger viele Jahre die verlässlichste Kontaktperson. Vor allem nach dem Tode von Arnulf von Hoyer besuchte Frau Sprenger Alja Rachmanowa häufig, wenn es notwendig war, auch öfter am Tag und übernahm verschiedene Hilfs- und Pflegedienste. Frau Sprenger gelang es, sich der immer schwieriger werdenden Situation anzupassen und mit ihrer Nachbarin bis zu ihrem Tod in Verbindung zu bleiben. In einem Testamentsentwurf von

Alja Rachmanowa ist zu lesen: »Liebste, gütige Frau Maria Sprenger war jahrelang unser guter Engel, war sehr besorgt um meinen viele Jahre schwer kranken Mann und mich, betreute liebevoll unser Haus und unsere vielen Katzen ...«

Frau Sprenger blieb Alja Rachmanowa über den Tod hinaus treu. Sie löste den Haushalt auf, was keine leichte Aufgabe war, und blieb weiterhin eine wichtige Ansprechperson für alle Rachmanowa-Fans, wie viele Briefe, die sie erhielt, beweisen.

Auch der Pfarrer von Tänikon wies beim Trauergottesdienst für Alja Rachmanowa auf diese tätige Nachbarschaftshilfe hin: »Seit Juni 1983 brauchte Alja Rachmanowa volle Pflege, die ihr von ihrer Nachbarin Maria Sprenger selbstlos zuteil wurde. Maria Sprenger und ihre Helferinnen haben damit in vorbildlicher Weise gezeigt, was gelebtes Christentum ist.«

In ihrem kleinen Büchlein *Tiere begleiten mein Leben* resümiert Alja Rachmanowa über das Thema Freundschaft: »In diesem Dasein voll von Katastrophen bekamen wir viel Hilfe und Trost von Freunden, die unser Leben immer wieder mit ihrer Liebe und Treue begleiteten.

Aber nicht nur Menschen waren diese Freunde, sondern auch Tiere: Katzen, Hunde, Vögel, Igel und viele andere, und von ihnen will dieses Buch erzählen.«

Alja Rachmanowa, die Katzenliebhaberin

Ich bemühe mich, tapfer zu sein

ALTER

In den 60er Jahren begann das Leben für das Ehepaar Hoyer mühsam zu werden. Die intensive Arbeit an den Büchern wurde immer öfter von Altersbeschwerden und Krankheiten unterbrochen. Er hatte seit vielen Jahren Gallensteine, während sie an einem Nierenleiden laborierte.

Die Arbeit in Haus und Garten war kaum noch zu bewältigen.

1964 wurde im Zuge eines Straßenbaus vom Hoyerschen Park »ein Zipfel von 125 qm abgezwickt, in dem leider auch der Fischteich« lag. Arnulf von Hoyer schrieb seinem Bruder, dass dadurch die »imposante Wiesenfläche sehr eingeschränkt« werde und es natürlich »viele Scherereien mit der Umgestaltung gebe«. An größere Katastrophen gewöhnt, resümiert er: »Na, immerhin nicht so schlimm wie ein Erdbeben oder ein Bombenangriff.«

1966 feiert Arnulf von Hoyer seinen 75. Geburtstag. Anlässlich dieses Festtages kann er sich über ein Ständchen der Bürgermusik, Medienberichte und viele Glückwünsche freuen. Sein Kommentar in einem Brief fällt lakonisch aus: »... es wäre uns lieber gewesen, der Anlaß wäre nicht der 75., sondern etwa der 50. Geburtstag oder so etwas Ähnliches gewesen.« Trotz Alter und Krankheit versucht er »auch noch ein Stück von dieser vierten Jugend zu erhaschen«.

Alja Rachmanowa muss sich den immer schwieriger werdenden Lebensumständen anpassen. Sie stellt ihre Vortragstätigkeit vollkommen ein, vor allem weil sie ihren Mann nicht mehr allein lassen will, und ist immer häufiger als »Krankenschwester« gefragt.

Sie merkt, dass ihre Sinne immer schwächer werden. Sie verheimlicht ihrem Mann, dass sie auf einem Auge fast blind ist, fürchtet

Alja Rachmanowa und Arnulf von Hoyer

Operationskosten und versucht, sich so an den Tisch zu setzen, dass er nur ihr sehendes Auge wahrnimmt.

Der Lebensbereich wurde immer enger, das Ehepaar lebte zurückgezogen. Gäste wurden immer weniger empfangen: »... alles Gesellschaftliche ermüdet uns schnell.«

Arnulf von Hoyer bewundert den Unternehmungsgeist seines Bruders, der ihm von Urlaubs- und Kulturreisen nach Italien berichtet. Da er und seine Frau in der Schweiz sesshaft geworden waren und die neue Heimat nie mehr verlassen haben, kann er sich in seinen Antwortbriefen über die eigenen Reisetätigkeiten nur lustig machen: »Wir bleiben natürlich schön in Ettenhausen, machen einmal in der Woche einen Halbtagsausflug nach Aadorf und werden wahrscheinlich sogar einmal eine Reise unternehmen, und zwar nach Winterthur.«

Die geliebte Gartenarbeit muss aufgegeben werden, der Park wird zur leichteren Pflege umgestaltet. An Stelle von Blumen werden Stauden, Sträucher und Bäume gesetzt, aus denen später das »Rachmanowa Wäldchen« entsteht.

1970, in seinem Todesjahr, schreibt Arnulf von Hoyer an Salzburger Freunde: »Fortan werde ich das Leben eines alten, distinguierten Herrn führen müssen, der seine Tätigkeit auf Arbeiten wie das Füttern von Vögeln beschränken muß, freilich nicht im Mirabellgarten, sondern im eigenen Park.«

Arnulf von Hoyer stirbt am 26. September 1970. Er hinterlässt seine geliebte Frau, die ihn um zwanzig Jahre überleben wird.

Seine Urne steht auf dem Kaminsims, stets mit frischen Blumen geschmückt. In der Todesanzeige erinnert Alja Rachmanowa an die fünfzig glücklichen Ehejahre mit ihrem Mann, der ihr in schwärzesten Stunden Halt und Hilfe gegeben hat und nun in die ewige Heimat gerufen wurde, wo der einzige Sohn auf ihn wartet.

Für Alja Rachmanowa begann nach Auflösung dieser Lebenssymbiose eine mühsame Zeit, in der sie krank, einsam und zusehends misstrauischer allen Menschen gegenüber wurde. Immer stärker leidet sie an der »Schweizer Krankheit«, dem Heimweh. Das Krächzen der Raben bedeutet für sie einen Gruß aus der Heimat: »Ich habe das Gefühl, ich höre russische Raben, so bekannt ist mir diese rauhe Stimme. Das Heimweh nach meinen Eltern, besonders nach dem getöteten Vater ist sehr groß. Mein Leben ist traurig, voll Kummer, voll Sorgen. Wenn ich jemanden sehe, lächle ich immer und bemühe mich immer tapfer zu sein. Aber wenn ich allein bin, dann bin ich sehr traurig, sehr ... Mein Gott, wenn meine Sonne am Leben wäre, sie hätten alle mich nie so behandelt. Er ist aber tot und mit ihm ist mein ganzes Glück gestorben.«

Wie ein roter Faden ziehen sich der Schmerz und die Trauer über den Verlust ihres Mannes und ihres Sohnes durch die Aufzeichnungen. Während sie schreibt, vergegenwärtigt sie in der Erinnerung ihre Lieben und notiert: »Es ist kein Wunder, daß ich unsagbar Heimweh nach meiner Sonne und meinem armen Kind Jurka habe! Alle, die zu mir kommen, haben ihr Leben. Beide, die ich liebte, die mein Leben bedeuteten, sind im Himmel.«

Alja Rachmanowa hielt an der Gewohnheit, weiterhin Tagebuch zu schreiben, fest und wechselte nach dem Tod ihres Mannes bei ihren Aufzeichnungen von der russischen Sprache in die deutsche. So liegen mir einige Notizhefte aus den Jahren zwischen 1974 und 1985 vor, in denen ihre Art zu schreiben deutlich wird. Nach wie vor beobachtet sie ihre Mitmenschen sehr genau, beschreibt ihr Äußeres, ihre Kleidung oder ihre Reaktionen. Sie fragt ihre Gesprächspartner nach ihren Familienverhältnissen, zeigt Interesse und Anteilnahme an deren Schicksal und wählt für ihre Aufzeichnungen meistens die Dialogform.

Beim Durchblättern dieser Notizhefte wird deutlich, dass »Schreiben« für Alja Rachmanowa eindeutig eine Strategie der Lebensbewältigung ist. Schreiben ist Ausdruck ihrer Existenz. Erlebte Kränkungen werden immer und immer wieder wiederholt. Sie entwirft Briefe oder formuliert Widmungen für ihre Bücher. Sie erstellt Listen von den Gartenpflanzen, von ihrem Christbaumschmuck oder von den Medikamenten, sodass daher mit Sicherheit angenommen werden kann, dass ihr auch der Schreibvorgang selbst Freude bereitete. Das Schriftbild ändert sich je nach ihrem Gesundheitszustand und wechselt von der bekannten, gestochen schönen Zierschrift zu fast unleserlichen Kritzeleien und sie klagt: »Leider kann ich nur mit großer Mühe schreiben.«

Zwischen Alltagsnotizen sind häufig erschütternde Erinnerungssplitter zu lesen: »Ich wurde verboten, in Deutschland zehn Jahre, in Österreich elf. Es war kein Leben, nur Qual.«

1985 erlebte Alja Rachmanowa eine große Freude durch einen Geburtstagsbrief von Kaiserin Zita, dessen Beantwortung sie immer und immer wieder in verschiedenen Versionen in ihrem Tagebuch formuliert: »Brief an österreichische Kaiserin Zita. Sie waren so gütig mir zu meinem Geburtstag zu gratulieren, was mich unsagbar freute. Ich war tief gerührt, daß Sie an mich gedacht haben. Sie haben mich wirklich glücklich gemacht. Mein unendlich geliebter Mann war Österreicher und bewunderte und verehrte Sie sehr. Als wir geheiratet haben, schenkte er mir ein wunderschönes Bild von Ihnen und sagte: ›Wir werden jeden Tag dieses Bild anschauen und für Kaiserin Zita beten. Sie ist eine wunderbare, tapfere Frau.‹«

Alja Rachmanowa ringt in dieser Zeit weiterhin, als Schriftstellerin Beachtung zu finden und möchte ihre »Schweizer Tagebücher« herausgeben, was ihr aber nicht mehr gelingt. In der Zeitschrift *Die Ostschweiz* erscheinen 1975 einige Auszüge, doch bleibt das gesamte Manuskript unbeachtet, was eine schwere Kränkung für sie bedeutet und sie aggressiv reagieren lässt: »Daß das Manuskript nicht angenommen wurde, betrachte ich als eine Unfreundlichkeit mir gegenüber. Sie wollen eben nichts von Alja Rachmanowa haben.«

Obwohl sie sich ihrem Gastland gegenüber immer sehr dankbar äußerte, erinnerte sie sich in dieser Situation auch an schwere Jahre in diesem Land und möchte den Schweizern einen Spiegel vorhalten: »Ich habe nur einen einzigen Wunsch, meine Tagebücher, die ich in der Schweiz geschrieben habe, zum Druck vorbereiten, dann werde ich ruhig sterben. Wenn mir das zu tun aber nicht gelingt, dann werde ich sehr traurig sein. Alle 27 Jahre in der Schweiz sind so voll

Leid, Entbehrungen und Kummer gewesen. Das wäre gesund für alle Schweizer zu lesen.«

Bei der Einreise in die Schweiz wurde den Flüchtlingen nahegelegt, sich öffentlich möglichst nicht über Politik zu äußern – »und daran wollen wir uns halten« – und so war es auch verständlich, dass Alja Rachmanowa vor einem Zusammentreffen mit Alexander Solschenizyn Angst hatte und ihn nicht empfangen wollte. Solschenizyn wurde 1974 als Systemkritiker verhaftet und aus Russland ausgewiesen. Nach einem kurzen Aufenthalt in Deutschland, wo er von Heinrich Böll aufgenommen wurde, lebte er einige Jahre in Zürich und startete dort einen Aufruf an seine im Exil lebenden Landsleute, Zeugnis über die Geschehnisse in Russland abzulegen. Mit ihm Kontakt aufzunehmen, hieß für Alja Rachmanowa, sich auf gefährliches Gebiet zu begeben und wurde abgelehnt.

Der Zeitungsartikel, der ein Treffen in Aussicht stellte, blieb eine Mutmaßung: »Alexander Solschenizyn besucht den Hinterthurgau. Bekanntlich ist der vom sowjetischen Regime ausgewiesene Literatur-Nobelpreisträger letzten Freitagnachmittag in die Schweiz eingereist, um sich von den bedrückenden Ereignissen der letzten Zeit erholen zu können. Dass er dabei seine in der Schweiz lebenden Landsleute besuchen möchte, ist sicher mehr als verständlich. Dies um so mehr, als in Ettenhausen seit vielen Jahren seine russ. Landsmännin und Schriftstellerin Alja Rachmanowa lebt. Ihr gilt der Besuch Alexander Solschenizyns.«

Alja Rachmanowa hatte mit ihrem täglichen Überlebenskampf genügend Sorgen. Es kam zu Spitalaufenthalten, von denen sie befürchtete, sie nicht bezahlen zu können, weil sie zu gering versichert war, die aber für sie bald zu den glücklichsten Tagen in dieser Zeit wurden. Sie genoss die Zuwendung der Ärzte, die Aufmerksamkeit der Krankenschwestern, die Pflege und das gute Essen: »Nie, nie werde ich vergessen diese sorgenfreien Tage im harmonischen Glück. Diese Reinheit rundherum, diese Ausgeglichenheit.«

Während eines Krankenhausaufenthaltes liest sie in der *Milchfrau* und erinnert sich an die schwere, aber doch so schöne Zeit, in der sie mit ihren Liebsten beisammen war. Ihre Herzbeschwerden führt

sie als »Berufskrankheit« auf diese Zeit zurück: »In Wien war ich
›Milchfrau in Ottakring‹, habe mich sehr überanstrengt, stand um 4
Uhr auf, schleppte vom Markt über 30–40 kg Gemüse, Käse, Eier
u.s.w. und mein Traum war, ein »Wägeli« zu haben, wie meine Kon-
kurrenten und nicht alles mit der Hand tragen.«

1971 lehnt Alja Rachmanowa die Aufnahme in das Altersheim in
Aadorf ab – siehe Originalbrief – und lebt noch zwanzig Jahre allein
in ihrem Haus.

Die finanzielle Situation wurde enger, die Hausarbeit wuchs ihr
über den Kopf. Fremde Hilfe war nicht willkommen, vor allem wenn
diese Ordnung schaffen wollte. In den letzten Jahren erhielt sie die
Mahlzeiten über die Organisation »Essen für Betagte« ins Haus gelie-
fert. Tagebuchnotiz:
»Dass ich betagt bin,
kann ich mir noch
schlecht vorstellen.«
Nach sechsunddrei-
ßig Jahren begann sie
auf Rat der Ärzte
auch wieder Fleisch
zu essen, das sie nach
einem Gelübde bei
Kriegsausbruch aus
ihrem Speiseplan ge-
strichen hatte.

Ein weiteres Pro-
blem stellte in den
letzten Lebensjahren
Alja Rachmanowas
Tierliebe dar. Seit der
Kindheit hatte sie die
Gewohnheit, Tiere
mit »Sie« anzuspre-
chen: »Und wenn dies
auf meine Bekannten,

Briefentwurf an das Pflegeheim Aadorf/Schweiz,
1971

216

ja selbst auf meinen Mann sehr komisch wirkt, so bleibe ich auch jetzt noch oft diesem Brauche treu.« Nach dem Tod ihres Mannes überlässt sie den vier Katzen, die fortan ihre treuesten Mitbewohner werden, das Musikzimmer: »Jetzt gehe ich zu meinen vier Katzen hinauf. Wie freuen sich alle vier, als sie mich sehen. Wie schnurren sie, wie warten sie auf ein liebes Wort, auf Zärtlichkeit. Und der Hund Sascha ist so lieb mit mir.«

Von Freunden hatte sie einen großen Appenzeller Sennenhund geschenkt bekommen, für dessen Futter sie sich selbst das Essen vom Mund absparen musste. Die Mäuse, von denen es damals so viele gab, weil man die Füchse wegen Tollwutgefahr erschossen hatte, nahmen das Haus in Besitz und flitzten, wie mir damalige Besucher erzählten, über die Fensterbänke, knabberten aber auch alles an: »Die Mäuse haben mir auch viel Franken vernichtet, die Bücher, die Kleidersachen, die Lebensmittel.«

Auch der Nachlass litt unter dieser Situation und so schreibt Heinrich Riggenbach in der Einleitung zu seiner Nachlassbearbeitung: »Der gesamte Nachlass war ursprünglich noch umfangreicher, stark beschädigte Teile, die man nach dem Tod von Alja Rachmanowa vorgefunden hat, wurden aber beseitigt.«

Haus und Garten verwahrlosten zusehends und der Efeu von Jurkas Grab in Salzburg überwucherte alles. »Efeu bedeckt Wand und Terrasse, kriecht jetzt schon in die Fenster des zweiten Stockwerkes heran ... als legte unser Kind seine Arme um uns ... ich lebe für euch, ich umarme euch.«

Die Finanzgebarung war für Alja Rachmanowa schwierig. Sie hatte wenig Geld, bezahlte aber jeden Handgriff, bewirtete jeden Besuch, dass sich die Tische bogen und beschenkte vor allem die Kinder in übertriebenen Maßen.

Das Haus erreichte einen Zustand, in dem Renovierungsarbeiten dringend fällig gewesen wären.

»Das Haus geht auseinander, das ist eine große Sorge für mich. Überall sind die Spalten, die Risse, die sich langsam aber sicher vergrößern. Was soll ich machen? Durch die Abgrabungen hat die

Gemeinde das Haus in Bewegung gebracht. Wenn die Stiege weiter sinkt, kann der dünne Draht zerrissen werden, dann kommt Kurzschluss, und dann kann das Haus brennen. Es ist voll Büchern, Manuskripten, Briefen, Zeitungsausschnitten u.s.w. Papierzeug. Ich habe richtig Angst bekommen, alle Fotos von Sonne, Jurka, alle meine Tagebücher, alle Erinnerungen, einzig was mir geblieben ist von den Menschen, die alles für mich waren, verbrennt.«

Familiengrab auf dem Salzburger Kommunalfriedhof

Am 11. Februar 1991 stirbt Alja Rachmanowa 93-jährig in ihrem Haus in Ettenhausen. Wenige Tage später findet der Trauergottesdienst in Tänikon statt. Pfarrer Züger, der die Messe zelebrierte, gab Einblicke in das bewegte Leben der Schriftstellerin und betonte ihre lebensbejahende, christliche Haltung: »Alja Rachmanowa hat ein schweres Leben, voll von furchtbaren Katastrophen, hinter sich, ein Leben, das geprägt war von Flucht, Tod, Schmerz, Angst, Hunger, Elend und bitterer Not, ein Leben aber auch, das reich war, weil es überstrahlt wurde von einem wunderbaren christlichen Optimismus, einer kindlichen Gläubigkeit und von der Liebe zu den Mitmenschen.«

Im Juli desselben Jahres werden die Urnen von Alja Rachmanowa und Arnulf von Hoyer nach Salzburg überführt. Zur Urnenbeisetzung reiste eine Freundesgruppe aus der Schweiz mit etwa zwanzig Leuten an, die dem Ehepaar Hoyer, gemeinsam mit Pfarrer Alois Züger, das letzte Geleit gaben.

Das Familiengrab befindet sich auf dem Salzburger Kommunalfriedhof, Gruppe 42. Amalia von Hoyer, die Mutter von Arnulf von Hoyer, wurde 1909 ebenfalls hier begraben.

Der Grabstein ist aus Salzburger Konglomerat in Form eines Berges, davor eine Marmortafel mit den Namen der Familie.

Ich habe versucht, Alja Rachmanowa noch einmal aus dem Exil des Vergessens zurückzuholen und schließe mit tröstlichen Worten von ihr:

Ich fordere nichts von meinem Leben.
Ich sehe es an wie ein Geschenk Gottes.
Ich bin hier nur einen Augenblick, auf einen kurzen Besuch.
Aber kein Schmerz liegt in diesem Bewußtsein, sondern Beruhigung.

ANHANG

TESTAMENT, ERBE UND NACHLASS

»Die Unterzeichnete Galina von Hoyer – Alja Rachmanowa – geb. 1898 seit 1949 in Ettenhausen bei Aadorf, im Vollbesitz meiner geistigen Kräfte bestimme für den Fall meines Ablebens:

Wenn der Gedanke in unserem Haus ein Alja Rachmanowa und Prof. Dr. Arnulf von Hoyer Museum wirklich zustande kommt, was wir oft vernommen haben, sollen dann alle Ikonen – die heiligen Bilder, die alle die teuersten Andenken an unseren einzigen, unendlich geliebten Sohn Alexander – Jurka – sind, unsere von uns geschriebenen Bücher und ihre Übersetzungen in 22 Sprachen, die ganze Bibliothek, die wir mit großer Liebe und Opfer gesammelt haben, unsere vielen Andenken, Bilder, Fotos, Briefe u.s.w. im Haus bleiben und liebste, gütigste Frau Maria Sprenger und ihre liebe Familie, wenn es möglich wird, möchte alles betreuen.«

Es handelt sich hier um einen der unzähligen Testamentsentwürfe, an denen Alja Rachmanowa häufig gearbeitet hat, die sie aber immer wieder verworfen und als ungültig gekennzeichnet hat. Interessant ist, dass sie mit einer Errichtung eines Museums oder zumindest einer Gedenkstätte rechnete. Wie wir wissen, kam es nicht dazu.

Alja Rachmanowa vermachte fünf Achtel von Haus und Liegenschaft der Gemeinde, drei Achtel dem Kanton. Nachdem die Gemeinde die Anteile des Kantons erworben hatte, wurde das Grundstück verkauft, das Haus im Rahmen einer Militärübung abgerissen und eine Siedlung von sechs Einfamilienhäusern erbaut. Der Alja-Rachmanowa-Weg und eine kleine Säule mit einer Eule sowie dem Bronzerelief der Schriftstellerin – gestaltet vom Schweizer Künstler Romuald Polachowski – erinnern an die einst so berühmte Autorin.

Das gültige Testament ist äußerst umfangreich, beinhaltet unzählige, nicht näher bestimmte Legate – »ein Andenken von mir« – für Bekannte und Freunde und befindet sich in der Notariatskanzlei von Markus Oswald in Aadorf.

Auch in den mir vorliegenden Testamentsentwürfen zählt Alja Rachmanowa viele Menschen namentlich auf, die ein Andenken von ihr erhalten sollten. Wie aus meinen Unterlagen ersichtlich ist, waren die Wahl und Zuordnung der nicht näher bestimmten Andenken schwierig und lösten bei manchen Beschenkten, wie wir in einem Brief einer Betroffenen lesen können, Enttäuschung aus: »Über das Andenken war ich wirklich enttäuscht. Man schickte mir einen so schäbigen Rosenkranz, der im Laden keinen Franken kosten würde. Soll das ein Andenken sein für die vielen tausend Franken, mit denen ich in der größten Not und während so vielen Jahren geholfen habe?«

Nach dem Tod von Alja Rachmanowa sollte auch jedes Kind in Ettenhausen mit einer Tafel Schokolade beschenkt werden: »Mein lieber Mann und ich liebten die Kinder unser ganzes Leben sehr.«

Notar Gottfried Oswald, ein Freund des Ehepaares Hoyer, war mit der Abhandlung der Verlassenschaft betraut, sein Sohn Markus Oswald ist der Rechtsnachfolger von Alja Rachmanowa, wenn es um die Herausgabe oder Übersetzungen ihrer Bücher geht. Er berichtete mir in einem Gespräch, dass Tantiemen der *Milchfrau* für die Grabpflege verwendet werden oder den Schulkindern von Ettenhausen zugutekommen.

Das gleiche Bronzeporträt wie in Ettenhausen befindet sich auch am Haus Erzherzog-Eugen-Straße 32 in Salzburg und erinnert an diesen ehemaligen Wohnsitz.

In Berlin konnte 2010 die von Ursula Popiolek angeregte Dauerausstellung »Utopie und Terror – Alja Rachmanowa und Alexander Solschenizyn. Zwei russische Schriftsteller-Phänomene« mit Unterlagen aus meinem Teilnachlass eröffnet werden. Die Ausstellung, die Diethelm W. Wonner klar und übersichtlich gestaltete, ist in der »Gedenkbibliothek zu Ehren der Opfer des Kommunismus/ Stalinismus« untergebracht und dort im ehemaligen Ostberlin am

Nikolaiplatz 5–7 gut platziert, wo sie zu den Öffnungszeiten der Bibliothek besichtigt werden kann.

Der literarische Nachlass wurde dem Kanton Thurgau testamentarisch vermacht, liegt in der Kantonsbibliothek Frauenfeld und wurde durch Heinrich Riggenbach in minutiöser Arbeit gesichtet und systematisiert, sodass nun der Nachlass von Alja Rachmanowa auch im Internet abrufbar und für die Allgemeinheit zugänglich ist.

In der Einleitung schreibt Heinrich Riggenbach: »(…) Im Grunde ist der Nachlass von Alja Rachmanowa ein Familiennachlass: Das literarische Erbe der Schriftstellerin existiert bis heute nur als Symbiose zwischen ihrer literarischen Arbeit und der Übersetzungstätigkeit ihres Mannes Arnulf von Hoyer. Unter den persönlichen Dokumenten finden sich neben denjenigen der Ehepartner auch die des im Krieg gefallenen Sohnes Alexander.«

GLOSSAR

DEKRABISTEN, adelige Revolutionäre, die 1825 einen Aufstand gegen Zar Nikolaus I. anzettelten

GESTAPO, geheime Staatspolizei des Naziregimes

GPU, sowjetischer Geheimdienst ab 1922, Nachfolger der Tscheka

KATORGA, Zwangsarbeit in Straflagern in entlegenen Landesteilen Russlands

KONSTRUKTIVISMUS, gegenstandslose Stilrichtung in der Malerei (Weiterentwicklung des Suprematismus)

POGROM, gewaltsame Ausschreitung gegen bestimmte Bevölkerungsgruppen

ROTE ARMEE, 1917 während der Revolution entstanden; setzte sich vor allem aus Bauern und Arbeitern zusammen

RUSSISCHE REVOLUTION 1917, gewaltsame Machtübernahme durch die russischen, kommunistischen Bolschewiken; Entmachtung der Gutsherren und Kapitalisten; Abdankung des Zaren, Nikolaus II.; provisorische Regierung der Arbeiter- und Soldatenräte

STAREZ, russischer Mönch, geistlicher Lehrer, spiritueller Begleiter

SUPREMATISMUS, in Russland entstandene abstrakte Stilrichtung in der Malerei

TROIKA, Dreigespann

TSCHEKA, sowjetische Geheimpolizei (1917–1922) zur Bekämpfung der Konterrevolution

WEISSE ARMEE, Kontrahent des bolschewistischen Sowjetrussland; keine einheitliche Armee, die sich aus verschiedenen Gesellschaftsgruppen zusammensetzte: Konservative, Demokraten, gemäßigte Sozialisten, Nationalisten

ANMERKUNGEN

[1] GEBAUER, Kerstin: *Mensch sein, Frau sein. Autobiographische Selbstentwürfe russischer Frauen aus der Zeit des gesellschaftlichen Umbruchs um 1917.* Peter Lang GmbH, Europäischer Verlag der Wissenschaften, Frankfurt am Main 2004, S. 110

[2] ELTZ-HOFFMANN, Liselotte von: *Salzburger Frauen.* Stadtverein Salzburg, Colorama Verlag 1997, S. 131

[3] BABEL, Isaak: *Tagebuch 1920.* Diogenes Verlag AG, Zürich 1990, S. 95

[4] http://de.wikipedia.org/wiki/Grigori_Jefimowitsch_Rasputin

[5] SIDNEY, Alexander: *Marc Chagall.* Kindler Verlag, München 1984, S. 205

[6] BRAUN, W. H.: *Unter Zarenherrschaft und Sowjetstern.* Rudolf Köstenberger, Graz 1930, S. 311

[7] WEYRICH, Edgar: *Wiener Alltag.* Jugend und Volk, Wien 1927, S. 113

[8] SCHUCHTER, Johanna: *So war es in Salzburg.* Verlag der Salzburger Druckerei, Salzburg 1976, S. 49

[9] BERNHARD, Thomas: *Die Ursache.* dtv, München 1977, S 64

[10] ZIEGLER, Edda: *Verboten, verfemt, vertrieben. Schriftstellerinnen im Widerstand gegen den Nationalsozialismus,* dtv, München 2010, S. 226

ZEITTAFEL

1891 Arnulf von Hoyer wird in Czernowitz geboren
Schulbesuch in Steyr und Salzburg
Studium in Czernowitz und Prag

1898 Galina Djurjagina (Alja Rachmanowa) wird in Kasli, Russland geboren

1914 rückt Arnulf von Hoyer in den Krieg ein

1915 gerät Arnulf von Hoyer in russische Kriegsgefangenschaft

1916 beginnt Alja Rachmanowa mit dem Studium (Philosophie, Psychologie und Literatur)

1919 Flucht der Familie Djurjagin nach Sibirien, Irkutsk

1920 Aufenthalt der Familie von Alja Rachmanowa in Omsk
Begegnung mit Arnulf von Hoyer

1921 Heirat von Alja Rachmanowa und Arnulf von Hoyer

1922 Geburt von Alexander von Hoyer (Jurka)

1922 Studienabschluss von Alja Rachmanowa in Perm

1925 Ausweisung der Familie Hoyer aus Russland

1926 Erwerb eines Milchgeschäftes in Wien, Währing, Hildebrandgasse 16

1927 Lehramtsprüfung und Promotion von Arnulf von Hoyer (Germanistik, Romanistik) in Wien

1927 Verkauf des Milchgeschäftes

1927 Übersiedlung der Familie Hoyer nach Salzburg

1931 erscheint das erste Buch *Studenten, Liebe, Tscheka und Tod*

1934 Lesereisen in die Schweiz, nach Deutschland und nach Ungarn

1935 Erster Preis für den besten antibolschewistischen Roman *Fabrik des neuen Menschen*

1939 werden die Bücher von Alja Rachmanowa verboten

1941 Jurka als Dolmetscher an der Ostfront

1944 beginnt Jurka in Berlin Medizin zu studieren

1945 fällt Jurka bei Wiener Neustadt

1945 geht das Ehepaar Hoyer in die Schweiz (Winterthur und Ettenhausen)

1945–1972 Herausgabe von elf weiteren Büchern

1947 Überführung der sterblichen Überreste Jurkas nach Salzburg, Kommunalfriedhof

1970 stirbt Arnulf von Hoyer

1991 stirbt Alja Rachmanowa

1991 Beisetzung der beiden Urnen im Familiengrab am Salzburger Kommunalfriedhof

WERKE

1931 *Studenten, Liebe, Tscheka und Tod.* Pustet Verlag, Salzburg

1932 *Ehen im roten Sturm.* Pustet Verlag, Salzburg

1933 *Milchfrau in Ottakring.* Pustet Verlag, Salzburg

Als Trilogie erschienen die Romane unter *Meine russischen Tagebücher* und *Symphonie des Lebens*

1933 *Geheimnisse um Tataren und Götzen. Jugenderlebnisse.* Pustet Verlag, Salzburg

1935 *Die Fabrik des neuen Menschen.* Pustet Verlag, Salzburg

1937 *Tragödie einer Liebe. Roman der Ehe Leo Tolstojs* (später erschienen unter *Tolstoj, Sonja Tolstoj* und *Eine russische Liebe*). Otto Müller Verlag, Salzburg

1938 *Jurka. Tagebuch einer Mutter.* Otto Müller Verlag, Salzburg

1940 *Wera Fedorowna.* Pustet Verlag, Salzburg

1946 *Einer von vielen. Das Leben Jurkas* (in zwei Bänden *Der Aufstieg* und *Das Ende*). Rascher Verlag & Co., Schweiz

1947 *Das Leben eines großen Sünders* (in zwei Bänden *Der Weg des Genies* und *Die Vollendung*). Benziger Verlag & Co., Einsiedeln, Schweiz

1950 *Sonja Kowalewski.* Rascher Verlag, Schweiz

1951 *Jurka erlebt Wien.* Rascher Verlag, Schweiz

1952 *Die Liebe eines Lebens.* Huber & Co., Schweiz

1954 *Die falsche Zarin.* Huber & Co., Schweiz

1957 *Im Schatten des Zarenhofs.* Huber & Co., Schweiz

1961 *Ein kurzer Tag.* Huber & Co., Schweiz

1963 *Tiere begleiten mein Leben.* Huber & Co., Schweiz

1964 *Die Verbannten.* Huber & Co., Schweiz

1972 *Tschaikowskij.* Neff Verlag, Wien

LITERATUR

BABEL, Isaak: *Tagebuch 1920.* Diogenes Verlag AG, Zürich 1990

BERNHARD, Thomas: *Die Ursache.* Residenz Verlag, Salzburg 1975

BRAUN, W. H.: *Unter Zarenherrschaft und Sowjetstern.* Rudolf Köstenberger, Graz 1930

ELTZ-HOFFMANN, Liselotte von: *Salzburger Frauen.* Stadtverein Salzburg, Colorama Verlag 1997

GEBAUER, Kerstin: *Mensch sein, Frau sein. Autobiographische Selbstentwürfe russischer Frauen aus der Zeit des gesellschaftlichen Umbruchs um 1917.* Peter Lang GmbH, Europäischer Verlag der Wissenschaften, Frankfurt am Main 2004

GRIESER, Dietmar: *Wien, Wahlheimat der Genies.* Amalthea Verlag, Wien 1994

GRIESER, Dietmar: *Alle meine Frauen.* Residenz Verlag, Salzburg 2006

HALM, Hans: *Bodensee-Zeitschrift,* Jg. 7, Nr. I, 1957

HASLINGER, Adolf: *Künstler begegnen Österreich.* Ueberreuter Verlag, Wien 2011

HUTTER, Clemens M.: *Verewigt in Salzburg.* Pustet Verlag, Salzburg 2010

KUSCHTEWSKAJA, Tatjana: *Liebe-Macht-Passion. Berühmte russische Frauen.* Grupello Verlag, Düsseldorf 2010

KUSCHTEWSKAJA, Tatjana: *Russinnen ohne Russland.* Grupello Verlag, Düsseldorf 2012

MARINELLI-KÖNIG, Gertraud: *Wien als Magnet.* Österreichische Akademie der Wissenschaften, Wien 1996

MARX, Erich: *Bomben auf Salzburg.* Schriftenreihe des Archivs der Stadt Salzburg 1995

RACHMANOWA, ALJA: *Ettenhausen mit meinen Augen gesehen.* Thurgauer Jahrbuch 1954

RACHMANOWA, ALJA: *Wie es zu meinen Tagebüchern kam* (Aufsatz in der Zeitschrift *Schönere Zukunft* und in einem Werbeheft des Pustet Verlages um 1934)

RACHMANOWA, ALJA: *Heimweh nach Salzburg.* SALZ, Jg. 24/IV Juni 1999

RACHMANOWA, ALJA: *Geheimnis einer Stadt.* Mitteilungen des Stadtverschönerungsvereins Salzburg, Nr. 3, 1934

RACHMANOWA, ALJA: *Das geschah vor 30 Jahren.* In: *Die Ostschweiz* 1975

RACHMANOWA, ALJA: *Ein merkwürdiger Umweg zum Frauenstudium.* In: *Die Schweizerin* 1951

RACHMANOWA, ALJA: *Paradiso o Inferno? La vita quotidiana nell U.R.S.S.* La verita, Rom 1942

RIGGENBACH, Heinrich: *Der Nachlass von Alja Rachmanowa.* In der Kantonsbibliothek Thurgau, Frauenfeld 2010. www.kantonsbibliothek.tg.ch/documents/Riggenbach_Nachlass_Rachmanowa_2010.pdf

RIGGENBACH, Heinrich; MARTI, Roland: *Eine Raubübersetzung und ihre Kritik.* Schweizer Beiträge zum XIV. Internationalen Slawistenkongress in Ohrid, 2008

SCHMALENBACH, Roswitha: *Musik für einen Gast. Interview mit Alja Rachmanowa* für den Schweizer Rundfunk, 1967

SCHUCHTER, Johanna: *So war es in Salzburg.* Verlag der Salzburger Druckerei, Salzburg 1976

SEO, Yun Jung: *Frauendarstellungen bei Adrienne Thomas und Lili Körber.* Tecum Verlag, Marburg 2003

SMITH, Steve A.: *Die russische Revolution.* Reclam Verlag, Stuttgart 2011

SIDNEY, Alexander: *Marc Chagall.* Kindler Verlag, München 1984

STIEG, Gerald: *Frucht des Feuers. Canetti, Doderer, Kraus und der Justizpalastbrand.* Edition Falter im ÖBV, Wien 1990

WEYRICH, Edgar: *Wiener Alltag.* Jugend und Volk, Wien 1927

ZIEGLER, Edda: *Verboten, verfemt, vertrieben. Schriftstellerinnen im Widerstand gegen den Nationalsozialismus.* dtv, München 2010

ZINNHOBLER, Rudolf: *Er litt für seinen Bischof (Franz Ohnmacht 1893–1954).* Jahrbuch des oberösterreichischen Musealvereins, Linz 2004

ZINNHOBLER, Rudolf: *Das Bistum Linz im Spannungsfeld des Nationalsozialismus.* Verlag Wagner, Linz 2011

ZWEIG, STEFAN: *Brief an Romain Rolland.* (2. Mai 1938) In: Höller, Hans *Thomas Bernhard,* Rowohlt, Reinbek bei Hamburg 1993

PRESSESTIMMEN

Die Bücher Alja Rachmanowas lösten im ganzen deutschen Sprachraum ein großes Echo und eine Flut von Rezensionen aus. Einige Auszüge aus dem Jahre 1934 mögen das verdeutlichen:
»Keines von meinen 3000 Büchern hat mich abgebrühten Pressemenschen so erschüttert.«

(Chefredakteur F. Kiefer, Rottenburg)

»Dieses Tagebuch ist der erschütterndste Ausschnitt aus dem Untergang einer ganzen Gesellschaft, dichterisch und menschlich von gleichem Belang, darüber hinaus eine zum Nachdenken zwingende Frage in das Dunkel einer welthistorischen Sicht hinein.«

(Doktor Hasenkamp, *Münsterischer Anzeiger*)

»Es gibt Bücher, die zu lesen Schmerz bereitet, die ohne Sensation sind, ohne Lärm und Haß, die nur erzählen, was gewesen ist, wirklich gewesen, so wirklich, daß es von dieser Erde nicht mehr ausgelöscht werden kann. Wo sind die Hunderttausende Leser dieses Buches? Und wo ist das Gewissen der Welt, daß es diesen Dingen zusah, schweigend, ohne die Hand zu rühren?«

(E. Wichert, *Die Literatur*, Stuttgart)

»Das Buch eines reinen Menschen, das jeder lesen sollte, damit er als Mensch von einer der größten Menschheitstragödien wisse ...«

(*Deutsche Presse*, Prag)

»Ihr ergreifendes Buch verdient weiteste Verbreitung. Es ist ein erschütterndes Zeit- und gleichzeitig Seelengemälde, das mich auf's Tiefste bewegt hat und das ich nach Kräften unter meinen Bekannten und Freunden zirkulieren lasse.«

(Kaiserin Hermine, Gattin des letzten deutschen Kaisers Wilhelm II.)

»Wer ein Buch von Rachmanowa gelesen, der wird mehr verstehen als nur das Buch allein, er wird Russland verstehen.«

(Die Heimat)

»Gar oft war in der Aula drangvolle Enge; doch glauben wir nicht, daß jemals eine zahlreichere Zuhörerschaft aus allen Kreisen der Bevölkerung angezogen wurde als durch den Namen einer vor kurzem noch unbekannten Russin ...«

(Luzerner Nachrichten)

»Es gibt Bücher, nach deren Lektüre man sich eigentlich verpflichtet fühlt, dem Schriftsteller zu danken, weil man seine Bücher wie ein Geschenk empfindet, das einen innerlich wachsen ließ und besser machte.«

(Zuger Nachrichten)

»Also das gibt es noch: ausverkaufte Säle bei literarischen Veranstaltungen. Man hatte in den letzten Jahren den Glauben daran verloren. Und es muß schon eine besondere Erscheinung sein, welche dies Wunder bewirkt: Alja Rachmanowa.«

(National Zeitung)

»Die Kasse der Literarischen Vereinigung war mit einem Schlag saniert. Sie dankte dafür der jungen Dichterin materiell mit einer generösen Verdoppelung des Honorars.«

(Der Landbote)

»Herzlicher Beifall und ein wundervoller Rosenstrauß waren der Dank der zahlreichen Zuhörerschaft an die liebenswürdige Dichterin und die tapfere Frau.«

(St. Galler Tagblatt)

PERSONENREGISTER

DANK

Mein Dank gilt dem Amalthea Verlag, insbesondere Brigitte Sinhuber-Harenberg und Carina Kerschbaumsteiner für die erfreuliche Zusammenarbeit und das Vertrauen, das sie mir entgegenbrachten sowie allen meinen Freundinnen und Freunden, die ich immer wieder in Gespräche über »Alja Rachmanowa« verwickelt habe und die nicht müde wurden, mit mir darüber zu reflektieren. Ganz besonders danke ich Vera und Himi Burmeister, Veronika Erhart, Ursula und Wil Glatthaar, Hemma Glittenberg, Elisabeth Gollhammer, Johannes Madersbacher, Wilhelmine Möseneder und Annemarie Weinzettel. Sie haben mich bei meiner Arbeit begleitet, waren meine privaten Lektoren und Lektorinnen und ermutigten mich. Vielen Dank Gabriela Binia für die Übersetzung der Briefe und Karten.

Den entscheidenden Anstoß, endlich ein Buch zu schreiben, bekam ich im Gespräch mit Adolf Haslinger, dem emeritierten Rektor der Universität Salzburg, bestärkt durch Hildemar Holl vom Salzburger Literaturarchiv. Ihr Interesse und ihre Unterstützung bei meiner Arbeit gaben mir Sicherheit.

Mit Dietmar Grieser bin ich seit Jahren durch unser gemeinsames Interesse an Alja Rachmanowa verbunden, und so habe ich seine Idee für den Titel gerne aufgenommen.

Heinrich Riggenbach, der profunde Kenner dieses Themas, zeigte mir Details aus dem offiziellen Nachlass in Frauenfeld. Seine systematische Aufstellung des Nachlasses war äußerst hilfreich.

Das Ehepaar Gloria und Bernd Mossner in Zürich und Ulla Popiolek in Berlin gehören zu meinem »Alja-Rachmanowa-Arbeitskreis«. Ihnen sind vor allem die Opfer des Kommunismus/Stalinismus ein ernstes Anliegen. Sie leisten unermüdlichen Einsatz, dafür sei Dank.

Sämtliche Abbildungen
stammen aus dem Privatarchiv der Autorin

Besuchen Sie uns im Internet unter:
www.amalthea.at

© 2012 by Amalthea Signum Verlag, Wien
Alle Rechte vorbehalten
Schutzumschlaggestaltung: Kurt Hamtil, verlagsbüro wien
Umschlagfoto: Alja Rachmanova/Archiv der Autorin
Gesetzt aus der 12,5/14 pt Centaur
Gedruckt in der EU

ISBN 978-3-85002-800-4